徐波 著

北宋京东文人集团研究

中华书局

图书在版编目(CIP)数据

北宋京东文人集团研究/徐波著. —北京:中华书局,2024.6
ISBN 978-7-101-16538-8

Ⅰ.北… Ⅱ.徐… Ⅲ.知识分子-研究-中国-北宋
Ⅳ.D691.71

中国国家版本馆 CIP 数据核字(2024)第 029344 号

书　　名	北宋京东文人集团研究
著　　者	徐　波
责任编辑	吴爱兰
责任印制	陈丽娜
出版发行	中华书局
	(北京市丰台区太平桥西里 38 号　100073)
	http://www.zhbc.com.cn
	E-mail:zhbc@zhbc.com.cn
印　　刷	三河市中晟雅豪印务有限公司
版　　次	2024 年 6 月第 1 版
	2024 年 6 月第 1 次印刷
规　　格	开本/920×1250 毫米　1/32
	印张 11　插页 2　字数 265 千字
国际书号	ISBN 978-7-101-16538-8
定　　价	66.00 元

目　录

序

康　震

　　徐波是我的学生。十三年前，我们第一次见面，他话不多，显得有些内向，但给人踏实的感觉。入学后，他很快确定了博士论文选题，随即分专题开展研究，稳扎稳打，研究理路清晰，学术思维成熟。完成博士学业后，徐波去南方的高校工作。我们见面机会虽少，联系依然密切。他始终专心学术，笔耕不辍，时有佳作，颇具见地，也一直在精心完善博士学位论文。现在，这部《北宋京东文人集团研究》要在中华书局出版了，他嘱我为序，也正好借此机会说几句话。

　　徐波的博士学位论文，我们曾多次交换过意见，比较熟悉。现在经过多年打磨、修整，再次展读，确有焕然一新之感。现择其要者，略述一二：

　　一、勇于追踪学术前沿。仁宗时期的京东文人集团，其重要成员如孙复、石介等人，积极参与北宋前期政治改革，是儒学复兴、诗文革新的重要力量。对这一群体的研究也是宋代文学界的前沿课题。徐波勇于追踪这一课题，特别选取自觉结盟的思想与活动、“东州逸党”的命名原因及文化意义、复兴儒学的思想与策略、经学与文学的关系、“太学体”的实质五个议题，沿着活动策略、思想演进、文学创作三个维度，全景呈现京东文人集团的时代面貌。其中许多思考和看法，优化了学界已有认知，修正了学界既有观点，机杼独出，别有新见。

　　比如对“太学体”的辨析就饶有兴味。许多学者认为：“太学新体"是"太学体"的前身,是孙复、石介等人反对时文、矫枉过正的产物,它将古文发展引入歧途,阻碍了古文健康成长。本书细致爬梳文献史料,严谨考辨史实、概念,得出这样的结论:"太学新体"与"太学体"有内在联系,它们都与科举制度改革密切相关。但二者又存在显著差异。张方平反对科举制度改革,欧阳修倡导庆历贡举改革,二人的目的和衡文标准不同,他们分别指认的"太学新体"与"太学体"之间没有连贯性。张方平立足反对打压"太学新体"并将责任归咎于石介,而欧阳修所抨击的"太学体"则与石介、孙复等人并无直接关系。这个结论当然可以再讨论,但勇于追踪学术前沿,在实证基础上提出自己的学术观点,是非常难能可贵的。

二、善于发现并提出新问题。攻读博士学位期间,徐波就很善于发现、提出新问题,这也是本书的一个显著特点。针对京东文人结盟,王水照、祝尚书、葛晓音等前辈学人主要研究"为什么结盟",本书勇于突围,善于发掘,提出京东文人集团"如何结盟",作者经过详细文献梳理,认为石介对结盟发挥了关键作用。石介看似"泰山学派"代表孙复之门人,但孙复能够从落魄举子一步步走上"文宗儒师"高位,是石介通过"筑室山东""推为先生""广为举荐"等一系列运筹努力实现的,最终组建起以孙复为中心的京东文人集团。简言之,门人石介才是老师孙复的"伯乐"。作者将京东文人结盟及其思想、学术的转型过程还原为生动鲜活的历史现场,让"习以为常"的文学史、思想史在作者笔下变得"耳目一新""焕然一新"。

本书还提出了不少有趣的关键问题,比如:京东文人复兴儒学的行动策略是什么?"东州逸党"被贬谪的具体罪名是什么?解经之文和注释有什么联系?作者对这些问题都尝试从较新的角度予以开掘,很有意义。

三、言必有据、论必有证。如题名石介的《与长官执事札》,收藏界、书法界向来视为传世真迹。但本书指出,这篇札子文字错讹,文意不通，且与宋人王令《上县令书》内容高度重合，显然是对后者的抄录。石介文集中收录了三封写给范思远的书信，学界普遍认为范思远即为范讽。作者根据书信中的官职称谓，以及张方平《酬范思远》一诗推定范思远乃范讽之子。再比如，很多学者依据颜太初《东州逸党诗》认定"东州逸党"为一诗人群体。本书认为这一结论过于武断。作者根据司马光《颜太初杂文序》、叶梦得《石林燕语》相关记载，查阅少有学者关注的《责范讽等诏》，明确了范讽、石延年等人被贬罪名为"结党"。作者进一步证得颜太初写作《东州逸党诗》时在孔道辅幕下，而孔道辅与范讽在"废后之争"中因立场对立而结怨。颜太初写作《东州逸党诗》的直接动机当与此相关。所以作者的结论是："颜太初作《东州逸党诗》讥斥'逸党'得到了台谏势力的支持和响应，以孔道辅为首的台谏与范讽在'废后之争'中产生严重的分歧，引发了台谏打压范讽的集体行动，最终朝廷贬黜了以范讽为首的'东州党'。"简而言之，"东州逸党"是对范讽、石延年等京东士人的否定性称谓，颜太初与台谏所指认的并非文学群体，而是政治朋党，以往将"东州逸党"单纯视为"诗人群体"是不准确的。总之，这一类的大、小考论贯穿全书，俯拾皆是，逻辑严谨，强有力地支撑着作者的论点，也纠正了不少沿袭已久的谬误，体现了作者厚实的文献学功力和融通的文学理论知识，也奠定了这本书深厚周密的学理基础。

当然，这部书也有可提升的空间。书中花费大量笔墨探讨京东文人的儒学思想和策略，固然很好，但从整体上来看，全书文学性研究明显不足，许多相关诗文文本仅是考论证据材料，很少开展独立的文学本体研究，还有些考证也略显琐碎饾饤。然而瑕不掩瑜，总的来说，作为第一部系统研究北宋京东文人集团的著作，这本书有新意，有深度，有广度，丰富了北宋文学史、思想史的研究。

我与徐波相识十余年，看他一步一步成长起来，十分感慨，也十分欢喜。这本书是徐波学习、研究的一个小结，也是一个新的起点。

相信他也一定会拿出更多更厚重的学术成果来！徐波喜欢喝酒，也颇有酒量，我们在一起时没少喝。忽然想起几句老杜的诗，写在这里与徐生共勉："渭北春天树，江东日暮云。何时一樽酒，重与细论文！"

是为序。

甲辰年清明前后

北京师范大学文学院

绪　论

一、研究的对象与意义

中国古代文人集团一般是指"一种文化职能集团,它是由知识阶层通过一定的社会关系,为了一定的目的组织起来进行文化活动的社会团体"①。文人集团的雏形最早可以上溯到先秦的诸子学派,但相对比较成熟和自觉的文人集团则是产生于北宋时期。北宋士人普遍表现出崇尚"统序"的价值取向,自觉地萌发了超越前代的强烈结盟意识,政治结盟和文化结盟都成为文人重要的社会活动方式②。赵宋王朝经历了前三朝近七十年的发展,士风逐渐走出"五季之陋",在仁宗朝天圣(1023—1032)、庆历(1041—1048)年间为之一变③。

---

① 郭英德:《中国文人集团与文学风貌》"引言"部分,北京师范大学出版社,1998年,第2页。
② 王水照《北宋的文学结盟意识与尚"统"的社会思潮》:"北宋文人的文学结盟意识,比起前人来显得更为强烈和自觉,已演成与文人们价值取向稳固相联的普遍的社会心理。"(王水照:《王水照自选集》,上海教育出版社,2000年,第108页)
③ 《宋史·忠义传序》曰:"士大夫忠义之气,至于五季,变化殆尽。宋之初兴,范质、王溥,犹有余憾,况其他哉! 艺祖首褒韩通,次表卫融,足示意向。厥后西北疆场之臣,勇于死敌,往往无惧。真、仁之世,田锡、王禹偁、范仲淹、欧阳修、唐介诸贤,以直言谠论倡于朝,于是中外搢绅知以名节相高,廉耻相尚,尽去五季之陋矣。"([元]脱脱等:《宋史》卷四百四十六,中华书局,1985年,第13149页)

此时士大夫文人砥砺名节,感激议论天下事而奋不顾身,成为政治活动与文化活动的主体。伴随着士风的空前活跃,士大夫文人的群体结盟意识也空前高涨,出现了相对稳固的政治群体和文化群体。政治群体主要是"庆历党争"中的新旧党,而文化群体则主要是京东文人集团和洛阳文人集团。

北宋仁宗朝天圣(1023—1032)至庆历(1041—1048)时期的京东路士风活跃,聚集了石介、孙复、石延年、张方平、祖无择、刘牧、士建中、张洞、李缊、杜默、孔道辅、范讽等一批士大夫文人。大部分成员具有较为一致的价值观念,对复兴儒道和诗文革新充满热情,是范仲淹所领导的"庆历革新"的重要参与者、支持者。地缘是京东文人集团形成的主要因素之一,大部分成员的籍贯在京东路,群体的活动空间主要在京东路及周边地区;同时这也是一个学缘性文人集团,主要成员之间以"泰山书院"为基础构成师友关系;被称为"东州逸党"的范讽、石延年等人出入游从、诗酒风流,又与石介、孙复等人过从密切。京东文人集团的大多数成员具有相近的主张和结盟意识,是比较成熟的文人集团。石介是集团中最为活跃的成员之一,早在仁宗天圣年间他为了复兴儒道、重新确立儒道在国家政治和文化生活中的主导地位,开始四处奔走,策划结盟,在推选"文儒宗师"的过程中表现出强烈的结盟意识。其时在石介的倡导之下,为复兴儒道、革新文风而结盟成为一部分文人的共识,最终将山西人孙复引入泰山,推举为京东士人的盟主,凝聚了一批志同道合的京东士子。

京东文人集团是一个兼具学术性和文学性的集团,同时还裹挟着政治因素。《宋儒学案》中列有"泰山学派",其核心成员孙复、石介和胡瑗并称"宋初三先生",皆是理学的先驱人物。集团成员大多以经术名世,其中孙复、石介、士建中、姜潜、张洞、刘牧等人皆是"通经大儒",长期活跃在书院和国子监。讲授经术、探讨经义是他们重要的群体活动。他们治经主张不惑于传注、回归经典、参考众说、断以己意,在京东路形成了声势浩大的超越汉唐的经学思潮。孙复、石介利用入主国子监的机会,开始了将活跃在民间的新经学思想转化成官学的尝试,是北宋最早一批正面向官方经学权威发起挑战的经学家。京东文人集团又是一个文学性的群体。天圣(1023—1032)至庆历(1041—1048)年间整个文坛还笼罩在西昆体的氛围中,京东文人发起了以古文取代西昆体时文的文学改革,一方面高呼"时文害道"的理论主张,一方面创作"根柢经术"的儒者之文与时文进行对抗,延续中唐以来的"古文运动"①。京东文人集团还具有一定的政治性,成员基本都具有文士、儒生、官员的复合身份。他们与洛阳文人集团是范仲淹所领导的士人队伍中的两个相对独立的文人集团。为数众多的成员都是"庆历革新"的支持者或参与者,可以将其归属为"庆历党争"中的新党。

　　京东文人集团兼具学术性、文学性、政治性,且互为表里,构成了集团丰富而又鲜明的特征。而这一切背后的核心精神是复兴儒道,确立儒道在国家政治文化生活中的绝对权威性,从而构建一套理想的人间秩序。天圣(1023—1032)至庆历(1041—1048)年间是北宋社会发展的重要时期,同时也是宋学和宋型文化形成的关键期。京东文人活跃在这一历史变革阶段,直接参与并推动整个文化生产和政治变革的进程,对北宋文学、学术、政治的发展产生了深远的影响。

　　本著主要尝试考察京东文人集团形成的原因、过程及其活动状况,深入发掘其文学思想、学术思想的特征及源流,探索京东文人在北宋文学、文化及政治变革中的贡献和地位。本著试图以小见大,以京东文人集团为切入点,梳理北宋"庆历革新"前后思想、文学、政治

---

① 近年有学者对"古文运动"概念的准确性与合理性产生质疑,提出用"诗文革新"或者"古文思潮"替代之,但"古文运动"一词已经约定俗成,笔者为了行文方便,仍然沿用"古文运动"这一术语。

的发展脉络,寻绎发展规律。

二、研究现状及趋势

京东文人在北宋前中期异常活跃,是政治改革、儒学复兴、"古文运动"的重要力量。近年来,北宋京东文人集团已经成为学者重要的研究对象,取得了较为丰硕的研究成果。

(一)关于集团的形成与集团结构的研究。京东文人集团在"古文运动"研究领域中逐渐引起重视。台湾学者何寄澎先生较早地留意到这个问题,其《北宋的古文运动》一书由博士论文修改而成,完成于20世纪80年代初。该书第四章"古文运动的发展史"在论及石介、孙复时指出"颇有一文学集团之规模",并认为石介对"古文运动"的主要贡献之一为:"他有鲜明的集团意识与明确的盟主观念,对后世古文家凝聚力量、汇成洪流之做法,提供最具体的典范。"[①]葛晓音教授在1989年发表的论文《北宋诗文革新的曲折历程》中指出:在仁宗天圣(1023—1032)时期文坛弥漫着杨亿、刘筠西昆时文之风的同时,出现了两个影响最大的文人群体,"一个以石介、孙复为代表,早期主要活动在山东泰山。另一个以尹洙、梅尧臣、苏舜钦、欧阳修为代表,天圣、明道年间主要活动在河南洛阳。他们各自形成了这一时期诗文革新中思想倾向不同的两大派别"[②]。文章详细地论述了以石介、孙复为代表的文人群体的文学理论和创作实绩,虽然对京东文人的总体评价不高,但也从宏观角度揭示了他们在北宋诗文革新中的意义,颇具创见。王水照先生于20世纪90年代初开始致力于北宋文人集团研究,其《北宋的文学结盟与尚"统"的社会思潮》一文

---

① 何寄澎:《北宋的古文运动》,上海古籍出版社,2011年,第140页。
② 葛晓音:《北宋诗文革新的曲折历程》,《中国社会科学》1989年第2期。

认为石介、孙复、张绩等人自觉萌发结盟意识并形成学缘性文人群体①。王水照先生汇集相关的研究成果出版了《北宋三大文人集团》，该书是宋代文人集团研究的典范之作，具有方法论的意义，对本著有较大启发②。祝尚书教授在1995年完成了《北宋古文运动发展史》一书，他在第三章"北宋前期：古文运动在低潮中坚持"细致论述了以石介为首的"泰山派古文家"，指出"'泰山学派'是宋代理学的先驱，但他们在鼓吹'道统'的同时，又主张古文，猛烈抨击当时的学风、文风，着力扫荡'西昆体'，试图用他们的理论重新启动和指导北宋古文运动"③。书中"泰山派古文家"的提法是根据《宋元学案》卷二"泰山学派"而来，成员主要包括石介、孙复及其师友。就其内涵而言，和葛晓音教授所指称的为同一文人集团。程杰先生《北宋京东文人群体及其诗文革新实践》是第一篇专论京东文人集团的学术论文，他认为仁宗朝前期京东路以石介为核心的文人团体与"东州逸党"组成的文人群体推动了宋代诗文革新的发展④。"京东文人集团"现象的研究逐步深化，但总体看来以上的学术成果都未深入展开，对集团的形成过程以及集团结构的复杂性没有深入探讨。也有学者将"泰山书院"文人与"东州逸党"当作独立的文人集团。全晰刚《泰山学派的缔结及其时代精神》考察了"泰山书院"的主要成员，但只将其视为一个思想学术流派进行考察⑤。张富祥《宋初"东州逸党"与齐鲁文化遗风》、崔海正《北宋"东州逸党"考论》对"东州逸党"形成的

---

① 王水照：《北宋的文学结盟与尚"统"的社会思潮》，王水照：《王水照自选集》，第108—111页。
② 王水照：《北宋三大文人集团》，上海古籍出版社，2021年。
③ 祝尚书：《北宋古文运动发展史》，北京大学出版社，2012年，第105页。
④ 程杰：《北宋京东文人群体及其诗文革新实践》，《文学遗产》1996年第3期。
⑤ 全晰刚：《泰山学派的缔结及其时代精神》，《山东师范大学学报（人文社会科学版）》2002年第6期。

背景、成员都有较为细致的考察,但是没有注意到京东文人集团内部儒生与文士的身份冲突以及对文学的影响①。京东文人集团的结盟意识与复兴儒学的关系、推举盟主的历史过程、内部结构特征等皆有待深入考察。

(二)关于京东文人的复兴儒学思想与策略的研究。学界对京东士人经学变革、道统论、排异端的思想有较多的探讨。陈植锷先生《北宋文化史述论》一书的第三章"宋学及其发展诸阶段"认为孙复及其门人石介、张洞、士建中等人"皆以'不惑传注',非议汉唐注疏之学著称于当时",故将这一学术派别称作"疑传派",并对这一群体的经学思想作了深入的论述,发掘其作为一个学术流派在宋学形成中的推动作用②。顾永新教授《北宋鄙薄传注、疑古惑经学术思潮的形成和演变》认为孙复、石介及其同调是北宋"惑经思潮"的"开创者"③。徐洪兴教授《思想的转型:理学发生过程研究》一书认为孙复、石介二人的儒学思想开启理学先声④。台湾学者金中枢对孙复、石介的儒学思想也有较为全面的梳理⑤。杨曾文教授《宋初儒者孙复、石介的排佛论》系统分析了二人排佛的理论和主张⑥。何兆武《宋代理学和宋初三先生》探讨了孙复、石介续道统、排佛老思想对理学形成的影响⑦。葛焕礼《士建中生平及思想考述》认为士建中的学

---

① 张富祥:《宋初"东州逸党"与齐鲁文化遗风》,《山东师大学报(社会科学版)》1991年第1期;崔海正:《北宋"东州逸党"考论》,《武汉大学学报(人文科学版)》2003年第4期。

② 陈植锷:《北宋文化史述论》,中国社会科学出版社,1992年,第193页。

③ 顾永新:《北宋鄙薄传注、疑古惑经学术思潮的形成和演变》,《北京大学古文献研究所集刊》第1辑,北京燕山出版社,1999年。

④ 徐洪兴:《思想的转型:理学发生过程研究》,上海人民出版社,1996年。

⑤ 金中枢:《宋代学术思想研究》,台湾幼狮文化事业公司,1989年。

⑥ 杨曾文:《宋初儒者孙复、石介的排佛论》,《世界宗教研究》2016年第2期。

⑦ 何兆武:《宋代理学和宋初三先生》,《史学集刊》1989年第3期。

术思想对道学的兴起具有"导源之功"①。以上的学术成果侧重在理学(宋学)形成的框架中梳理辨析京东文人的儒学思想特征,但对京东文人复兴儒学采取的"破立结合"策略及微观的"历史过程"关注不够。

(三)关于京东文人文道观与古文创作的研究。文道观一直是古典文学尤其是"古文运动"研究的核心问题。郭绍虞先生《中国文学批评史》认为孙复、石介主张"明道致用",他们的文道观兼具道学家和政治家的特征②。葛晓音教授《北宋诗文革新的曲折历程》分析了石介、孙复为首的文人群体"重道轻文"的特点与源流。祝尚书教授《北宋古文运动发展史》认为以孙复、石介为代表"泰山文派"主要是坚持和宣扬"文、道一元论"。徐洪兴先生《思想的转型:理学发生过程研究》认为孙复主张"文以载道"、石介主张"文"即"道"。学者对京东文人的古文作品的研究侧重于对文风的考察,金中枢、葛晓音、祝尚书、何寄澎、马茂军等学者认为北宋前中期京东士人是"古文运动"发展过程中"怪诞"一派。总的看来,文道观的研究忽略了主体的历史境况,对作品的研究缺少深入的文本分析,经学思想与古文创作之间的交互影响也未引起足够的关注。

(四)关于"太学体"及"太学新体"的研究。学界一般将"太学新体"视为"太学体"的前身,二者皆是牵涉到众多京东文人的文学现象,所涉及的文类不只是古文,涉及的领域包括政治改革、党争、科举、教育等。曾枣庄教授《北宋古文运动的曲折过程》一文认为"太学体"是古文,且京东文人杜默是这一"狂怪"文风的代表③。葛晓音先生《欧阳修排抑"太学体"新探》同意"太学体"是古文的观点,但认

---

① 葛焕礼:《士建中生平及思想考述》,《孔子研究》2003 年第 2 期。
② 郭绍虞:《中国文学批评史》,上海古籍出版社,1979 年,第 159—163 页。
③ 曾枣庄:《北宋古文运动的曲折过程》,《文学评论》1982 年第 5 期。

为"太学体""主要是指庆历中以来,因石介、孙复、胡瑗等在太学复古过当所造成的流弊"①。日本学者东英寿进一步指出庆历"太学新体"是嘉祐"太学体"的先声,"太学新体"是孙复、石介在太学导致文风转变的结果②。祝尚书教授《北宋"太学体"新论》认为"太学新体"的源头可以追溯到景祐"变体",主要是石介以及"东州逸党"成员张唐卿将京东盛行的怪异文风带入太学造成的影响③。朱刚教授《北宋"太学体"及其周边诸问题》则认为庆历"太学新体"和嘉祐"太学体"之间并没有必然的联系,张方平对石介的批评也不足凭信④。张兴武教授《北宋"太学体"文风新论》"断定'太学新体'绝不是什么'古文'",这股"怪诞"文风一直在太学蔓延到嘉祐年间,而这种文风的肇始者是石介、士建中、孙复等京东文人⑤。许瑶丽博士《庆历"太学新体"新论——兼论欧阳修对庆历"太学新体"的促进》则认为"太学新体"主要涉及律赋,且是欧阳修推动的结果,石介只是欧阳修思想的执行者⑥。学界对"太学体""太学新体"的研究存在分歧,二者所涉及的文类以及与思想变迁、政治改革、党争、科举之间的复杂联系还有待进一步研究。

---

① 葛晓音:《欧阳修排抑"太学体"新探》,《北京大学学报(哲学社会科学版)》1983 年第 5 期。

② [日]东英寿:《"太学体"考——从北宋古文复兴的角度》,[日]东英寿著,王振宇、李莉等译:《复古与创新——欧阳修散文与古文复兴》,上海古籍出版社,2005 年,第 125—141 页(此文曾于 1988 年 10 月发表于《日本中国学报》第 40 集)。

③ 祝尚书:《北宋"太学体"新论》,《四川大学学报(哲学社会科学版)》1999 年第 3 期。

④ 朱刚:《"太学体"及其周边诸问题》,《文学遗产》2007 年第 5 期。

⑤ 张兴武:《北宋"太学体"文风新论》,《文学评论》2008 年第 6 期。

⑥ 许瑶丽:《庆历"太学新体"新论——兼论欧阳修对庆历"太学新体"的促进》,《四川师范大学学报(社会科学版)》2008 年第 6 期。

（五）关于集团成员的个案研究。

石介引起了学界较多的关注，研究也相对深入。作为京东文人集团的领袖人物，石介生平思想、文学成就的研究成果颇为丰硕。陈植锷先生在20世纪80年代初期整理了《徂徕石先生文集》，该书搜罗文献广博、考订精审，尤其《前言》对石介事迹、思想、著作流传情况均有翔实考论①。此后又撰写《石介事迹著作编年》，内容丰富、系年审详，且多有理论阐发②。陈氏扎实的文献整理工作和精当的理论阐述为石介研究打下了坚实的基础。

石介和"古文运动"的关系是学界关注的重点问题，研究成果主要集中于反西昆体与"太学体"两个方面。各种文学史和研究专著、论文基本都征引石介"今杨亿穷妍极态，缀风月，弄花草，淫巧侈丽，浮华篡组，刓鎪圣人之经，破碎圣人之言，离析圣人之意，蠹伤圣人之道"③一语，肯定石介反对西昆体时文、廓清文风之功。但大多对石介道学家的文道观和偏激的性格评价不高，如程千帆、吴新雷《两宋文学史》曰："石介对西昆体的批判，并不是从文学出发的，而是站在卫道者的立场上，要求文学为儒家之道服务。他只能对浮艳的文风起到摧陷廓清的作用。却没有能力从事创作，显示新的实绩。所以，新文风的建立，就不能不有待于欧阳修和苏舜钦、梅尧臣等人了。"④此书虽然初版于20世纪80年代，但是初稿完成于20世纪50年代。程千帆、吴新雷对石介的评价颇具代表性，直至今日仍有一定影响力。但是此论只是局限于石介的留存

① ［宋］石介著，陈植锷点校：《徂徕石先生文集》，中华书局，1984年。
② 陈植锷著，周秀蓉整理：《石介事迹著作编年》，中华书局，2003年（此书完成于八十年代，后经周秀蓉女士整理后出版）。
③ ［宋］石介：《怪说中》，［宋］石介著，陈植锷点校：《徂徕石先生文集》卷五，第62页。
④ 程千帆、吴新雷：《两宋文学史》，河北教育出版社，2000年，第29页。

文献,没有从整体的历史文化背景来探讨石介的思想和创作,对其价值认识不足。

　　石介与"太学体"的关系颇具争议。曾枣庄教授《北宋古文运动的曲折过程》、葛晓音教授《欧阳修排抑"太学体"新探》《北宋诗文革新的曲折历程》、日本东英寿教授《"太学体"考》、祝尚书教授《北宋"太学体"新论》、张兴武教授《北宋"太学体"文风新论》对"太学体"相关史料钩稽发微,多有建树。以上诸文都提及张方平作于庆历六年(1046)的《贡院请诫励天下举人文章》,其文曰:"至太学之建,直讲石介课诸生,试所业益加崇长,因其所好尚而遂成风,以怪诞诋讪为高,以流荡猥烦为瞻,逾越规矩,或惑误后学。朝廷恶其然也,故屡下诏书,丁宁诫励。而学者乐于放逸,罕能自还。今贡院考试诸进士,太学新体,间复有之。其赋至八百字已上,而每句有十六、十八字者。论有一千二百字以上。策有置所问而妄肆胸臆,条陈他事者。"①学者据此坐实石介和其门人师友好奇求怪的风尚而导致古文走向险怪一派,将石介等人视为"古文运动"发展过程中的一次逆流。朱刚教授《"太学体"及其周边诸问题》颇有新见,从思想史和文学发展规律的角度指出:"北宋的太学生和'太学体',既是庆历士风合乎逻辑的发展,更是北宋思想文化向'性命之理'深处挺进时必然经历的阶段。'太学体'不能简单理解为古文创作上的一股歪风,而包含着更为丰富的内容。它主要不是石介的影响在历史上的残留,而是欧阳修后辈企图超越前人的尝试。"②此文以宏大的视野审视"太学体",并且考索细致,对石介直接促使"太学体"产生的观点提出质疑。由于关于"太学体"的原始文献留存极少,各家论述都有捕风捉

---

① [宋]张方平:《贡院请诫励天下举人文章》,[宋]张方平撰,郑涵点校:《张方平集》卷二十,中州古籍出版社,2000年,第279页。

② 朱刚:《"太学体"及其周边诸问题》,《文学遗产》2007年第5期。

影之嫌,尚有深入发掘的空间。

石介反佛老、兴儒学,被视为理学的先驱人物,其思想也引起学者关注。潘富恩、徐余庆《论石介》是一篇较早系统论述石介思想的论文,对石介的道统论,反佛老、时文的思想和政治思想都有系统的阐述①。徐洪兴教授《石介论》细致地梳理了石介的经学和史学成就,深入探讨了石介的文统观、道统观以及石介反佛老、斥时文的思想,并且从思想渊源和时代背景等方面分析石介思想形成的原因,指出石介对后世理学形成具有开山之功②。另外也有学者分别论述石介伦理思想、尚贤思想、儒学思想等,但基本没有超出徐洪兴先生论文的范畴,且深度亦不及。

孙复被视为理学的先驱,也是京东文人集团的灵魂人物,引起了颇多关注。香港黄富荣博士《孙复生平探索》一文根据其硕士论文精简而成,对孙复生平事迹考述清晰,是研究孙复生平事迹最为充实的一篇论文③。徐洪兴教授《孙复论》是较早探索孙复思想的学术论文,指出孙复"对汉唐以来的章句注疏之学持否定态度,他治《春秋》舍传求经,直抒'圣人'微旨,在学界造成新风气,对宋儒义理之学的产生起了重要作用"④,高度肯定孙复思想的历史价值。此后研究孙复思想学术的论文基本是延续徐洪兴的思路,新见不多。孙复著有《春秋尊王发微》一书,是春秋学领域的一部重要著作,具有较高的学术史价值。侯步云《宋初"三先生"之孙复学术思想考论》、王心竹《孙复〈春秋尊王发微〉中的尊王之论》等皆着力于分析孙复春秋学的经学思想价值和不惑传注的

① 潘富恩、徐余庆:《论石介》,《山东师大学报(社会科学版)》1987年第4期。
② 徐洪兴:《石介论》,《中国哲学史》1993年第1期。
③ 黄富荣:《孙复生平探索》,《香港大学中文系集刊》1994年第3卷。
④ 徐洪兴:《孙复论》,《孔子研究》1990年第3期。

学术史价值①。由于孙复的作品存世不多,且其文道观也和石介相近,学者或是与石介并举,或是在研究石介时顺带提及,因此对其文学研究展开不足。

学界对祖无择、杜默、士建中等人的研究也在逐渐深入细化。祖无择是北宋中期颇具影响力的一位文人,曾先后师从穆修和孙复,并有《龙学文集》传世。陆俊青在 20 世纪 80 年代发表论文《北宋祖无择事迹考述(一)》,稽考其生平事迹②。近年来,祖无择墓志铭及其家族的墓志被发现,丰富了其生平、思想与创作的研究③。杜默虽然没有文集传世,但他是一位存有争议的文人,其怪异的诗风和性格经常被研究者作为石介倡导"太学体"的例证,因而关于杜默的研究散见于各种诗文革新的研究成果中。对杜默的专门研究基本是其生平考述和作品辑佚,主要有陈应鸾《杜默生卒年考及其诗之辑佚》、程杰先生《宋代杜默生卒、籍贯考及其作品辑佚》④。《杜默生卒年考及其诗之辑佚》一文考证不严,多有讹误,《宋代杜默生卒、籍贯考及其作品辑佚》针对陈文考辨,多有订补。士建中也无文集传世,其思想散见于石介等人的著述中,葛焕礼博士《士建中生平及思想考述》旁征博引,较为详细地"考述了士建中的生平事迹和学术思想,并阐明了

---

① 侯步云:《宋初"三先生"之孙复学术思想考论》,《四川师范大学学报(社会科学版)》2009 年第 3 期;王心竹:《孙复〈春秋尊王发微〉中的尊王之论》,《史学月刊》2012 年第 9 期。

② 陆俊青:《北宋祖无择事迹考述(一)》,《上海师范大学学报(哲学社会科学版)》1987 年第 3 期。

③ 扈晓霞、郑卫、赵振华:《北宋官员文士祖无择生平仕履疏证(上)——以〈祖无择墓志〉和妻〈黄氏墓志〉为中心》,《洛阳考古》2016 年第 4 期;扈晓霞、郑卫、赵振华:《北宋官员文士祖无择生平仕履疏证(下)——以〈祖无择墓志〉和妻〈黄氏墓志〉为中心》,《洛阳考古》2017 年第 1 期。

④ 陈应鸾:《杜默生卒年考及其诗之辑佚》,《文学遗产》2002 年第 5 期;程杰:《宋代杜默生卒、籍贯考及其作品辑佚》,《文学遗产》2012 年第 4 期。

他在当时思想史界的地位和影响"①。总体来看,相关的研究还是主要集中于石介、孙复,而其他成员的研究基本停留在材料的梳理上,成员之间内在关系、成员在群体中的作用和地位都有待进一步研究。

　　海内外学者相关的研究具有一定的借鉴和启发意义,但成果形式基本为单篇论文或专著中的章节,研究不够充分;对集团的活动、思想发展的"历史过程"关注不够;对作品缺少深入的文本分析;对经学思想与文学思想、创作之间的相互影响没有深入探讨;对相关的文学现象研究存在分歧。综合来看,京东文人集团研究有待深入。

三、研究内容

　　文人的群体性活动与思想活跃、创作繁盛互为表里。宋代文人的文化结盟意识逐渐高涨,由文人自觉结盟形成的北宋京东文人集团具有先导和典范意义。将文人群体作为考察对象的中观研究视角已经被学界广泛采用,但至今尚未见对京东文人集团进行全面系统的研究。京东文人集团的主要成员同时提倡经学和文学变革,可以作为经学与文学研究的典型案例。经学思想与文学观念的相互渗透,"以意解经"及注疏体例对论说文的主题、结构、风格等的影响,古文创作对经学思想深化与传播的促进,以上问题的解决将为经学与文学研究提供新的视角。在具体的历史境况中对京东文人"辞赋害道"观念、"怪诞"文风等进行"历史化"研究,深入发掘文学观念的形成、文学批评与政治事件、制度之间的深层联系,拓展文学研究的领域,补充以往文学史研究的不足之处。突破以往在理学发展的框架中对石介、孙复等儒学思想进行辨析总结的窠臼,着重考察京东文人复兴儒学的策略和"历史过程",丰富儒学研究的内容。梳理京东文人"宗经明道"与"排斥异端"并举的"破立结合"策略、新经学思想的

---

① 葛焕礼:《士建中生平及思想考述》,《孔子研究》2003 年第 2 期。

传播策略以及身体力行的儒学实践,对当今文化复兴具有一定的借鉴意义。京东文人群体大部分成员作品散佚,事迹不详。对相关人员的生平进行考订,对作品进行稽考和校订,为相关研究者提供可靠的文献资料,具有重要的意义。具体而言,本著主要围绕五个方面展开:

(一)分析京东文人集团的结盟及其构成。京东文人集团内部隐约可以划分为"泰山学派"与"东州逸党"两个群体,以孙复、石介为核心的"泰山学派"具有自觉的结盟意识和实践性。宋初以来京东路士人无论是上层政治活动还是下层讲学游从都比较活跃。仁宗朝天圣(1023—1032)至庆历(1041—1048)年间,孙复、石介为首的文人为了复兴儒道萌发了强烈的结盟意识,通过一系列的策划与活动最终将孙复推崇为"宗师",从而形成了一个比较稳固的文人集团。集团的核心成员主要为泰山书院师生,同时群体的外围活跃着一批游从关系的士人。

(二)主要讨论"东州逸党"与京东士人的分野。"东州逸党"是时人对范讽、石延年为核心的文人群体的否定性称谓,实质上是仁宗朝前期士大夫阶层在政治、儒学、文学领域分歧与冲突的结果。颜太初作《东州逸党诗》讥斥"逸党"得到了台谏势力的支持和响应,共同将矛头指向范讽。以孔道辅为首的台谏与范讽在"废后之争"中产生严重的分歧,引发了台谏打压范讽的集体行动,朝廷贬黜了以范讽为首的"东州党","逸党"最终被定性为"朋党"。所谓的"逸风"从本质上说是魏晋以来的"文人习性",以"名教党"自居的颜太初又得到了石介、姜潜等儒生的支持,形成了反对"东州逸党"的儒生联盟。在复兴儒学的背景下,京东儒生排斥文人化书写和"文人习性",加剧了文人与儒生之间的分野。"东州逸党"事件严重影响到京东士人的交游关系,直接导致石介与范讽决裂,并与孔道辅结盟。

(三)论述京东文人集团复兴儒道的策略。石介、孙复等京东文人以反对西昆体时文和"不惑传注"的经学思想为学界所关注,二者皆可放在复兴儒道的大框架中进行考察。石介、孙复以破和立作为复兴儒道的两翼,一方面致力于破除危害儒道的异端;一方面致力于丰富发展儒家学说。他们继承韩愈排斥佛老的思想,同时又扩大了异端的范畴,将时文视为异端进行排抑,从而也引发了石介和欧阳修长达数年关于排斥异端的论争,促进欧阳修进一步思考复兴儒学的问题。丰富发展儒家学说主要表现为尊经重道,不惑传注,发明圣人本心,并最早尝试将新经学思想纳入官方经学体系。

（四）探讨京东文人古文创作的特征和"时文害道"观念的生成。京东文人多兼具经学家与古文家双重身份,古文是他们用来表达思想的重要方式,内容和形式皆受到经学的影响。具体表现为为文宗经,以"五经"为文的典范;用古文阐释经学思想,解经的论说文留存经注的痕迹;在经学怀疑思潮影响下创作翻案文;京东文人存世之文基本为"根柢经术"的儒者之言。"文道为一"的观念促使为文重内容,轻视艺术性,一定程度上将艺术性视为道的对立面,文风多质朴峻严。京东文人集团标举"时文害道"的主张和他们的处境密切相关。群体的核心成员是一群尊道复古的师生,时文和他们的价值观相背离,不擅长时文使得诸多成员陷入科举考试的困境。宣扬"时文害道"也是在理论上谋求科举制度的改革,符合集团的整体利益。

（五）结合具体的历史语境考察"太学新体"及"太学体"的实质。"太学新体"不可简单视作一种怪异的文风,张方平所斥责的诸种"文弊"并非客观的评价。"太学新体"实质上是庆历贡举"简程式""先策论"等改革措施产生的不符合考校标准的程文,是庆历革新背景下士风高涨的一种体现。作为保守的旧党成员,张方平从党争立场将"太学新体"的责任归于新党人物石介等人,彻底地否定庆历改革的成果,并利用知贡举的机会肃清庆历贡举改革的影响。张方平打压"太学新体"阻碍了欧阳修、范仲淹等人改变科场文风的努力。将时间线延长到嘉祐二年(1057)科举,欧阳修排抑"太学体"的立场正与张方平相反,欧阳修对"太学体"的指认与其个人的思想、学术和科举改革策略密切相关。

第一章 "泰山学派"的结盟及构成

　　宋初以来,京东路士人在政治和文化生活中都表现得异常活跃,仁宗朝天圣(1023—1032)至庆历(1041—1048)年间士风更是空前高涨,萌发了自觉的结盟意识,其中以孙复、石介为首的"泰山学派"最具有典型性。"泰山学派"得名于《宋元学案》,是北宋京东文人集团的核心部分。京东文人集团活跃时期正是北宋政治和文化发展的关键阶段,以范仲淹为首的一批新进士人全面展开了新秩序的建设,推动了政治革新和儒学复兴的进程,也标志着新的士人集团形成。新进士人集团的政治观点和复古主张也并非完全一致,呈现出和而不同的多元化特征。范仲淹所领导的士人队伍中存在两个特征鲜明的文人群体,分别是尹洙、欧阳修、梅尧臣等为核心的洛阳文人集团和以石介、孙复为首的"泰山学派"。"泰山学派"以鲜明的复古主张和战斗精神推动着儒学复兴和"古文运动"的发展,是范仲淹所领导的改革运动的最有力的支持者和实践者。主要成员皆以尊经重道的"先生""大儒"身份为人所知,主要活动方式为研究、传授经学和倡导古文,核心精神是要重新确立儒道在国家政治和文化生活中的主导地位。成员大部分为京东籍士人,最早活动于京东路一带,庆历初年活动重心才转移至京城,是一个地域特征鲜明的文人集团。

第一节　"泰山学派"形成的地域文化背景

　　"泰山学派"的活动空间主要在齐鲁大地,其形成与京东地域文化特征密不可分。京东即为宋初的行政区京东路,《宋史·地理志》记载:"至道三年,以应天、兖徐曹青郓密齐济沂登莱单濮潍淄、淮阳军广济军清平军宣化军、莱芜监利国监为京东路。"①辖区相当于今山东省大部分地区,还包括河南省西部及安徽省、江苏省北部的小部分区域。京东路的主体为古时齐鲁之地,是儒学的重要发源地,儒学风气浓烈,多轻文尚质、尊经重道之士。《汉书·地理志》曰:"初太公治齐,修道术,尊贤智,赏有功,故至今其土多好经术,矜功名,舒缓阔达而足智。"②而鲁地"其民有圣人之教化"③。虽然经历了晚唐五代的战乱,京东路一直为"统一政权疆域内最为繁盛的地区之一,是政权存在所需人力物力的最重要来源和文化发达地区"④。京东的人才多为朴直的"专经之士"⑤,有学者统计,《宋史·儒林传》所记载从聂崇义至胡瑗的宋初20位儒学之士籍贯可考者为19人,其中9人为京东人⑥,见下表:

---

① ［元］脱脱等:《宋史》卷八十五,第2107页。
② ［汉］班固撰,［唐］颜师古注,中华书局编辑部点校:《汉书》卷二十八下,中华书局,1962年,第1661页。
③ ［汉］班固撰,［唐］颜师古注,中华书局编辑部点校:《汉书》卷二十八下,第1662页。
④ 余蔚:《北宋京东社会的危机》,《面向新世纪的中国历史地理学——2000年国际中国历史地理学术讨论会论文集》,齐鲁书社,2001年,第377页。
⑤ 《宋史·地理志》记载:"大率东人皆朴鲁纯直,甚者失之滞固,然专经之士为多。"(［元］脱脱等:《宋史》卷八十五,第2112页)
⑥ 程民生:《宋代地域文化》,河南大学出版社,1997年,第298—299页。

姓名	出身	籍贯	备注
聂崇义	三礼	京西河南洛阳	
邢昺	五经	京东曹州济阴	
孙奭	九经	河北博州博平	博平紧邻郓州,奭少时徙居京东郓州须城(博平今属山东)
王昭素	无	开封酸枣	
孔维	九经	开封雍丘	
孔宜	无(举进士不第)	京东兖州曲阜	
崔颂	荫补	京西河南偃师	
尹拙	三史	京西颍州汝阴	
田敏	进士	京东淄州邹平	
辛文悦	无	不详	
李觉	九经	京东青州益都	
崔颐正	进士	开封封丘	
李之才	进士	京东青州	
胡旦	进士	河北滨州渤海	紧邻青州(今属山东)
贾同	进士	京东青州临淄	
刘颜	进士	京东徐州彭城	
高弁	进士	京东濮州雷泽	
孙复	无(举进士不第)	河东晋州平阳	进士不第退居京东兖州
石介	进士	京东兖州奉符	
胡瑗	无	淮南泰州海陵	

邢昺、孔宜、田敏、李觉、李之才、贾同、刘颜、高弁、石介九人皆为京东籍人士。此外,孙奭、胡旦籍贯地皆与京东州县毗邻,都在今山东省辖区内,且孙奭少时移居郓州须城。孙复长时间在应天府求学,后来又退居泰山,更有"泰山先生"之称,学术思想和京东路尤为

密切。

　　京东路之所以经历晚唐五代割据与战乱而儒道兴盛不衰,重要的原因是京东民间游从讲学之风盛行。这也是后来京东文人建立同盟的重要基础。石介《贤李》曰:"至道、咸平以来,山东文人之杰贾公疏、高公仪、刘子望、孙明复。"①列举了宋初京东四五十年间文人之杰出者②。除了孙复主要活跃在仁宗朝,另外三人都主要活跃在真宗朝。太宗、真宗朝的京东已经围绕贾同(字公疏)、高弁(字公仪)、刘颜(字子望)形成了一个比较活跃的文人群体。高弁在宋初京东士人中具有较大的影响力,《宋史》本传记载高弁"弱冠,徒步从种放学于终南山,又学古文于柳开,与张景齐名。至道中,以文谒王禹偁,禹偁奇之"③。种放、柳开、王禹偁皆为宋初复兴儒道和古文创作的杰出人士,是整个北宋儒学复兴运动和诗文革新的先行者。高弁先后师从三人,以复古尊道为己任,"所为文章多祖《六经》及《孟子》,喜言仁义"④。高弁入仕曾先后知广济军、单州、淄州,长时间活动于京东路,在他的周围逐渐形成了一个讲学游从的文人群体。《宋史》本传记载高弁"与李迪、贾同、陆参、朱頔、伊淳相友善。石延年、刘潜皆其门人也"⑤。除了其中陆参、朱頔、伊淳三人生平不可考之外,李迪、贾同、石延年、刘潜皆为京东士人。京东大儒刘颜也曾师事高弁,"好古,学不专章句","居乡里,教授数十百人",且知遇于李迪⑥。贾

---

① 〔宋〕石介:《贤李》,〔宋〕石介著,陈植锷点校:《徂徕石先生文集》卷九,第97页。
② 至道(995—997)为宋太宗的最后一个年号,咸平(998—1003)为真宗的第一个年号,石介写作此文的时间为仁宗宝元二年(1039)。
③ 〔元〕脱脱等:《宋史》卷四百三十二,第12832页。
④ 〔元〕脱脱等:《宋史》卷四百三十二,第12832页。
⑤ 〔元〕脱脱等:《宋史》卷四百三十二,第12832页。
⑥ 〔元〕脱脱等:《宋史》卷四百三十二,第12831页。

同"笃学好古,有时名"①,大部分时间皆在京东活动,与刘颜、李冠等游。李冠齐州历城人,"以文学称京东"②,又与刘潜、石延年为酒友③。此时参与游从的还有淄州淄川王樵,他"博通群书,不治章句,尤善考《易》。与贾同、李冠齐名,学者多从之"④,"山东贾同、李冠皆尊仰之","高弁知州事,范讽为通判,相与就见之"⑤。由此可见,士人之间的讲学游从已经形成了一定规模的群体,尊古重道而不为章句之学是他们的共同的学术追求,在文学上则普遍提倡古文创作。共同的志趣和地缘为群体活动提供了有利的条件。从时间上看,讲学游从的群体活动从宋初一直延续到庆历年间,从而保持了学术思想传承。这一群体中的后辈石延年、范讽等活跃在明道(1032—1033)、景祐(1034—1037)年间,被颜太初称为"东州逸党"。后来的以石介、孙复为首的"泰山学派"早期也与之关系密切。作为京东人的石介曾经读过刘颜的著作,慨叹"恨不在弟子之列"⑥。和石介一同拜在孙复门下的张洞少时曾师从刘颜⑦。石延年和孙复、石介等人都过从甚密。李迪又为孙复叔丈,对孙复礼遇有加。

在京东围绕睢阳(今河南商丘市)学舍还活跃着一群士人,影响甚大。五代后晋虞城人杨悫"力学勤志,不求闻达"⑧,创办睢阳学舍

---

① [元]脱脱等:《宋史》卷四百三十二,第 12831 页。
② [元]脱脱等:《宋史》卷四百四十二,第 13071 页。
③ [宋]王铚撰,朱杰人点校《默记》卷下曰:"石曼卿与刘潜、李冠为酒友。"(中华书局,1981 年,第 49 页)
④ [元]脱脱等:《宋史》卷四百五十八,第 13439 页。
⑤ [宋]王辟之撰,吕友仁点校:《渑水燕谈录》卷四,中华书局,1981 年,第 51 页。
⑥ [元]脱脱等:《宋史》卷四百三十二,第 12831 页。
⑦ [宋]石介《与张洞进士书》:"明远(笔者按:明远为张洞表字)始受业于子望,又传道于泰山孙先生,得《春秋》最精。"([宋]石介著,陈植锷点校:《徂徕石先生文集》卷十四,第 164 页)
⑧ [元]脱脱等:《宋史》卷四百五十七,第 13419 页。

（又名南都学舍），教授生徒。其弟子楚丘戚同文无意仕途，在杨悫去世之后，继续聚徒讲学，"请益之人不远千里而至"，弟子先后"登第者五六十人"，"所与游皆一时名士"①，死后友人和门人弟子追号"贞素先生"②。在戚同文去世之后，睢阳书院曾一度停办，祥符年间

---

① ［元］脱脱等：《宋史》卷四百五十七，第 13418 页。

② 《宋史·戚同文传》记载杨徽之及戚同文门人追赠戚同文私谥"坚素先生"："同文纯质尚信义……杨徽之尝因使至郡，一见相善，多与酬唱。徽之尝云陶隐居号坚白先生，先生纯粹质直，以道义自富，遂与其门人追号坚素先生。"（［元］脱脱等：《宋史》卷四百五十七，第 13418 页）陶弘景有《陶隐居集》传世，世称"陶隐居"。《梁书·陶弘景传》记载陶弘景"谥曰贞白先生"（［唐］姚思廉撰，中华书局编辑部点校：《梁书》卷五十一，中华书局，1973 年，第 743 页），并非"坚白先生"。那么戚同文之号是否"坚素先生"呢？北宋释文莹《玉壶清话》卷一"戚同文条"与《宋史·戚同文传》记载极为相似，曰："杨侍读徽之守南都，召至郡斋，礼遇益厚，唱和不绝。杨谓君（笔者案：君指戚同文）曰：'陶隐居昔号坚白先生，以足下纯白可侔，仆辄不揆，已表于朝，奏乞坚素之号，未知报否？'"（［宋］文莹撰，郑世刚、杨立扬点校：《玉壶清话》卷一，中华书局，1984 年，第 8 页）这段记载虽为小说家言，但与《宋史》记载颇为符契，其所言戚同文名号及由来与《宋史》所载一致，即根据陶弘景谥号而来。二书为何改陶弘景谥号"贞白先生"为"坚白先生"呢？《玉壶清话》自序"书成于元丰戊午岁（1078 年）"，是笔者发现关于戚同文"坚素先生"之号的最早记载。释文莹生活在仁宗至神宗时期，仁宗名赵祯，陶弘景"贞白先生"中的"贞"字触犯仁宗讳，以例需改。贞与坚意相近，故改"贞白"为"坚白"。避讳改前人谥号的现象在宋代也颇为常见。戚同文的名号是否也因此被改动呢？戚同文去世在太平兴国年间（976—984），杨徽之也在真宗大中祥符三年（1010）去世。仁宗生于 1010 年，初名赵受益，1018 年册封为太子时改名为赵祯，因此，追号戚同文则无须避仁宗讳。杨徽之和戚同文门人是根据陶弘景"贞白先生"的谥号而定戚同文的名号，因此戚同文的谥号当是"贞素先生"，而不是"坚素先生"。另外，又有文献将戚同文名号写作"正素先生"。曾巩《虞部郎中戚公墓志铭》曰："公（案：戚舜臣），宋之楚丘人。大父讳同文，唐天佑元年生，历五代入宋，皆不仕，以文学义行为学者师。殁，其徒相与号为正素先生。"（［宋］曾巩撰，陈杏珍等点校：《曾巩集》卷四十二，中华书局，1984 年，第 565 页）曾巩所撰《戚元鲁墓志铭》又曰：　　（转下页注）

（1008—1016）他的后辈们在原址的基础上扩建书院，"祥符中，乡人曹氏，请以金三百万建学于先生之庐。学士之子殿中丞舜宾时在私庭，俾干其裕；故太原奉常博士渎时举贤良，始掌其教；故清河职方员外郎吉甫时以管记，以领其纲"①。此时真宗赐名"应天书院"，已经具有官办性质。大中祥符七年（1014），应天府升为南京，书院又改名为南京书院。天圣五年（1027）范仲淹应南京留守晏殊所邀，掌管书院，"由是四方从学者辐凑。其后宋人以文学有声名于场屋朝廷者，多其所教也"②。由于范仲淹的加入，书院迎来了全盛时期，四方学者汇集于此，是当时重要的学术和文学中心。一些年轻士子往往慕名前来，孙复、石介都曾先后求学于此。

从以上的论述可以看出，在士人游从讲学的群体活动中，尊古重道的思想一直在有序地传承，无论是学术思想还是活动方式对后来京东文人集团的形成都具有鲜明的影响。

（接上页注）"戚氏宋人，为宋之世家。当五代之际，有抗志不仕、以德行化其乡里、远近学者皆归之者，曰同文，号正素先生，赠尚书兵部侍郎。"（［宋］曾巩撰，陈杏珍等点校：《曾巩集》卷四十二，第 567 页）另外张方平所撰《赠给事中太原王公墓志铭并序》（《张方平集》卷三十九）、《稽公行状》（《张方平集》卷四十）皆记载戚同文号"正素先生"。戚舜臣与戚元鲁分别是戚同文的孙子和曾孙。张方平所作的两篇墓志铭的墓主为王渎和稽颖，二人父亲分别是王砺和稽适，皆是戚同文的门人。宋人避仁宗讳，改"贞"为"正"乃是常例，因此戚同文谥号为"贞素先生"无疑。

① ［宋］范仲淹：《南京书院题名记》，［宋］范仲淹撰，李勇先等点校：《范仲淹全集》文集卷八，中华书局，2020 年，第 162 页。

② ［宋］司马光撰，邓广铭、张希清点校：《涑水记闻》卷十，中华书局，1989 年，第182 页。

第二节　"泰山学派"的结盟

宋初以来的京东地区一直延续着游从讲学的传统,但士人之间的交往仍然比较松散随意。明道(1032—1033)、景祐(1034—1037)时期京东士风空前高涨,石介、孙复、孔道辅等人成为新一代的士人领袖,形成了以孙复、石介为首的"泰山学派",成为当时文化建设队伍重要的组成部分,并在京东路掀起了儒学复兴和诗文革新的高潮。和以往的文人群体不同,此时的京东文人表现出强烈的自觉结盟意识,从某种意义上可以视作文人结社。结盟意识和结盟行动主要体现在石介等人将孙复一步一步推崇为文宗儒师的过程中。

一、强烈的结盟意识

王水照先生指出:"北宋文人的文学结盟意识,比起前人来显得更为强烈和自觉,已演成与文人们价值取向稳固相联的普遍的社会心理。"①这种结盟意识在一定程度上体现为推举文坛"宗主"。主贡嘉祐二年(1057)科举的欧阳修在读了苏轼的试卷及诗文之后,欣喜地对梅尧臣说:"读轼书,不觉汗出,快哉快哉!老夫当避路,放他出一头地也。可喜可喜。"②后来苏轼也曾经对门人说:"文章之任,亦在名世之士,相与主盟,则其道不坠。方今太平之盛,文士辈出,要使一时之文有所宗主。昔欧阳文忠常以是任付与某,故不敢不勉。异时文章盟主,责在诸君,亦如文忠之付授也。"③欧、苏皆有鲜明的结

---

① 王水照:《北宋的文学结盟意识与尚"统"的社会思潮》,王水照:《王水照自选集》,第108页。

② [宋]欧阳修:《与梅圣俞》三十,[宋]欧阳修著,李逸安点校:《欧阳修全集》卷一百四十九,中华书局,2001年,第2459页。

③ [宋]李廌撰,孔凡礼点校:《师友谈记》,中华书局,2002年,第44页。

盟意识,自觉地承担和传递"盟主"之位,并将之与振兴斯文的事业相联系。和欧、苏相比,石介、孙复等京东文人更早地有意识地为复兴儒道、古文而结盟,在明道、景祐年间已经在策划推举"宗主"的活动。

(一)宗主与道统

石介是天圣(1023—1032)至庆历(1041—1048)年间京东最为活跃的士人之一,一直致力于组建同盟。他是兖州奉符(今山东省泰山市泰安区)人,天圣八年高中进士甲等,释褐试秘书省校书郎、郓州军事推官。在郓州任上石介已经表现出极强的社会活动能力,和李迪、王质、孔道辅、范讽等京东官员过从密切。此时,他结识年岁略长的士建中,并为其科举一事极力谋划。《宋元学案》卷六《士刘诸儒学案》曰:"徂徕高视一切,其所服膺,自泰山外,惟先生(笔者按:先生为士建中)。"[1]石介对士建中推崇备至,在《寄明复熙道》一诗曰:"昔日到汶上,熙道始相见。知道在熙道,一见不敢慢。尊之如韩孟,与道作藩翰。"[2]石介高视士建中为韩孟,是力足以存道扶道的"宗主"。他曾明确表示过追随士建中"救道存道",曰:"足下生民之先觉者也……介幸而不随天下之人之秦之越而独随足下,足下其援我手,我其蹑足下履,牵连挽引,庶能至焉,慎无为半途而废者。"[3]

石介非常看重"宗主"救道存道的作用,这和他的道统观有着密切关系。石介具有强烈的道统意识,其《怪说中》曰:"周公、孔子、孟轲、扬雄、文中子、韩吏部之道,尧、舜、禹、汤、文、武之道也,三才、九

---

① 〔清〕黄宗羲原撰,〔清〕全祖望补修,陈金生等点校:《宋元学案》卷六,中华书局,1986年,第252页。

② 〔宋〕石介:《寄明复熙道》,〔宋〕石介著,陈植锷点校:《徂徕石先生文集》卷三,第27页。

③ 〔宋〕石介:《与士建中秀才书》,〔宋〕石介著,陈植锷点校:《徂徕石先生文集》卷十四,第163—164页。

畴、五常之道也。"①《答欧阳永叔书》也说:"古之圣人大儒,有周公,有孔子,有孟轲,有荀卿,有扬雄,有文中子,有吏部。"②石介曾反复论及上自尧舜而下至韩愈的道统谱系,固然是维护儒道传承有序的合法性和权威性,更是强调儒道系统中"圣人大儒"存道扶道的作用,正如其《救说》所说:

> 道大坏,由一人存之;天下国家大乱,由一人扶之。周室衰,诸侯畔,道大坏也,孔子存之。孔子殁,杨、墨作,道大坏也,孟子存之。战国盛,仪、秦起,道大坏也,荀况存之。汉祚微,王莽篡,道大坏也,扬雄存之。七国弊,王纲圮,道大坏也,文中子存之。齐、梁以来,佛、老炽,道大坏也,吏部存之。③

在石介看来,众位圣贤皆是一代宗师,以一己之力使得斯文不衰。然而,"今之文何其衰乎! 去唐百余年,其间文人计以千数,而斯文寂寥缺坏,久而不振者……不有大贤奋袂于其间,崛然而起,将无革之者乎"④。石介将当下"斯文寂寥缺坏,久而不振者"的原因归结为"不有大贤奋袂于其间,崛然而起",强调圣贤的决定性作用。大贤不出,"今斯文也,剥已极矣,而不复,天岂遂丧斯文哉"⑤。"故常思得如孟轲、荀、扬、文中子、吏部、崇仪者,推为宗主,使主盟于上,以恢

---

① [宋]石介:《怪说中》,[宋]石介著,陈植锷点校:《徂徕石先生文集》卷五,第62页。

② [宋]石介:《答欧阳永叔书》,[宋]石介著,陈植锷点校:《徂徕石先生文集》卷十五,第176页。

③ [宋]石介:《救说》,[宋]石介著,陈植锷点校:《徂徕石先生文集》卷八,第84页。

④ [宋]石介:《上赵先生书》,[宋]石介著,陈植锷点校:《徂徕石先生文集》卷十二,第136页。

⑤ [宋]石介:《上张兵部书》,[宋]石介著,陈植锷点校:《徂徕石先生文集》卷十二,第141页。

张斯文"①,石介为了寻找复兴儒学的宗主,"乃汲汲焉狂奔浪走数千里外,以访、以寻之未得,且临飧忘食,中夜泣下"②。

石介认为道之兴衰在于有无主盟文坛的"宗主",寻找并推举"宗主"也是对"道统"的延续。石介好为人师,已经逐渐成为京东士人领袖,欧阳修曾经如此评价:"东方学生皆自石守道诱倡,此人专以教学为己任,于东诸生有大功……"③但是石介不以"宗师"自居。在道统体系中,石介最为推崇韩愈。石介在《尊韩》一文中说:"孔子后,道屡塞,辟于孟子,而大明于吏部……孟轲氏、荀况氏、扬雄氏、王通氏、韩愈氏五贤人,吏部为贤人之卓。"④韩愈以排佛老、复兴古道为己任,石介也俨然承接韩愈的事业。虽然好为人师,甚至有点狂妄,但石介也自言"则余不敢后吏部"⑤。在《上张兵部书》也说:"顾己无孟轲、荀卿、扬雄、文中子、吏部之力,不能亟复斯文。"⑥这固然是谦逊之词,但石介也是确实意识到自己不能担负起一代宗师的重任。石介长时间陷入孤立的境地,不少人对他发难。景祐二年(1035),欧阳修《与石推官第一书》评论石介"自许太高,诋时太过",又言"及其过,圣人犹欲就之于中庸",大有责备其思想行为过于偏

---

① [宋]石介:《与君贶学士书》,[宋]石介著,陈植锷点校:《徂徕石先生文集》卷十五,第 180 页。

② [宋]石介:《与君贶学士书》,[宋]石介著,陈植锷点校:《徂徕石先生文集》卷十五,第 181 页。

③ [宋]欧阳修:《答孔嗣宗二通》二,[宋]欧阳修著,李逸安点校:《欧阳修全集》卷一百五十,第 2484 页。

④ [宋]石介:《尊韩》,[宋]石介著,陈植锷点校:《徂徕石先生文集》卷七,第 79 页。

⑤ [宋]石介:《读原道》,[宋]石介著,陈植锷点校:《徂徕石先生文集》卷七,第 78 页。

⑥ [宋]石介:《上张兵部书》,[宋]石介著,陈植锷点校:《徂徕石先生文集》卷十二,第 141 页。

激、"率然自异"、不趋于中庸之意①。同年,石介《上孙先生书》提到几位友人劝其"就于中":

> 前书见戒,又见先生之存心深且远也。昔熙道常见诲,去其不得于中而就于中,去者常五六而合者仅一二,自知之甚熟,不能果去之也。近又得刘公,公之道、公之心如熙道,公亦常以此相教,去者八九而合者或六七。先生直斥其不合,使去之,求合于中,其言深切著明,又过于刘公与熙道也。②

宝元元年(1038)所作《上颍州蔡侍郎书》曰:"冬集至阙下,有人密道阁下之语于介者,箴规训诫,丁宁切至,如听箕子《皇极》之义,若闻子思《中庸》之篇,释然大觉前日之非。"③从石介友人善意的规劝中可以看出其锋芒毕露的性格,"不量敌众寡,胆大身幺麽"④的斗争方式引起不少人的反对,时人有称之为"狂生"⑤、"怪鬼"⑥,"世俗颇骇其

---

① [宋]欧阳修:《与石推官第一书》,[宋]欧阳修著,李逸安点校:《欧阳修全集》卷六十八,第991—992页。

② [宋]石介:《上孙先生书》,[宋]石介著,陈植锷点校:《徂徕石先生文集》卷十五,第182页。

③ [宋]石介:《上颍州蔡侍郎书》,[宋]石介著,陈植锷点校:《徂徕石先生文集》卷十七,第206页。

④ [宋]欧阳修:《读徂徕石先生文集》,[宋]欧阳修著,李逸安点校:《欧阳修全集》卷三,第43页。

⑤ [宋]苏象先撰,储玲玲整理《丞相魏公谭训》卷六:"张安道雅不喜石介,以谓狂谲盗名,所以与欧、范不足,至目以奸邪。一日谒曾祖,在祖父书室中案上见介书,曰:'吾弟何为与此狂游。'"(大象出版社,2019年,第220页)

⑥ [宋]佚名撰,黄宝华整理《言行拾遗事录》卷一:"公与韩琦自陕而来朝,石守道作《庆历圣德诗》,忠邪太明白,道中得之,公抚股谓韩公曰:'为此怪鬼辈坏之也!'韩公曰:'天下事不可如此,必坏。'其后果然。"(大象出版社,2019年,第287页)

言,由是谤议喧然,而小人尤嫉恶之,相与出力必挤之死"①。南宋叶适如此评价:"石介以其忿嫉不忍之意,发于偏宕太过之辞,激犹可与为善者之心,坚已陷于邪者之敌,莫不震动惊骇,群而攻之,故回挽无毫发而伤败积丘陵矣,哀哉!"②外界对石介的批判和攻击不断,他又长期沉沦下僚,自言"卒能霸斯文,吾恐不在己"③,此也是对自身处境的清醒认识。在这种情况下,他就更需要寻找一位具有宗师风范的宿儒来扛起复兴儒学的大蠹。

(二)宗主的人选

石介一直四处奔走呼吁,寻找能够统领文坛的"宗主"。他视本朝人物柳开是继韩愈之后的文坛"宗主",青年时期所作《过魏东郊》盛赞柳开:"述作慕仲淹,文章肩韩愈。下唐二百年,先生固独步。"④石介认为"自唐吏部下三百年,得孔子之道而粹者,惟仲涂"⑤。可是柳开已经去世,石介在《赠张绩禹功》中悲叹:"卒能霸斯文,河东柳开氏。嗟吁河东没,斯文乃屯否。"⑥面对天下仍无宗主的局面,他曾寄希望于自己的弟子张绩,曰:"卒能霸斯文,吾恐不在己。禹功幸勉旃,当仁勿让尔。"⑦石介还曾想极力推荐一位赵先生,他在《上赵先

① [宋]欧阳修:《徂徕石先生墓志铭》,[宋]欧阳修著,李逸安点校:《欧阳修全集》卷三十四,第 506 页。
② [宋]叶适:《习学记言序目》卷五十,中华书局,1977 年,第 746 页。
③ [宋]石介:《赠张绩禹功》,[宋]石介著,陈植锷点校:《徂徕石先生文集》卷二,第 17 页。
④ [宋]石介:《过魏东郊》,[宋]石介著,陈植锷点校:《徂徕石先生文集》卷二,第 20 页。
⑤ [宋]石介:《送刘先之序》,[宋]石介著,陈植锷点校:《徂徕石先生文集》卷十八,第 217 页。
⑥ [宋]石介:《赠张绩禹功》,[宋]石介著,陈植锷点校:《徂徕石先生文集》卷二,第 17 页。
⑦ [宋]石介:《赠张绩禹功》,[宋]石介著,陈植锷点校:《徂徕石先生文集》卷二,第 17 页。

生书》说："继唐之文章,绍吏部之志,唯先生能,先生无与让。"①并建议他"留意",肩负起复兴儒道的重任:"先生如果欲有为,则请先生为吏部,介愿率士建中之徒为李翱、李观。先生唱于上,介等和于下,先生击其左,介等攻其右,先生掎之,介等角之。"②赵先生应是赵师民,石介信中称赵先生"命与才戾,四十始登一第,仕才得上农夫之禄料"③,与赵师民的经历吻合,另外他也曾经向王曾大力推举过赵师民④。他还曾寄希望于同榜状元王拱辰,其《与君贶学士书》赞王拱辰:"今文章声琅琅落天下,不三四年,翱翔入两掖,代天子作训辞制命,号令乎天下,鼓动乎万物。年不过三十,当论道岩廊,凝猷鼎席。熙帝谟,代天工,跻海内太平,主盟斯文,非状元而谁?"⑤《上赵先生书》和《与君贶学士书》分别作于1032年、1034年,这种密集寻找宗师的行为,体现了他"汲汲焉狂奔浪走数千里外"寻访盟主的迫切心理。赵师民是"学问精博"的圣德君子,具有一代宗师的基本条件,但其"志尚清远,专以读书为事"⑥,似乎不具有冲锋陷阵的战斗精神。王拱辰19岁时高中状元,此时也只有23岁,石介这封信主要还是表达恭贺和勉励之意。

---

① [宋]石介:《上赵先生书》,[宋]石介著,陈植锷点校:《徂徕石先生文集》卷十二,第137页。
② [宋]石介:《上赵先生书》,[宋]石介著,陈植锷点校:《徂徕石先生文集》卷十二,第138页。
③ [宋]石介:《上赵先生书》,[宋]石介著,陈植锷点校:《徂徕石先生文集》卷十二,第138页。
④ 详见《上王沂公书》,[宋]石介著,陈植锷点校:《徂徕石先生文集》卷十四,第165—168页;赵师民生平参考《宋史·赵师民传》([元]脱脱等:《宋史》卷二百九十四,第9823—9826页)。
⑤ [宋]石介:《与君贶学士书》,[宋]石介著,陈植锷点校:《徂徕石先生文集》卷十五,第181页。
⑥ [元]脱脱等:《宋史》卷二百九十四《赵师民传》,第9825页。

石介于景祐元年(1034)春和孙复相识,此时就将他锁定为"文宗儒师"的最佳人选。石介在景祐元年春第一次和孙复会面,在相见之前就对孙复有所耳闻,《密直杜公作镇于魏,天章李公领使于魏,明复先生客于魏,熙道宰于魏,因作诗寄之》中赞孙复:"先生服仁义,怀道轻爵禄。非其人不取,一箪亦自足。陈蕃知人明,文侯好士笃。解榻延徐孺,过门轼干木。今留二公馆,德修令问淑。"①诗中所言密直杜公为杜衍,天章李公为李纮,熙道为士建中。孙复参加景祐元年的科举考试,落第后曾前往魏地依附杜衍、李纮、士建中等人②,诗歌应是就此而言。石介此时还没有和他正式认识,就盛赞他"德修令问淑"。此年稍后石介有《寄明复熙道》诗,曰:

> 今春来南都,明复去京辇。未识心相通,所怀恨未展。明复无羁缚,我有守官限。南走三百里,访我殊不倦。剧谈露新意,胸臆无畔岸。高文见事业,事业盈编简。一一皇霸略,纵横小管晏。磊磊王相才,上下包周汉。③

此诗记述了二人第一次相见的场景,高度评价孙复的才学,并称孙复、士建中二人是"天使扶斯文"的"二贤",表明甘愿"我缀二贤末"④。其后在《与裴员外书》中石介也对孙、士推崇备至,认为他们

---

① [宋]石介著,陈植锷点校:《徂徕石先生文集》卷三,第29页。
② [宋]范仲淹《孙明复》:"至桐庐,闻足下失意,愕乎其且忧矣!……及得足下河朔二书,且依天章公(笔者按:天章公为李纮),犹免屈于不知己者,甚善甚善!"([宋]范仲淹撰,李勇先等点校:《范仲淹全集》尺牍卷下,第606页)此书信作于景祐元年,"闻足下失意"一语当是指孙复于是年落榜,前往依靠李纮等人。
③ [宋]石介:《寄明复熙道》,[宋]石介著,陈植锷点校:《徂徕石先生文集》卷三,第27页。
④ [宋]石介:《寄明复熙道》,[宋]石介著,陈植锷点校:《徂徕石先生文集》卷三,第27页。

是柳开、王禹偁之后的文宗儒师：

> 文之弊已久，自柳河东、王黄州、孙汉公辈相随而亡，世无文
> 公儒师，天下不知所准的……往年官在汶上，始得士熙道；今春
> 来南都，又逢孙明复，韩、孟兹遂生矣。斯文之弊，吾不复以为
> 忧；斯道之塞，吾不复以为惧也。①

此时石介已经俨然将孙复和士建中视为“宗主”。石介认为二人为儒
家道统的继承与发扬者，尤其对孙复更为推崇。初次相见，石介就表
现出对孙复的高度期许，视孙复为复兴儒道的最佳宗师人选。

孙复对于石介的邀请和推崇表现出极大的热情，他也具有较强
烈的结盟意识。景祐元年（1034）九月，时知苏州的范仲淹创立郡学，
写信邀请孙复前往教授诸生，曰：“足下未尝游浙中，或能枉驾，与吴
中讲贯经籍，教育人材，是亦先生之为政，买山之图，其在中矣。”②此
年石介也向孙复发出邀请，其《上孙先生书》曰：“然后为先生筑室于
泰山、徂徕间，以周公、孔子之道辅圣君。先生如终不起，泰山、徂徕，
泉石松竹，可吟可赏，以周公、孔子之道而自乐焉，先生亦何少。”③孙
复没有答应范仲淹的邀请，而是选择了石介的安排而退居山东。在
石介邀请孙复之前，孙复曾有长诗赠石介，曰：“攘臂欲操万丈戈，力

---

① ［宋］石介:《与裴员外书》,［宋］石介著,陈植锷点校:《徂徕石先生文集》卷
　十六,第191—192页。
② ［宋］范仲淹:《孙明复》,［宋］范仲淹撰,李勇先等点校:《范仲淹全集》尺牍
　卷下,第606页。
③ ［宋］石介:《上孙先生书》,［宋］石介著,陈植锷点校:《徂徕石先生文集》卷
　十五,第183页。

与熙道攻浮伪。"①赞扬石介、士建中等人协力排斥异说、复兴儒道的举动。石介邀请孙复之时已经构建了结盟的明确设想,曰:"使先生与熙道为元帅,介与至之、明远被甲执锐,摧坚阵,破强敌,佐元戎周旋焉。曹二、任三坐于樽俎之间,介知必克捷矣。"②石介所营造的良好氛围使一直孤立无援的孙复充满期望,毅然移居山东。

孙复复兴儒学、反对佛老、排斥时文的态度是和石介一致的。他也有着与石介一样的道统主张,其《信道堂记》云:"吾之所谓道者,尧、舜、禹、汤、文、武、周公、孔子之道也,孟轲、荀卿、扬雄、王通、韩愈之道也。吾学尧、舜、禹、汤、文、武、周公、孔子、孟轲、荀卿、扬雄、王通、韩愈之道三十年……"③在《兖州邹县建孟子庙记》表明了与石介相近的主张:"复学孔而晞孟者也,世有踏邪怪奇崄之迹者,常思嗣而攻之。"④孙复又在《儒辱》一文中申明对"横乎中国"的"佛老之徒"要"鸣鼓而攻之"⑤。为拯救"斯文下衰吁已久",勉励学子"勿事声病滛哇辞","身与姬孔为藩篱"⑥。孙复对复兴儒学表现出高度的自觉性和斗争性,石介一见便引为知己。

除此之外,石介更为看重的是孙复的治世之才。石介并非空谈道学,而是具有极强的参政干政意识,沉沦下僚时仍然积极向朝廷或

---

① 孙复此诗已佚,见于石介《上孙先生书》([宋]石介著,陈植锷点校:《徂徕石先生文集》卷十五,第182页)。

② [宋]石介:《上孙先生书》,[宋]石介著,陈植锷点校:《徂徕石先生文集》卷十五,第182页。

③ [宋]孙复:《信道堂记》,曾枣庄等主编:《全宋文》第19册,上海辞书出版社、安徽教育出版社,2006年,第313页。

④ [宋]孙复:《兖州邹县建孟子庙记》,曾枣庄等主编:《全宋文》第19册,第315页。

⑤ [宋]孙复:《儒辱》,曾枣庄等主编:《全宋文》第19册,第309页。

⑥ [宋]孙复:《劝学》,北京大学古典文献研究所编:《全宋诗》第3册,北京大学出版社,1991—1998年,第1987页。

者大臣建言献策,表现出对国家政治的极大热情,其复兴儒学目的也是要"施于国家,布于天下"。石介欣赏孙复"一一皇霸略,纵横小管晏。磊磊王相才,上下包周汉"的政治才能,他曾在写于杜衍的书信中盛赞孙复的文韬武略:

> 若夫学尧、舜、孔、孟之道,怀伊尹、周、召之志,文足以绥,武足以来,仁足以恩,义足以教。用其术,国可以反覆乎霸,霸可以反覆乎王。被其风,薄夫皆可以敦,贪夫皆可以廉,懦夫皆可以立。行其教,风俗可以反古,天下皆可以复婴儿。而乃穷饿布衣,蟠束岩穴,上不得施一毫一发以致于其君,下不得施一发一毫以及于其民,贫贱厄缚,气不得须臾舒,心不得一日乐,抱尧、舜、孔、孟之道,伊尹、周、召之志,老于蓬蒿,此为不获甚矣。噫!谁其人哉? 泰山孙明复先生其人矣。①

在石介看来,孙复是可以与圣贤比肩的安邦定国之才。孙复主要成就乃是一介儒师,并没有表现出多少治世之才,但石介却看好孙复,认为孙复"大用终有时",能将儒家学说用于政事,这也是孙复成为石介心目中最佳"宗主"人选的一个重要原因。

二、推崇孙复为"宗主"

石介认定孙复是一代"宗主"的最佳人选,但此时孙复离石介的"宗主"标准还有一定的差距。石介曾说:"介窃痛斯文衰,道不充,

---

① [宋]石介:《上杜副枢书》,[宋]石介著,陈植锷点校:《徂徕石先生文集》卷十四,第158页。

力不足,不能救。"①他认为"道充"和"力足"是能够挽救"斯文衰"的两个必备条件。道自然是如同孔、孟、韩愈一样的道德文章,孙复"道德如韩孟""高文见事业",自然是"道纯德备"。至于力,石介曾对士建中说:"常以谓:位者,行道之器也。得其非能行道之位,不行矣,如之何?"②此正是对"力足"的诠释。在一个"官本位"的时代,官高位显才具有凝聚力、话语权,才能担当起复兴儒道领袖的重任。孙复是否"力足"呢?此时孙复四举不第,穷困潦倒,处在人生低谷,游离主流社会体制之外,还不符合石介"力足"的标准。因此,孙复要成为一介宗师,必须要"力足"且"位高"。石介与一群京东士人为此积极策划,试图将孙复推上儒学宗师的高位。

(一)筑室山东

首先是为孙复"筑室于泰山徂徕间"。欧阳修所撰《孙明复先生墓志铭》曰:"(孙复)少举进士不中,退居泰山之阳,学《春秋》,著《尊王发微》。"③前文已经言及,石介于景祐元年(1034)就写信邀请孙复去山东居住:"为先生筑室于泰山、徂徕间,以周公、孔子之道辅圣君。"景祐二年(1035)又作《赠孙先生》,曰:"泰山山下水照石,溪声潋潋白云堆。我居其间构茅屋,先生先生归去来!"④由此可知,是时石介为孙复所建的居所已经完工,诚邀孙复前往。孙复也正是这一年正式迁居泰山,石介是年作有《乙亥冬,富春先生以老儒醇师,居我

① [宋]石介:《上赵先生书》,[宋]石介著,陈植锷点校:《徂徕石先生文集》卷十四,第 139 页。
② [宋]石介:《与士熙道书》,[宋]石介著,陈植锷点校:《徂徕石先生文集》卷十六,第 190 页。
③ [宋]欧阳修:《孙明复先生墓志铭》,[宋]欧阳修著,李逸安点校:《欧阳修全集》卷三十,第 457 页。
④ [宋]石介:《赠孙先生》,石介著,陈植锷点校:《徂徕石先生文集》卷二,第 18 页。

东斋①,济北张洞明远、楚丘李缊仲渊,皆服道就义,与介同执弟子之礼,北面受其业。因作百八十二言相勉》记述此事。石介为孙复所营建的第一个住所是"东斋",开始只是茅屋,后来兴建了"道信堂",此后又扩建成泰山书院。

　　石介将孙复安顿在自己的家乡,便于在生活上照顾孙复,"与先生足奉祭祀、养妻子之具"②,使其基本的生活有所保障,能安心著述讲学。但这其中另有深意。"泰山、徂徕间"属于古鲁国,鲁乃周公封地、孔孟故乡,是儒学圣地。石介本人就具有强烈的圣地意识,他在《上孔徐州书》说:

　　　　道将兴,必自鲁始……周公死数千年矣,圣师没亦数千年矣,经于秦,历于晋、宋、梁、隋,至于五代,鲁几何不被发而左衽也。遭于老,汨于庄、韩,乱于杨、墨,逼于佛、道,几何不绝纽而坠地也。今鲁国服衣冠,口诵圣人书者不绝,周公、孔子之道未尽泯灭……③

---

① 陈植锷先生点校《徂徕石先生文集》和北京大学古典文献研究所编《全宋诗》中此诗题皆作"居我东齐"。《孙明复先生墓志铭》和《宋史·孙复传》都记载孙复居住泰山之阳,石介也说为其"筑室于泰山、徂徕间",祖无择《上安抚张杂端书荐孙复牛仲容》曰:"一居兖之奉符间……奉符者曰孙复,字明复。"(曾枣庄等主编:《全宋文》第 43 册,第 299 页)此时孙复居住在奉符县(今泰安市泰山区)境内,属于鲁而不是齐。翻检文渊阁四库本、清康熙五十六年刻本、清张位抄本《徂徕石先生文集》皆作"斋"字。"斋"与"齐"的繁体分别为"齋"与"齊",二字颇为相似,极容易混淆。认真比对以上刻本和抄本,皆是"斋"字。因此,此处应该是"居我东斋",而非"居我东齐"。
② [宋]石介:《上孙先生书》,[宋]石介著,陈植锷点校:《徂徕石先生文集》卷十五,第 183 页。
③ [宋]石介:《上孔徐州书》,[宋]石介著,陈植锷点校:《徂徕石先生文集》卷十四,第 170—171 页。

鲁作为圣地,儒道繁衍不息,薪火相传,因此石介认为"道将兴,必自鲁始"。他在《归鲁名张生》又曰:"夫求圣人之道者,必自鲁始。鲁,周公之所封也,孔子之所出也。圣人之道尽在鲁矣。之于鲁,然后圣人之道可得而见也。"①强烈的圣地意识几乎达到迷信的程度,石介甚至认为只有在鲁才能得"圣人之道"。孙复要成为复兴儒学的宗师级别人物,当然最佳的去处是鲁地。孙复在鲁居住了六年,被敬称为"泰山先生",甚至被称作"鲁国先生",这种圣地正统身份自然对孙复成为儒学宗师是有利的。

(二)尊为先生

其次是帮助孙复开馆讲学。孙复定居鲁地,逐渐获得山东士人的认可,并且获得了极佳的声誉,对他以后走上仕途也具有重大意义。但孙复是一落魄书生,寄居山东泰山之阳,除了满腹道德文章,身无长物,要在圣人之乡以道德文章闻名是极其不易的。开馆讲学无疑是孙复宣传自己思想学术的最佳方式,更是获得声誉的有效途径。初来乍到的孙复要在儒学圣地传道授业是需要一番策划的,石介为此主要做了两件事。

第一件事情是率京东士人拜孙复为师。前文言及《乙亥冬,富春先生以老儒醇师,居我东斋,济北张洞明远、楚丘李缊仲渊,皆服道就义,与介同执弟子之礼,北面受其业。因作百八十二言相勉》一诗,从诗题可知石介率领京东文人尊孙复为"老儒醇师","北面受其业","执弟子之礼"。《续资治通鉴长编》卷一百三十八记载:"石介有名山东,自介而下皆以先生事复。"②石介此时已经颇有名气,尤其在京

---

① [宋]石介:《归鲁名张生》,[宋]石介著,陈植锷点校:《徂徕石先生文集》卷七,第82页。

② [宋]李焘撰,上海师范大学古籍整理研究所、华东师范大学古籍整理研究所点校:《续资治通鉴长编》卷一百三十八,中华书局,2004年,第3325页。

东文人圈中已经具有一定影响力。欧阳修在《与石推官第一书》中说："修来京师已一岁也，宋州临汴水，公操之誉日与南方之舟至京师。修少与时人相接尤寡，而誉者无日不闻，若幸使尽识舟上人，则公操之美可胜道哉！"①这固然有溢美之词，但也可见石介名气远播京华，名闻天下。石介此时已经身居人师，欧阳修所作《徂徕石先生墓志铭》曰："先生自闲居徂徕，后官于南京，常以经术教授。"②石介与为数众多的中高层官员有交游和书信往来，此时已经具有一定社会影响力。从他与欧阳修二人的书信内容来看，石介反佛老、斥时文、复兴儒学的思想都已经基本定型，最能代表他思想的《怪说》三篇也应该作于这一阶段或者稍早③。石介以治《周易》为长、孙复以《春秋》为长，后来二人共同执教国子监之时，也是各授一经。张洞、李缊二人都是山东人，是石介的故旧，也是石介弟子辈的后生，"三人堂堂负英杰"，师事孙复，这其中石介的倡导定不可少。是年石介还作有《师说》一文，宣扬师道，也是为孙复开馆讲学造势。石介等人此举自然会在京东文人圈中形成一定影响，孙复身价定也倍增。

　　此后不久，石介等人为推崇孙复又做了一件事，效果更为明显。《孙明复先生墓志铭》记载："孔给事道辅为人刚直严重，不妄与人，闻先生之风，就见之，介执杖屡侍左右，先生坐则立，升降拜则扶之，及其往谢也亦然。"④石介《明孔》一文也专门记述此事，盛赞孔道辅

①　［宋］欧阳修：《与石推官第一书》，［宋］欧阳修著，李逸安点校：《欧阳修全集》卷六十八，第991页。

②　［宋］欧阳修：《徂徕石先生墓志铭》，［宋］欧阳修著，李逸安点校：《欧阳修全集》卷三十四，第507页。

③　陈植锷著，周秀蓉整理的《石介事迹著作编年》将此文系于1035年（第55—56页）。本文关于石介作品编年多依据此书。

④　［宋］欧阳修：《孙明复先生墓志铭》，［宋］欧阳修著，李逸安点校：《欧阳修全集》卷三十，第457页。

尊师重道。此次行动看似一次高官礼贤下士之举,但细细推究,可以看出石介的苦心积虑。

孔道辅以龙图阁直学士知兖州的时间为1035年8月至1038年12月,拜见孙复之事就在这一段时间①。《孙明复小集》作有《上孔给事书》《兖州邹县建孟庙记》,二文皆和孔道辅有关。《兖州邹县建孟子庙记》是孙复为孔道辅所建的孟子庙撰写的记文,落款为"景祐五年(1038)岁次戊寅三月日记"②。《上孔给事书》赞扬孔道辅兴建"五贤堂"一事。孔道辅作有《五贤堂记》并且勒石,其落款为"景祐五年七月十五日,给事中、知兖州孔道辅撰"③。因此,孙复《上孔给事书》也应该作于景祐五年(1038)前后。可见在孔道辅知兖州时,二人有颇多互动。

孔道辅拜见孙复,当为石介引荐。石介于1033年就与孔道辅有书信往来和诗歌赠答,二人一直关系密切。孔道辅去世之时,石介甚是悲痛,创作了一系列纪念孔道辅的文章。孙复致信赞扬孔道辅修建"五贤堂"也是"近得友人石介书"才得知④,石介在孙、孔二人的交往中应该具有重要的连接作用。石介在此次拜见中也扮演着重要的角色,"介执杖屡侍左右,先生坐则立,升降拜则扶之,及其往谢亦

---

① 石介《明孔》记载孔道辅官职为"以谏议大夫龙图阁直学士知兖州"([宋]石介著,陈植锷点校:《徂徕石先生文集》卷九,第98页)。《续资治通鉴长编》卷一百十七记载:景祐二年(1035)八月"己卯,右谏议大夫、知兖州孔道辅为龙图阁直学士"(第2754页)。《续资治通鉴长编》卷一百二十二记载:宝元元年(1038)十二月"甲戌……龙图阁直学士、给事中、知兖州孔道辅入为御史中丞"(第2887页)。据此可知孔道辅以龙图阁直学士知兖州的时间约为1035年8月至1038年12月之间。

② [宋]孙复:《兖州邹县建孟子庙记》,曾枣庄等主编:《全宋文》第19册,第315页。

③ [宋]孔道辅:《五贤堂记》,曾枣庄等主编:《全宋文》第17册,第292页。

④ [宋]孙复:《上孔给事书》,曾枣庄等主编:《全宋文》第19册,第93页。

然"。这看似迂腐夸张举止却收到极其良好的社会效益,为世人所赞叹,成为美谈。孔道辅不仅官位显赫,同时他还有一个显赫的头衔——孔子四十五代孙。石介《明孔》一文记录此事,特别强调孔道辅"以圣师之孙","每见先生,夔夔以谨,恂恂以怿,如执弟子礼"①。孔道辅以师礼待孙复,这次具有仪式性的举动无疑对抬高孙复的声望具有极大的作用。王辟之《渑水燕谈录》也有近似的记载:

> 徂徕石守道常语学者曰:"古之学者,急于求师。孔子,大圣人也,犹学礼于老聃,学官于郯子,学琴于师襄,矧其下者乎! 后世耻于求师,学者之大蔽也。"乃为《师说》以喻学者。是时,孙明复先生居太山之阳,道纯德备,深于《春秋》,守道率张洞(笔者案:张洞当为张泂)北面而师之,访问讲解,日夕不怠。明复行,则从;升降拜起,则执杖屦以侍。二人者,久为鲁人所高,因二人而明复之道愈尊。于是学者始知有师弟子之礼。②

可见,石介通过舆论和实践,全方位地塑造孙复"师"的身份。在孔道辅、石介、张洞等人共同推动下,"明复之道愈尊",已经成为京东大儒。

此后孙复的声名也随之鹊起,原来的"东斋"扩建成"道信堂",最后在康定元年(1040)办起了泰山书院。石介亲自撰写《泰山书院记》,尊孙复为"泰山先生",将之比作孟子、韩愈。孙复在1035年冬只身移居山东,五年不到的时间就成立了影响甚大的泰山书院,绝非一己之力能够做到的。这一段时间石介正丁忧在家,不仅在泰山、徂

① [宋]石介《明孔》,[宋]石介著,陈植锷点校:《徂徕石先生文集》卷九,第98—99页。
② [宋]王辟之撰,吕友仁点校:《渑水燕谈录》"补遗",第130页。

徕讲学,并且极力利用各种关系推荐孙复(后面将详细论述),想必泰山书院的兴建自然少不了石介的协助。泰山书院为孙复在当时赢得了极高的声誉,逐渐发展为"泰山学派",这都和石介的极力帮助密不可分。孔道辅、张洞、李缊等京东文人在石介的倡导下先后拜在孙复门下,推崇孙复为"宗师"已经成为一种群体意识。

(三)广为举荐

再次是极力推荐孙复。石介为孙复营造声誉的同时,也在极力地举荐孙复。石介是具有较强社会活动能力的人,尤其是在当时的京东文人群体中具有一定的人脉。出仕之后,石介很长一段时间都在京东路为官,从《徂徕石先生文集》所保存的诗文来看,他和当时不少京东籍贯官员及在京东路任职的官员交往密切,王曾、李迪、范讽、孔道辅、蔡齐等朝廷要员都与石介有交往。石介充分利用自己的影响力和人脉将孙复引进京东文人圈。

石介曾经两次列出孙复的交游名单。

《上杜副枢书》曰:

> 先生山中所与往来游好者,故王沂公、蔡二卿、李秦州、孔给事,今李丞相、范经略、张杂端、明子京、富彦国、士建中、张方平、祖无择。执弟子礼而事者,石介、刘牧、张洞、姜潜、李缊。①

《泰山书院记》曰:

> 今先生游从之贵者,故王沂公、蔡二卿、李秦州、孔中丞,今李丞相、范经略、明子京、张安道、士熙道、祖择之,门人之高第

---

① [宋]石介:《上杜副枢书》,[宋]石介著,陈植锷点校:《徂徕石先生文集》卷十四,第 159 页。

者,石介、刘牧、姜潜、张洞、李缊。足以相望于千百年之间矣。①

这两份名单相差无几,包括王曾、蔡齐、李纮、孔道辅、李迪、范仲淹、张锡、明子京、富弼、士建中、张方平、祖无择、刘牧、张洞、姜潜、李缊等人。其中大部分是京东人,且大都是石介的故旧。名单中孙复移居山东之前的友人可能只有范仲淹、李纮、士建中三人②。范仲淹在

----

① [宋]石介:《泰山书院记》,[宋]石介著,陈植锷点校:《徂徕石先生文集》卷十九,第 223 页。

② 前文已经谈及孙复在结识石介之前,曾前去依附李纮、士建中二人。孙复早期和范仲淹相识。魏泰《东轩笔录》卷十四载:"范文正在睢阳掌学,有孙秀才者索游上谒,文正赠钱一千。明年,孙生复道睢阳谒文正,又赠一千,因问:'何为汲汲于道路?'孙秀才戚然动色曰:'老母无以为养。若日得百钱,则甘旨足已。'文正曰:'吾观子辞气,非乞客也,二年仆仆,所得几何,而废学多矣。吾今补子为学职,月可得三千以供养,子能安于学乎?'孙生再拜大喜。于是授以《春秋》,而孙生笃学不舍昼夜,行复修谨,文正甚爱之。明年,文正去睢阳,孙亦辞归。后十年,闻泰山下有孙明复先生以《春秋》教授学者,道德高迈,朝廷召至太学,乃昔日索游孙秀才也。"([宋]魏泰撰,李裕民点校:《东轩笔录》卷十四,中华书局,1983 年,第 159 页)这虽然是小说家言,不可全信,但此时孙复确曾干谒范仲淹。仁宗天圣五年(1027)一月范仲淹丁内忧,寓居应天,时晏殊知应天府,"延以教诸生",直至仁宗天圣六年十二月调任秘书阁校理才离开应天府。孙复曾经游学应天府,作有《睢阳子集》,睢阳即今商丘,为当时应天府治所,二人可能相识于这一段时间。范仲淹"泛通六经,长于《易》,学者多从质问,为执经讲解,亡所倦。尝推其奉以食四方游士,诸子至易衣而出,仲淹宴如也"([元]脱脱等:《宋史》卷三百一十四,第 10267—10268 页)。孙复极有可能于此时游于范仲淹之门,范仲淹给孙复提供了一定的帮助。范仲淹曾向管勾应天府书院的戚舜宾推荐孙复,其《睢阳戚寺丞》云:"有孙复秀才者,一志于学,方之古人。不知岁寒,何以为褐?非吾长者,其能济乎!拟请伊三五日暂诣门馆,惟明公与丁侯裁之。"([宋]范仲淹撰,李勇先等点校:《范仲淹全集》尺牍卷下,第 611—612 页)此后孙复当在应天书院担任过一段时间的"学职"。景祐二年(1035)范仲淹也曾邀请孙复去吴中担任学职,《孙明复小集》中也保存着其在泰山期间给范仲淹的两封书信。

早期应该给孙复提供了一些帮助,但是孙复移居山东之后,对他帮助最大的人则是石介。

从这两份名单来看,孙复的交游对象大部分都是京东籍士人,基本都是石介的故旧,这必然少不了石介从中周旋。如前所述,孔道辅拜见孙复一事就是一个例子。石介在丁忧期间,闲居在家,远离官场,此时他致信朝廷显贵,推荐孙复,《徂徕石先生文集》中的《上杜副枢书》《上韩经略书》两封书信就是为了向身居要职的杜衍、韩琦推荐孙复而作。石介此时不仅利用自己的社会关系,还动员友人积极行动,为孙复谋取出路,其《与祖择之书》曰:

> 先生穷于身,而吾曹穷于势力,不能致先生于泰。择之以文章命世,登甲科,通理列郡,有富贵之基,公相之望。在吾曹间,择之若有势力者。故敢以先生之穷告于择之,惟择之穷势力而后已,无使先生终否。①

祖择之即祖无择,是孙复弟子。而石介居然还致信于祖无择,要他"穷势力而后已,无使先生终否"。祖无择后来果然写了一封举荐信,推荐孙复②。从这件事情可以看出石介不遗余力地利用一切可利用的社会资源举荐孙复,也说明京东文人已经形成了很强的群体意识。

孙复的社交网络中一个重要的人物就是李迪,他娶了李迪的侄女。《宋史·孙复传》:

---

① [宋]石介:《与祖择之书》,[宋]石介著,陈植锷点校:《徂徕石先生文集》卷十五,第 179 页。
② 详细内容参见祖无择《上安抚张杂端书荐孙复牛仲容》,曾枣庄等主编:《全宋文》第 43 册,第 299—300 页。

年四十不娶，李迪知其贤，以其弟之子妻之。复初犹豫，石
介与诸弟子请曰："公卿不下士久矣，今丞相不以先生贫贱，欲托
以子，宜因以成丞相之贤名。"复乃听。①

李迪，字复古，河北赞皇人，后迁濮州（今山东鄄城），真宗年间曾为宰
相，此时以资政殿大学士知兖州。孙复与李迪成为亲戚，对提高他的
社会地位和顺利步入仕途都是非常有裨益的。石介《贤李》一文就专
为此事而作，盛赞李迪之礼贤下士以及孙复之贤德。细细推究，石介
不只是劝孙复答应这桩婚事，他应该直接促成了孙复的婚姻大事。

石介极其关注孙复之事。其《上孙先生书》中表现出对孙复无微
不至的关切之情，曰：

尝与熙道说，先生逾四十未有室嗣，先大夫之遗体，可不念
也。近又得曹二书，复言及斯，明远来论之，相对泣下。非先生
之事也，朋友门人之罪也，因思得与数君子同力成先生一日事
矣。今当且与先生足奉祭祀、养妻子之具，亦且为先生择善良以
侍巾栉，然后为先生筑室于泰山、徂徕间……②

石介在书信中邀请孙复前往山东，为其"筑室于泰山、徂徕间"，并要
为"先生足奉祭祀、养妻子之具，亦且为先生择善良以侍巾栉"。孙复
家贫，无力安葬先人，石介也不富裕，于是致信于一位仰慕自己且"丰
于财"的董秀才，要求董秀才出资"卒成先生之葬"，并且以此作为与

①　［元］脱脱等：《宋史》卷四百三十二，第 12832 页。
②　［宋］石介：《上孙先生书》，［宋］石介著，陈植锷点校：《徂徕石先生文集》卷
　　十五，第 183 页。

其结交的条件①,可见石介为其事之用心。"为先生择善良以侍巾栉"一事石介想必也是竭力操办。李迪也属于京东籍官员,且在天圣(1023—1032)、景祐(1034—1037)年间在京东为官,此时石介已经出仕,或许与他已经相识。李迪与夏竦为"师友",石介是夏竦的老部下,李迪与王曾也关系密切,或许通过夏、王二人石介早已与李迪相识。但是有一点可以确定,李迪拜访孙复、嫁女这一年,石介曾经拜见过李迪。《续资治通鉴长编》卷一百二十三记载宝元二年(1039)"夏四月辛酉朔,新知兖州李迪加资政殿大学士"②。石介写给李迪的信说:"介五月中过府中,得获参觐,伏蒙相公恩遇如常,介不胜感铭之至。"又曰:"介今生三十五年。"③石介生于1005年,因此拜访李迪也正是在1039年。陈植锷先生考证,李迪也正是这一年拜见孙复,且嫁女④。石介一直有意"为先生择善良以侍巾栉",在这一年五月去李迪府上拜访,想必不是偶然,而是石介要"成先生一日事矣"。

从以上论述的一系列事件可以看出石介一直在积极为孙复营造社交网络,致力推荐孙复,为孙复跻身仕途而创造条件。但此时石介本人的仕途也不如意,庆历二年(1042)他晋升为国子监直讲,具有一定话语权的时候,更加努力地推举孙复。《孙明复墓志铭》序曰:"其后介为学官,语于朝曰:'先生非隐者也,欲仕未得其方也。'"⑤石介

① 详细内容参见石介《与董秀才书》([宋]石介著,陈植锷点校:《徂徕石先生文集》卷十六,第187—188页)。

② [宋]李焘撰,上海师范大学古籍整理研究所、华东师范大学古籍整理研究所点校:《续资治通鉴长编》卷一百三十三,第2901页。

③ [宋]石介:《谢兖州李相公启》,[宋]石介著,陈植锷点校:《徂徕石先生文集》卷二十,第240页。

④ 陈植锷著,周秀蓉整理:《石介事迹著作编年》,第87页。

⑤ [宋]欧阳修:《孙明复先生墓志铭》,[宋]欧阳修著,李逸安点校:《欧阳修全集》卷三十,第457页。

又作有《明隐》一文为其造势,宣扬"孙明复先生,学周公、孔子之道而明之者也",并非隐者,而是有"利天下""润万物"之志①。这一阶段石介所作的《贤李》《明孔》二文皆有借李迪、孔道辅二人为孙复扬名之意图。在形成一定的社会舆论之后,庆历二年(1042)"范仲淹、富弼皆言复有经术,宜在朝廷。除秘书省校书郎、国子监直讲"②。石介与孙复二人在国子监,"力相赞和,期兴庠序"③。程颐后来在《回礼部取问状》一文中如此描述孙复在国子监讲书的盛况:"孙殿丞复说《春秋》,初讲旬日间,来者莫知其数,堂上不容,然后谢之,立听户外者甚众,当时《春秋》之学为之一盛,至今数十年传为美事。"④孙复生前已经名满天下,其学术思想已广为流传,去世后仁宗"命其门人祖无择就复家得书十五万言,录藏秘阁"⑤,已经具有一代宗师的风范。

在以孙复为首的"泰山学派"中,石介一直被视为孙复门人。但我们通过细细爬梳史料,可以发现正是这位门人充当了伯乐的角色,发现了孙复这匹千里马。石介为了复兴儒道、壮大力量,甘愿屈居孙复之下,利用自己一切可以调动的资源,将孙复从一个落魄举子一步一步推上"文宗儒师"的高位。孙复自身的努力和成就达到"道充",石介用心良苦的策划使其"力足",将孙复推向一代"宗师"的高度,最终以孙复为精神领袖而组成了一个以"泰山书院"为基地的文人团体。在群体的组建过程中石介起到了主导作用,他复兴儒道、推崇宗

---

① [宋]石介:《明隐》,[宋]石介著,陈植锷点校:《徂徕石先生文集》卷九,第95页。
② [元]脱脱等:《宋史》卷四百三十二,第12833页。
③ [宋]田况撰,张其凡点校:《儒林公议》卷上,中华书局,2017年,第30页。
④ [宋]程颐、[宋]程颢著,王孝鱼点校:《二程集》文集卷七,中华书局,2004年,第568页。
⑤ [元]脱脱等:《宋史》卷四百三十二,第12833页。

主、组建同盟的思想和实践在京东文人圈中获得了极大的认同和支持,体现了京东文人共同的价值取向。

第三节 "泰山学派"的构成

"泰山学派"以文人群体的面貌出现在北宋,主要由两部分人员组成,一部分是因学缘而形成的师生,这是"泰山学派"构成的核心;另外一部分是因地缘、趣缘与泰山书院核心成员过从密切的一批士大夫文人,可视作"泰山学派"文人群体的外围。

一、群体的核心

孙复、石介在泰山、徂徕山一带讲贯经籍,教育诸生,由学缘而形成了一个相对稳固统一的文人群体。群体成员按照身份可以划分为"先生"和弟子。孙复、石介、士建中属于"先生"。

孙复在"泰山学派"中学术成就最大,为诸"先生"之首。他到了泰山便获得了极大的礼遇,石介率领京东才俊拜入门下,当时知兖州孔道辅也施以弟子礼。弟子人数逐渐增加,学堂也一再扩建,以致"东州士人皆师尊之"①。孙复之所以能得到东州士人的认可和尊崇,主要的原因还是他在经学领域的精深造诣。石介康定元年(1040)作《泰山书院记》,曰:

> 先生尝以谓尽孔子之心者大《易》,尽孔子之用者《春秋》,是二大经,圣人之极笔也,治世之大法也。故作《易说》六十四篇,《春秋尊王发微》十二卷,疑四凶之不去,十六相之不举,故作

① [宋]欧阳修:《孙复可秘书省校书郎国子监直讲制》,[宋]欧阳修著,李逸安点校:《欧阳修全集》卷八十一,第1182页。

《尧权》。防后世之篡夺，诸侯之僭逼，故作《舜制》。辨注家之误，正世子之名，故作《正名解》。美出处之得，明传嗣之嫡，故作《四皓论》。先生述作，上宗周、孔，下拟韩、孟，是亦为泰山先生，孰少之哉！①

孙复致力于儒家经典研究，不惑注疏，直接回归经典，发明圣人本心。尤其治《春秋》颇有独到之处，时人评价甚高。欧阳修曰："先生治《春秋》，不惑传注，不为曲说以乱经。其言简易，明于诸侯大夫功罪，以考时之盛衰，而推见王道之治乱，得于经之本义为多。"②王辟之曰："孙明复先生退居太山之阳，枯槁憔悴，鬓发皓白，著《春秋尊王发微》十五篇，为《春秋》学者，未有过之者也。"③王得臣曰："泰山孙明复先生治《春秋》，著《尊王发微》，大得圣人之微旨，学者多宗之。"④孙复在泰山传道授经，弟子多是从其学习《春秋》，如姜潜"从孙复学《春秋》"⑤；张洞"又传道于泰山孙先生，得《春秋》最精"⑥；刘牧"为兖州观察推官。又学《春秋》于孙复"⑦。

　　石介虽然拜在孙复门下，但他一直教授弟子，也是一位极具影响力的"先生"。在孙复移居山东讲学之初，石介任南京留守推官并提

---

① ［宋］石介：《泰山书院记》，［宋］石介著，陈植锷点校：《徂徕石先生文集》卷十九，第 223—224 页。

② ［宋］欧阳修：《孙明复先生墓志铭》，［宋］欧阳修著，李逸安点校：《欧阳修全集》卷三十，第 458 页。

③ ［宋］王辟之撰，吕友仁点校：《渑水燕谈录》卷二，第 21—22 页。

④ ［宋］王得臣撰，黄纯艳整理：《麈史》卷中，大象出版社，2019 年，第 222 页。

⑤ ［元］脱脱等：《宋史》卷四百五十八《姜潜传》，第 13444 页。

⑥ ［宋］石介：《与张洞进士书》，［宋］石介著，陈植锷点校：《徂徕石先生文集》卷十四，第 164 页。

⑦ ［宋］王安石：《荆湖北路转运判官尚书屯田郎中刘君墓志铭（并序）》，［宋］王安石撰，刘成国点校：《王安石文集》卷九十七，中华书局，2021 年，第 1674 页。

举应天书院。宝元元年（1038）石介南京留守推官任满，此年春代父远官嘉州，但是十月左右便退居家乡相继丁内外忧，一直到庆历二年（1042）六月石介服满出任国子监直讲。这段时间，石介和孙复比邻而居，并且在徂徕山聚徒讲学。此时石介追随者众多，"诸生时以百数"①。孙复与石介二人此时遥相呼应，在徂徕、泰山一带聚集了大批年轻士子，可谓一时之胜。二人在庆历二年（1042）相继进入国子监任直讲，同气相求，同进同退，弟子遍布天下。

士建中（998—?），字熙道，郓州须城人，"天圣、庆历间山东大儒，以高行达学显于时"②。士建中是石介曾经想推举为"宗主"的人选，也是一位名副其实的"先生"。石介在向范讽、蔡齐举荐士建中的书信中，对他的学术思想有全面的介绍，此也是目前研究士建中生平思想的最重要的两则材料。

石介《上范思远书》云：

> 今于青州之西六百里，宋都之东五百里，有一士建中。其人能通明经术，不由注疏之说，其心与圣人之心自会；能自诚而明，不由钻学之至，其性与圣人之道自合。故能言天人之际、性命之理、阴阳之说、鬼神之情。其器识具而材用足，学术通而智略明，故能言帝皇王霸之道、今古治乱之由。生而知道，皓首嗜古，学为文必本仁义，凡浮碎章句、淫巧文字、利诱势逐，宁就于死，曾不肯为。故能存周公、孔子、孟轲、扬雄、文中子、吏部之道。信义忠孝，乃其天性；中庸正直，厥从气禀。精诚特达，操履坚纯，不以利动心，不以穷失节。若莅大事，凛然不可犯；若操大义，毅

---

① ［元］脱脱等：《宋史》卷三百四十四《马默传》，第 10946 页。
② ［宋］刘跂：《士补之墓志铭》，曾枣庄等主编：《全宋文》第 123 册，第 258 页。

然不可夺。①

其《上蔡副枢书》又曰：

> 窃见郓州乡贡进士士建中，其人孜孜于此者二十年矣。其道则周公、孔子之道也，其文则柳仲涂、张晦之之文也，其行则古君子之行也……介尝与之游，入斋中，窃见其文十篇，皆化成之文也。若夫言帝王之道，则有《道论》；明性命之理，称仁德之贵，则有《寿颜论》；根善恶之本，穷庆殃之自，则有《善恶必有余论》；大圣人之言，辨注者之误，则有《畏圣人之言论》，举五常之本，究祸福之谓，则有《原福》上、下篇；明鬼神之理，存教化之大，则有《原鬼篇》；守正背邪，遗近趋远，则有《随时解》；达圣人之时，广夫子之道，则有《夫子得时辨》；择贤养善，察奸除恶，则有《莠辨》。②

此两封书信皆为士建中科举一事而作，对此第二章将有细致论述。从石介的介绍可以看出，士建中通明经术，长于古文，不由注疏、注重道统、反对时文的观点与石介、孙复颇为契合。景祐元年（1034），士建中举进士，高中甲等，授秘书省校书郎，知大名府魏县。景祐二年，孙复在移居泰山之前曾向判国子监的范仲淹举荐士建中、石介为国子监学官③。这一阶段石介和士建中书信往来频繁，景祐二年四月十二日、十八日，孙复、石延年分别捎来士建中的两封书信。士建中

---

① ［宋］石介：《上范思远书》，［宋］石介著，陈植锷点校：《徂徕石先生文集》卷十三，第151—152页。
② ［宋］石介：《上蔡副枢书》，［宋］石介著，陈植锷点校：《徂徕石先生文集》卷十三，第145—146页。
③ ［宋］孙复：《寄范天章书二》，曾枣庄等主编：《全宋文》第 19 册，第 290—292 页。

书信今已不存,从石介的回信可知士建中除了问疾之外,主要是规劝石介不可过度"刚正直烈"而要"得中"①。宝元元年(1038)石介代父远官路过梓州曾与士建中相会,作有《士廷评相会梓州》一诗,云:"道视荀扬虽未至,分如管鲍已知深。一千二百日离别,五十六驿外相寻。重欲同君注《周易》,且来共我听胡琴。月留屋角不下去,似与清风怜苦吟。"②廷评即为大理评事,文官三年一迁,士建中此时已从校书郎以资迁为大理评事。北宋州县官一任内地,一任徙边,此时士建中应在梓州为官。"一千二百日离别",士建中为官魏县之后,二人分别近四年,此时才得以相会。庆历二年至庆历四年(1042—1044)士建中丁忧于郓州,与石介、孙复等人的互动更为频繁③。士建中有

---

① [宋]石介:《与士熙道书》,[宋]石介著,陈植锷点校:《徂徕石先生文集》,第189—190页。

② [宋]石介:《士廷评相会梓州》,[宋]石介著,陈植锷点校:《徂徕石先生文集》卷四,第49页。

③ [宋]余靖《殿中丞士建中可依前官》:"敕某等:古者人臣有丧,三年不呼其门,所以伸其恩也。尔等缠风树之悲,有栾棘之慕,岁月其逝,法当还台。贤者不敢过,不肖者不敢不及,国之典也。往践兹命。可。"(曾枣庄等主编:《全宋文》第26册,第197页)余靖于庆历四年(1044)八月知制诰,五年正月使辽,五月知吉州(据易行广编:《余靖年谱》,吴洪泽、尹波主编:《宋人年谱丛刊》第2册,四川大学出版社,2003年)。因此,此诰命当作于庆历四年。由此可知,大约在庆历二年至庆历四年期间,士建中丁忧在家。士建中丁忧期间曾为石介书《石氏墓表》。石介《石氏墓表》文末附文云:"士建中真书,孔彦辅篆额,在徂徕西北,汶河东岸。"([宋]石介著,陈植锷点校:《徂徕石先生文集》附录一,第255页)据石介《拜扫堂记》可知,石介于康定元年(1040)八月葬大王父以下三十二坟,修建祭堂,"又为石高五尺,广二尺三寸,厚一尺,列辞二千三百六十八字,表于墓前,以传千万世"([宋]石介著,陈植锷点校:《徂徕石先生文集》卷十九,第235页)。今石介集中《石氏墓表》约2300余字,和石介《拜扫堂记》所言"列辞二千三百六十八字"基本吻合。石介所言表于墓前之石则是《石氏墓表》。石介《拜扫堂记》文末落款日期为"庆历二年壬午三月五日"。因此士建中应在此前不久为石介书碑,此也可作士建中在家丁忧一例证。

"山东大儒"之称,他在京东文人群体中一直具有较高的声誉。石介《朋友解》称李缊"少被仲兄故龙图之教,长师泰山孙明复先生,及亲慕士建中而交石介"①。除了李缊这位仰慕者之外,士建中还有一位亲传弟子赵狩。石介《可嗟贻赵狩》曰:"赵狩者,始受业于鲁石介、郓士建中,又学于泰山先生。"②赵狩后为道士,但之前曾先后师从石介、士建中、孙复。石介以上文章都作于庆历年间,此时丁忧在家的士建中可能和石介一样曾开馆讲学。综上可知,从"泰山学派"文人群体形成初期到壮大,士建中也是一位至关重要的"先生"③。

---

① [宋]石介:《朋友解》,[宋]石介著,陈植锷点校:《徂徕石先生文集》卷八,第92页。

② [宋]石介:《可嗟贻赵狩》,[宋]石介著,陈植锷点校:《徂徕石先生文集》卷七,第76页。

③ 此后士建中的生平事迹越发模糊,只有零散的记载。[宋]蔡襄《追官勒停人屯田员外郎士建中特授太常博士制》:"敕某官某:尔以儒学名家,自守师说。向官河汴,辄决失宜,夺去郎曹,退居田里。今予近侍荐尔才行,授以奉常之秩,茬夫征管之局,追复故法,当有渐焉。"(曾枣庄等主编:《全宋文》第46册,第261页)欧阳修《端明殿学士蔡公墓志铭》:"皇祐四年,迁起居舍人、知制诰,兼判流内铨……至和元年,迁龙图阁直学士、知开封府。"([宋]欧阳修著,李逸安点校:《欧阳修全集》卷三十五,第521页)因此蔡襄应于皇祐四年(1052)至至和元年(1054)为知制诰,前引蔡襄之制当作于这一时期内。也由此可知,之前士建中阶官为屯田员外郎,"向官河汴",因"辄决失宜"而被免职,此时近臣举荐特降阶官授太常博士,职事为"征管之局"。龚鼎臣《东原录》记载:"士熙道管三司商税案,言天下诸商税钱每岁二千二百万贯,自嘉祐三年后来只收得七百万贯,每岁亏一千五百万贯。"([宋]龚鼎臣撰,黄宝华整理:《东原录》,大象出版社,2019年,第34页)可能此时正是授予"管三司商税"职务。[清]王梓材、[清]冯云濠编撰,沈芝盈、梁运华点校:《宋元学案补遗》卷六《士刘诸儒学案补遗·泰山同调·评事士熙道先生建中·附录》:"刘忠肃手记曰:予初登第,过濮州,兵部郎中士公倅郡。士公东州大儒也,予见之甚从容。士公曰:'汶上有何生事。'对曰:'无有。'士公曰:'不可。君有儿女。当思所以养之。君今得科第,官则有事,事则有法。官守岂可以常保,一不以理去,亦复狼狈矣。又有大者,常见仕者,(转下页注)

　　"泰山学派"文人群体中石介、孙复的弟子众多,杰出者有姜潜、杜默、祖无择、张洞、李缊等。

　　姜潜字至之,兖州奉符太平镇(今宁阳县磁窑镇西太平村)人,曾师事石介和孙复。姜潜和石介同为奉符人,早年曾师从石介。景祐元年(1034)春夏间,石介曾致书时知徐州孔道辅举荐姜潜,曰:"有姜潜,故史馆屿之侄也,介素所畏服。其人存心笃道,好学服善,乐死忠义,能守志节,亦能佐阁下行道者也,阁下俱收之。"①并且随信寄去姜潜"近所著文字数万言"。石介对姜潜评价甚高,曾多次举荐。据石介所撰《石氏墓表》,姜潜乃为石介侄女婿。孙复移居泰山之后,姜潜又从孙复学《春秋》。洪迈《夷坚志》记载姜潜的一则趣事:

（接上页注）既老而眷眷于禄,当去不去。或当官,见义不敢为,以避祸患。自中人以下则然,岂人情皆愿悦诉耻哉?多出于退无地也。使回顾有所归,无妻孥寒饿之累,其心当绰绰焉,进退轻矣。进退无所累,则临大利害必有可观者。如君固不可量,然此不可不知'。予初得第,方就仕,思其言不入也。其后阅世故,见其言为可信,知前辈思虑深,议论有根本也。"(中华书局,2002年,第695—696页)此条也见[宋]刘荀《明本释》卷下,文字稍有异同。刘挚谥忠肃,曾师从姜潜、龚鼎臣等,嘉祐四年(1059)中进士甲科,释褐知冀州南宫县,而此时士建中倅濮州公事。倅乃副职之意,北宋一州之副职为通判。因此,嘉祐四年士建中为濮州通判。士建中此后可能即致仕。刘敞《公是集》卷四有诗《过士建中屯田居此君年六十请致仕所居蔽风雨而已》曰:"市朝隐非一,躁静理不同。多君金闺彦,远有山林风。千钟卧名利,三径入蒿蓬。似是于陵子,又云张长公。相望千年外,独得环堵中。自古用先进,谁当驻飞鸿。"([宋]刘敞:《公是集》卷四,商务印书馆,1935年,第43页)士建中六十以屯田员外郎请致仕,嘉祐四年(1059)还在任上,此时士建中62岁,因此致仕应该在六十岁之后。刘跂《士补之墓志铭》:"天圣、庆历间山东大儒,以高行达学显于时,仕尚书兵部员外郎讳建中者,于补之为祖。"(曾枣庄等主编:《全宋文》第123册,第258页)尚书兵部员当为追封官职。

① [宋]石介:《上孔徐州书》,[宋]石介著,陈植锷点校:《徂徕石先生文集》卷十四,第171页。

致知先生姜潜,兖之奉符人,居县中。其读书处相去百里,每欲归省其父,随意即登途,不问朝暮。一日夜半,乘马行,佩弓矢于腰。一童前导,睹林薄间灯烛荧煌,悚怖不敢进。姜曰:"不过是鬼耳,何足畏哉!"驶马迫视,乃十数人被发席地赌钱。即引弓一发,旋即惊散,不测所之。见叠钱凡数百贯在地,知其纸镪也,挥鞭划之,碎为灰地地。独碧石大散盆莹洁可爱,遂取之。姜好学,有隐操,崇宁间,郡以其名闻于朝。降召命再三,竟不肯起,乃赐先生之称。①

此为小说家言,未必可信,但也可佐证姜潜求学于泰山。今宁阳县磁窑镇西太平村至泰山书院的距离正是将近百里,符合"居县中,其读书处相去百里"之说。姜潜精通经学,后来成为"仁宗朝老儒先生"②,弟子有刘挚、梁焘、晁说之等③。

杜默(1021—约1089),字师雄,濮州(治今山东鄄城)人,是石介弟子④。杜默生平事迹不显,只有一鳞半爪的记载。王辟之《渑水燕谈录》粗略地记载了杜默事迹,曰:

濮人杜默师雄,少有逸才,尤长于歌篇,师事石守道。作《三豪诗》以遗之,称默为"歌豪",石曼卿"诗豪",永叔"文豪"。而永叔亦有诗曰:"赠之三豪篇,而我滥一名。"默久不第,落魄不

---

① [宋]洪迈撰,何卓点校:《夷坚志》夷坚支庚卷四,中华书局,1981 年,第1164 页。
② [宋]吕本中撰,韩酉山辑校:《童蒙训》卷上,中华书局,2019 年,第 987 页。
③ 姜潜生平事迹可参看魏伯河《北宋名士姜潜生平考略》(《泰山学院学报》2016 年第 4 期)。
④ 杜默生卒年和籍贯参看程杰《宋代杜默生卒、籍贯考及其作品辑佚》(《文学遗产》2012 年第 4 期)。

调,不护名节,屡以私干欧阳公。公稍异之,默怨愤,作《桃花诗》以讽,由是士大夫薄其为人。①

杜默师从石介当为石介丁忧讲学之时,刘斧《青琐高议》曰:

> 濮州杜默当年自为三豪,言默豪于歌。石守道赴诏作太学直讲,作六字歌送之。举其囊句云:
> 仁义途中驰骋,诗书府里从容。头角惊杀虾蟹,学海波中老龙。爪距逐出狐兔,圣人门前大虫。推倒杨朱墨翟,扶起孔子周公。一条路出瓮口,几程身寄云中。水浸山影倒碧,春着花稍半红。②

石介庆历二年(1042)六月丁忧期满,诏为国子监直讲,杜默作歌相送当为此时。此前,杜默当在石介门下。庆历二年,石介前往汴京任职,杜默也追随而至,但不久辞归,石介作《三豪诗送杜默师雄(并序)》赠之,其序曰:"本朝八十年,文人为多。若老师宿儒,不敢论数。近世作者,石曼卿之诗,欧阳永叔之文辞,杜师雄之歌篇,豪于一代矣。师雄学于予,辞归,作《三豪诗》以送之。"③石介此诗盛赞杜默,将之与石延年、欧阳修并称,誉为一代之豪。杜默随即拜访欧阳修,欧作有《赠杜默》,对其多有劝勉,其中有句曰:"京东聚群盗,河北点新兵。饥荒与愁苦,道路日以盈。子盍引其吭,发声通下情。上

---

① [宋]王辟之撰,吕友仁点校:《渑水燕谈录》卷七,第87页。
② [宋]刘斧撰,李国强整理:《青琐高议》前集卷九,大象出版社,2019年,第97—98页。
③ [宋]石介:《三豪诗送杜默师雄(并序)》,[宋]石介著,陈植锷点校:《徂徕石先生文集》卷二,第13页。

闻天子聪,次使宰相听。何必九苞禽,始能瑞尧庭。"①庆历五年
(1045),石介负谤而死,多年之后谤议稍平,才得以下葬。英宗治平
二年(1065)杜默和石介子师讷以及弟子徐遁、姜潜请欧阳修为之
铭②。杜默一生屡试不第,干谒欧阳修未果,"晚节益纵酒落魄,文章
尤狂鄙。熙宁末,以特奏名得同出身,一命得临江军新涂县尉,年近
七十卒"③。

　　祖无择(1011—1084),字择之,蔡州上蔡人(今属河南),也是
"泰山学派"文人群体的重要成员之一。《宋史·祖无择传》曰:"无
择为人好义,笃于师友,少从孙明复学经术,又从穆修为文章。"④王
称《东都事略》卷七十六《祖无择传》对祖无择师从孙复和穆修的时
间先后有不同的记载,曰:"少从穆修为古文,又从孙复受《春秋》。"⑤
穆修(979—1032)去世三年之后孙复才前往泰山开坛,因此,《东都
事略》记载为是。《宋史》卷四百四十二穆修本传曰:"补颍州文学参
军,徙蔡州,明道中,卒。"⑥穆修可能在天圣年间(1023—1032)为颍
州文学参军,此后又徙蔡州,并定居蔡州。祖无择为蔡人,当是此时

① [宋]欧阳修:《赠杜默》,[宋]欧阳修著,李逸安点校:《欧阳修全集》卷一,第
　　14页。杜默向石介辞归及石介作《三豪诗》、欧阳修作《赠杜默》时间为庆历
　　二年六月至九月间,详细内容参看程杰先生《宋代杜默生卒、籍贯考及其作
　　品辑佚》(《文学遗产》2012年第4期)。
② 欧阳修《祖徕石先生墓志铭》曰:"后二十一年,其家始克葬先生于某所。将
　　葬,其子师讷与其门人姜潜、杜默、徐遁等来告曰:'谤焰熄矣,可以发先生之
　　光矣,敢请铭。'"([宋]欧阳修著,李逸安点校:《欧阳修全集》卷三十四,第
　　508页)
③ [宋]魏泰:《临汉隐居诗话》,[清]何文焕辑:《历代诗话》,中华书局,1981
　　年,第328页。
④ [元]脱脱等:《宋史》卷三百三十一,第10660页。
⑤ [宋]王称撰,孙言诚、崔国光点校:《东都事略》卷七十六,齐鲁书社,2000年,
　　第639页。
⑥ [元]脱脱等:《宋史》卷四百四十二,第13069页。

师从之。孙复景祐二年(1035)冬在泰山办学,祖无择景祐五年中举,他应是在这一段时间师从孙复。祖无择的加入无疑壮大了"泰山学派"文人群体的实力和影响力。其曾孙祖行《龙学始末》曰:"公宝元元年进士第三人及第,授承奉郎,通判齐州。年余召试,充直史馆。"①祖无择高中进士第三名,这无疑会给孙复以及泰山书院带来极大声誉,随即泰山书院也进入发展的高峰期。祖无择进士中举之后以大理评事通判齐州,在齐州建申申堂,并撰写《申申堂记》,其文曰:

> 申申堂者,所以备燕息也。无择官于齐之六月,郡政之暇,思得宾客之有道者,与之书而学政焉。乃度地作堂,以延宾客……居是官十有九月,天子有诏,俾三十日而后归朝……康定元年夏五月二十日有五日记。②

按照惯例,进士释褐之后并不会马上赴任,至康定元年(1040)五月祖无择在齐州判官任上已十九个月,一个月之后将离任赴京"充直史馆"。在回京的途中祖无择曾专门前往泰山、徂徕与孙复、石介作别,石介《送祖择之序》专门记述此事:"择之罢济南,将归阙,自历山南走三百里,别明复先生暨予于泰山、徂徕。相与讲道德,究经术,耽云霞,玩水石,举觞赋诗,五日而后去。以所坐乘重为明复之寿,为予书先君之铭于石以为勒……康定二年七月十二日序。"③"二年"当为元年之误。祖无择康定元年六月底齐州判官任满,南走三百里到泰山、

---

① [宋]祖行:《龙学始末》,曾枣庄等主编:《全宋文》第 274 册,第 435 页。
② [宋]祖无择:《申申堂记》,曾枣庄等主编:《全宋文》第 43 册,第 320—321 页。
③ [宋]石介:《送祖择之序》,[宋]石介著,陈植锷点校:《徂徕石先生文集》卷十八,第 214—215 页。

徂徕并逗留五日,作别之日为康定元年七月十二日较为合理。祖无择《留题泰山孙复新居》一诗也可为证,诗曰:"筑室新成日观前,乱云重叠称高眠。人逢扪虱惊旁若,众望乘驹咏贲然。名理静谈谁捉麈,古书闲校自磨铅。行闻天子东巡狩,羽葆亲临此礼贤。"①"日观"乃为泰山日观峰,孙复新居乃为泰山书院。石介《泰山书院》曰:"乃于泰山之阳起学舍,构堂,聚先圣之书满屋,与群弟子而居之……介乐先生之道,大先生之为,请以此说刊之石,陷于讲堂之西壁。康定元年七月十八日记。"②祖无择拜访之际正逢泰山书院落成,因有是作。祖无择此次与二公谈经论道,饮酒赋诗,相得甚欢。他在齐州为官之时和孙复、石介等人也有颇多互动。如前文所论,康定元年(1040)石介曾经致信祖无择督促他推荐孙复,祖无择之后便作《上安抚张杂端书荐孙复牛仲容》向京东安抚使举荐孙复。离开京东之后,祖无择仍然与孙复保持着联系,康定二年曾作有《寄泰山孙复》,孙复去世之后,祖无择又亲自抄录整理其遗作。

刘牧(1011—1064),字先之,三衢人,是石介所言的泰山门人高弟之一。进士及第之后,刘牧始官饶州,得到时知饶州范仲淹赏识,并拜范仲淹为师③。宝元(1038—1039)、康定(1040)年间,刘牧出任兖州军事推官,范仲淹作《送刘牧推官之兖州》,让其与孙复"相游遨":

　　　　相国镇东鲁,(时李相公迪在兖。)开阁多英豪。羡子赋从

---

① [宋]祖无择:《留题泰山孙复新居》,北京大学古典文献研究所编:《全宋诗》第7册,第4411页。

② [宋]石介:《泰山书院记》,[宋]石介著,陈植锷点校:《徂徕石先生文集》卷十九,第223—224页。

③ 关于刘牧生平,参见郭彧《北宋两刘牧再考》(《周易研究》2006年第1期)、李科《北宋二刘牧生平补考及其诗文归属考辨》(《新国学》2014年第1期)。

军,壮思如波涛。当有非常遇,所得连六鳌。故人孙复之,卧云
生二毛。或作《梁甫吟》,秋风共呼号。翩翩草檄外,可与相游
遨。益以夫子心,万物都一毫。此行名与节,须似泰山高。①

刘牧到兖州之后便拜入孙复门下。兖州任满改大理寺丞,知大名府
馆陶县,石介作有《送刘先之序》。

李缊,字仲渊,楚丘人,龙图阁直学士李纮弟,是泰山门人高弟之
一。缊尝为奉符县县尉,与姜潜善。姜潜家遭水灾,李缊私自派遣弓
箭手协助姜潜救灾,得私逸之罪,石介作《朋友解》为之辩②。

张洞,字明远,任城人,也是泰山门人高弟之一。早年张洞曾师
从刘颜,后又在石介的率领下拜入孙复门下③。

马默(1021—1100),字处厚,单州成武人,"家贫,徒步诣徂徕从
石介学"④。

张绩(1019—?),字禹功,濮州人,师从石介,介有《赠张绩禹功》
盛赞其文,并勉励之⑤。

李常(1020—?),字遵道,濮州人。李堂,字伯升,濮州人。二人皆
师从石介,介作有《赠李常李堂》称许二人。后李堂病归⑥,庆历元年

① [宋]范仲淹:《送刘牧推官之兖州》,[宋]范仲淹撰,李勇先等点校:《范仲淹
   全集》文集卷三,第44页。
② [宋]石介:《朋友解》,[宋]石介著,陈植锷点校:《徂徕石先生文集》卷八,第
   91—93页。
③ [宋]石介:《与张洞进士书》,[宋]石介著,陈植锷点校:《徂徕石先生文集》
   卷十四,第164—165页。
④ [元]脱脱等:《宋史》卷三百四十四《马默传》,第10946页。
⑤ [宋]石介:《赠张绩禹功》,[宋]石介著,陈植锷点校:《徂徕石先生文集》卷
   二,第17页。
⑥ 事见石介《送李堂病归》([宋]石介著,陈植锷点校:《徂徕石先生文集》卷
   三,第33页)。

（1041）四月张绩和李常准备参加科举，石介作有《送张绩李常序》。

　　石介学生姓名可考者还有苏唐询、徐盾、赵狩、张归鲁、孟宗儒等。在这个文人群体中还有一个重要的组成部分，即石介的兄弟子侄辈。石介《寄弟会等》曰："吾门何所喜，子衿青青多。"①所列有：石会、张豸、刘君平、卢淑、高枢、赵泽、孔彰、石淳、石沆等。石介的兄弟子侄辈多受石介影响，其中也有直接师从于石介，可以视作血缘与学缘的融合。

二、群体的外围

　　"泰山学派"是结构相对稳固的文人群体，在群体的外围会活跃着一批士大夫文人，主要包括当时在京东路任职的一部分官员和活跃在京东路的"东州逸党"部分成员。

　　泰山和徂徕山都属于兖州，因此一部分兖州官员也加入求学问道的群体中。知兖州孔道辅就曾师事孙复。孔道辅（986—1039），字原鲁，一字延鲁，曲阜人，孔子第四十五代孙，孔道辅"以刚毅谅直名闻天下"②。真宗大中祥符五年（1012）进士及第，释褐为宁州军事推官，后迁知仙源县。又召直史馆、判三司理欠凭由司，再历判吏部流内铨，纠察在京刑狱。后出知郓州、青州，入判流内铨。复出知徐州、许州，徙知应天府。仁宗明道二年（1033）召为右谏议大夫。出知泰州，又徙徐州、兖州，在兖州三年，复入为御史中丞。宝元二年（1039），出知郓州，至韦城卒，享年五十四。从孔道辅的履历来看，他出仕以来有很大一部分时间在京东路为官。明道二年，亲政不久的

---

① ［宋］石介：《寄弟会等》，［宋］石介著，陈植锷点校：《徂徕石先生文集》卷三，第 32 页。

② ［宋］王安石：《给事中赠尚书工部侍郎孔公墓志铭》，［宋］王安石撰，刘成国点校：《王安石文集》卷九十一，第 1574 页。

仁宗皇帝打算废黜郭皇后,此事得到了吕夷简、阎文应、范讽的支持,孔道辅、范仲淹率领谏官伏阁力争,怒斥吕夷简。"废后之争"中吕夷简等人迎合了仁宗,击败了孔道辅、范仲淹等人,也为后来的庆历党争埋下导火索。孔道辅出知泰州,未到任又改徐州,景祐二年(1035)四月又改知兖州,宝元元年(1038)十月再入朝为御史中丞①。孔道辅知兖州三年间正是"泰山学派"形成初期,他不仅提供物质上的资助,而且还利用自己的声望促成群体的形成。石介《明孔》有详尽的记载:

> 一饭三吐哺,一沐三握发,起以待士,予闻之周公而不见其人。故御史中丞孔明(笔者案:孔明,当为孔公之误)之待明复先生,至矣。以谏议大夫龙图阁学士知兖州,高先生道德,每见先生,夔夔以谨,恂恂以怪,如执弟子礼。然终日谈唯尧、舜、周、孔之道,不敢及它。先生居泰山,公两就见于山下,作诗亲书刻石,留于屋壁。岁时送衣服、肴醴、薪刍、麦稻不阙。人言公事君、事父、事先生尽礼,其以师尊先生乎? 在三之义,惟公备焉。
>
> 世之说公,以圣师之孙,知道蹈仁义,能说言极谏,有王臣謇謇之风。由正言至大夫,历三谏官,又待制龙图阁,又为龙图阁直学士,再为御史中丞,其操守甚坚,始终不渝。天下之论无缺,惟以公刚严高亢,简于待士为少,此为不知公者,故明之。②

孔道辅在兖州不仅为孙复提供"衣服、肴醴、薪刍、麦稻"等物质资助,

---

① 孔道辅生平参见全相卿《北宋孔道辅研究三题》(《华中国学》2014年第1期)。

② [宋]石介:《明孔》,[宋]石介著,陈植锷点校:《徂徕石先生文集》卷九,第98—99页。

而且两次拜访，"执弟子礼"，以师礼尊孙复，此举对泰山书院兴办和影响力的扩大都有重要的作用。除此之外，孔道辅和石介、孙复等人以复兴儒道相互砥砺。作为孔子四十五代孙，孔道辅"以恢张大教、兴复斯文为己任"①，在知兖州任上，曾先后兴建了孟子庙和五贤堂以恢宏儒道。景祐五年（1038）孔道辅在孔庙建五贤堂，以孟子、荀子、扬雄、王通、韩愈五子配享孔子，并撰《五贤堂记》，石介致信孙复"盛称执事（笔者按：执事指孔道辅）于圣祖家庙中构五贤之堂像而祠之"一事，且曰："孔侯之心至矣，吾辈不是之，而将何之也？"孙复"闻之，跃然而起，大呼张洞、李缊曰：'昔夫子之道，得五贤而益尊；今五贤之烈，由龙图而愈明。'"并且表示愿"奔走墙之下"②。同年，孔道辅兴建孟子庙成，孙复又为之记③。孔道辅所推崇的五子和孙复、石介所建立的"贤人之统"是相同的。自觉地倡导复兴儒道的孔道辅，得到了孙复、石介等人的热烈响应。作为圣人之孙和朝廷高官，孔道辅的影响力更大，他与孙复、石介同气相求，在整个兖州形成了浓郁的复兴儒道之风气。

　　除了孔道辅之外，兖州的一些地方官员也融入到"泰山学派"文人群体之中。如前所言李缊就为奉符县尉，师从孙复。奉符知县马永伯与石介为同年，一到任见石介于徂徕草庐中，并屡请石介过县，且尊孙复，"以师弟子礼，求传其道焉"；马永伯又与姜潜善，"时引在座，与讲古今治乱得失"④。马知县和石介、孙复等人时有诗歌唱和，

① ［宋］孙复：《兖州邹县建孟子庙记》，曾枣庄等主编：《全宋文》第 19 册，第 315 页。
② ［宋］孙复：《上孔给事书》，曾枣庄等主编：《全宋文》第 19 册，第 293 页。
③ ［宋］孙复：《兖州邹县建孟子庙记》，曾枣庄等主编：《全宋文》第 19 册，第 314—315 页。
④ 石介：《与奉符知县书》，［宋］石介著，陈植锷点校：《徂徕石先生文集》卷十七，第 204—205 页。

今存石介《和马寺丞秋日寄孙明复先生》,诗曰:"秋阴闭秋色,何处动悲凉。有叟傅岩隐,明时皤鬓苍。残书几篋蠹,寒菊半篱荒。惟学《春秋》者,时时到草堂。"①另外石介还作有《和奉符知县马寺丞永伯捕蝗回有作》。奉符县监酒税孟职中,"事退,日就于明复先生问道",石介赞其"三载此心无一事,闻经绛帐日常斜"②。此外还有一些京东官员时常参与进来,如李迪、王曾等。但是这部分群体成员流动性比较大,和群体核心成员的关系相对比较疏离。

士人的群体活动是士风高涨的表现,同时是价值观趋同的体现。宋初以来,京东路一带繁盛的讲学游从之风在天圣(1023—1032)、明道(1032—1033)之后达到高潮,士人开始以群体的形式活跃在政坛和文坛。"泰山学派"文人群体的形成是北宋京东士风发展的顶点,在京东路掀起了尊道复古的风潮。庆历二年(1042)石介、孙复相继成为国子监的先生,群体的活动中心转移至京城,一部分弟子也接踵而至,一部分太学生也成为石介、孙复的追随者,"泰山学派"逐渐突破了地域的限制。此时他们也参与到范仲淹所领导的政治、文化改革运动中,成为范仲淹旗下重要的一支文人力量。此也导致石介、孙复卷入到庆历党争中,在庆历四年相继离开国子监。庆历五年,石介去世,孙复贬谪在外,"泰山学派"作为一个文人群体逐渐淡出了历史舞台。

---

① 石介:《和马寺丞秋日寄孙明复先生》,[宋]石介著,陈植锷点校:《徂徕石先生文集》卷四,第41页。
② 石介:《送奉符县监酒税孟执中借职》,[宋]石介著,陈植锷点校:《徂徕石先生文集》卷四,第46页。

第二章 "东州逸党"与京东士人的分野

北宋前中期的京东路一带,除了活跃着"泰山学派"文人,"东州逸党"也以豪迈放逸的作风震荡了京东乃至士林。"东州逸党"并非严格意义上的文人结盟,其活动方式主要为士人随意的宴饮集会。虽然"东州逸党"的政治立场和学术观点都和"泰山学派"文人存在差异,但二者均为京东共同的地域文化和学术传统孕育的结果,两个群体之间存在错综复杂的人事交织。

"东州逸党"的名称最早见于北宋颜太初《东州逸党诗》。景祐年间(1034—1037),京东儒生颜太初言辞激烈地挞伐以范讽为首的"东州逸党"放纵不法、败坏礼教,御史庞籍、蒋堂也以同样的罪名弹劾范讽,朝野掀起了一股讨伐"逸党"的风潮。在历史叙述中"东州逸党"多以负面的形象出现,但在现代学术研究中得到"正名"。20世纪90年代以来学者对"东州逸党"的成员、交游、文学创作、思想源流等展开了较为深入的研究,逐渐梳理出一个地域性的诗人群体风貌。群体研究的视角一定程度上使"东州逸党"的面貌得以显现,但同时也忽视了一些问题。"东州逸党"并不仅仅是一个称谓,也反映了时人对范讽、石延年等的否定与打压,表明当时的士大夫阶层出现了分歧与分野。分歧的焦点与原因是什么?士大夫分野的表现与意义是什么?本章将结合具体的历史语境,对相关问题进行全面的考察。

第一节 "东州逸党"与"东州党"

一、"东州逸党"的相关研究

颜太初《东州逸党诗》描述了北宋前中期一个地域性士人群体的活动境况,引起了当今学者的极大兴趣。群体的成员及结构是了解一个群体面貌、特征的基础,因此学者都将此作为研究的关键问题。但是颜氏诗歌关于群体的信息比较模糊,为研究留下了空间,同时也设置了障碍。

"东州逸党"被视为一个群体,但是相关的记载非常简略。《东州逸党诗》最早描述了一个所谓"东州逸党"的群体,颜太初站在维护"名教"的立场讥切"逸党"成员不符合儒家礼法的群体性言行,但是关于"逸党"成员的信息比较有限。诗歌交代了群体活动的地域:"东州有逸党,尊大自相推。"[1]"东州"是北宋人经常使用的地域概念,一般泛指京东路诸州,对应的地域范围非常辽阔。诗中对"逸党"成员的指称非常隐晦:"不知二纪来,此风肇自谁。都缘极显地,多用宁馨儿。斯人之一唱,翕然天下随。斯人之一趋,靡然天下驰。"[2]"宁馨儿"与"斯人"当指"逸党"之首领,"极显地"指此人身居高位,但是并没有指名道姓,也没有明确的成员信息。另有一些史料为进一步探索提供了重要的线索。《宋史·颜太初传》是目前可见的最早全面记载群体成员的史料,曰:"山东人范讽、石延年、刘潜之徒喜豪

---

[1] [宋]颜太初:《东州逸党》,吕祖谦编,齐治平点校:《宋文鉴》卷十六,中华书局,1992年,第218页。笔者案:此诗诗题也有写作《东州逸党诗》《逸党诗》,为行文方便,除了引文外,皆写作《东州逸党诗》。

[2] [宋]颜太初:《东州逸党》,吕祖谦编,齐治平点校:《宋文鉴》卷十六,第218—219页。

放剧饮,不循礼法,后生多慕之,太初作《东州逸党诗》,孔道辅深器之。"①由此可知,"逸党"核心成员是范讽、石延年、刘潜三人。另外,《宋史·范讽传》也提供了较有价值的信息:"讽类旷达,然捭阖图进,不守名检,所与游者辄慕其所为,时号'东州逸党'。山东人颜太初作《逸党诗》刺之,而姜潜者又尝贻书以疏其过云。"②此则材料信息相对又更为简略,除了确定范讽为"逸党"的首领外,将其他成员只含糊地表述为"所与游者"。通过对这些材料的综合分析大致可以判断,"东州逸党"是以范讽、石延年、刘潜为核心的京东士人以交游为基础而形成的群体,言行放纵、不尊礼法是该群体的重要特征,但总体面貌依然模糊不清。

"东州逸党"作为一个群体进入到当今学者的视野,得到了较多的关注。就笔者知见所及,张富祥、秦寰明、程杰、崔海正等学者逐步推动了"东州逸党"的研究,通过钩沉爬梳有限的史料,将一些符合条件的士人逐渐"归位"到"东州逸党"群体中,似乎比较清晰地勾勒出了"逸党"的群体特征。张富祥《宋初"东州逸党"与齐鲁文化遗风》为第一篇专题研究的论文,确定"东州逸党"的核心成员有范讽、石延年、刘潜、王樵、李冠,同调有李迪、王曾、石介及其门人杜默、何群。张氏的考察以交游为核心兼顾地域,视野比较开阔,在梳理出这份大名单的基础上,将"东州逸党"定性为:"颜氏指斥的'东州逸党',既不是当时政治上的某一朋党,也不是学术界或文坛上的一个宗派,而只是京东一带士大夫文人的一个交游圈子。"③论文侧重于士风特征与渊源的考察。秦寰明《试论北宋仁宗朝前期的士风与诗风》比较集

---

① [元]脱脱等:《宋史》卷四百四十二,第 13087 页。

② [元]脱脱等:《宋史》卷三百四,第 10064 页。

③ 张富祥:《宋初"东州逸党"与齐鲁文化遗风》,《山东师大学报(社会科学版)》1991 年第 1 期。

中地讨论了"东州逸党",根据颜太初《东州逸党诗》的描述认为在北宋天圣(1023—1031)至庆历(1041—1048)间涌现了以张方平、石延年、刘潜、李冠、范讽、石介、杜默等为代表的新的士人群体,掀起一股短暂的"复古放逸"的士风和诗风,是北宋诗文革新的重要环节。和张氏相比,秦氏侧重文学研究,将"东州逸党"视为诗人群体①。程杰先生《北宋京东文人群体及其诗文革新实践》着重探讨了"东州逸党"诗歌创作的地域性特征,认为范讽、石延年、刘潜、李冠、张方平、释秘演等"豪迈超逸"的京东人士构成了"东州逸党",并在当时诗坛"引入了北国'慷慨悲歌'的激昂声腔"②。崔海正《北宋"东州逸党"考论》将"东州逸党"定义为"北宋前期一个地域性较强的以范讽为领袖的文人团体和文学流派",认为成员包括范讽、石延年、刘潜、李冠、李芝、贾同、王樵、张方平及一些不知名的民间人士。崔文侧重于群体成员的生平考察和作品分析,并尝试通过残存不多的作品探索"东州逸党"的文学史意义③。以上的研究基本都是根据《东州逸党诗》的描述寻找符合条件的群体成员,再据此进行作品研究,但都受限于材料的不足。可以确定的成员基本都生平不详,作品也散佚不全④。因此近年来关于"东州逸党"的研究略显沉寂⑤。

　　"东州逸党"研究的视角经历了"群体士风"到"群体诗风"的转

---

① 秦寰明:《试论北宋仁宗朝前期的士风与诗风》,《求索》1992年第3期。

② 程杰:《北宋京东文人群体及其诗文革新实践》,《文学遗产》1996年第3期。

③ 崔海正:《北宋"东州逸党"考论》,《武汉大学学报(人文科学版)》2003年第4期。

④ 有明确记载的"东州逸党"成员只有范讽、石延年、刘潜三人,以诗歌著称的石延年存世诗歌50余首,作为领袖的范讽今可见的诗歌作品仅有3首,核心成员刘潜无诗歌存世,更遑论其他成员。

⑤ 近二十年来有任晓丽《"东州逸党"考论》(南京师范大学硕士学位论文,2008年)、马银花《"东州逸党"诗人群创作考论》(《河北学刊》2009年第4期)两篇专题论文,但是观点、材料、方法都没有实质性的推进。

变,在这一过程中"东州逸党"的文学价值不断被发掘。研究者据《东州逸党诗》寻绎出一个"诗人群体",并将之视为宋诗变革的先行者,全面否定"东州逸党"的颜太初肯定很难预想到这一结果。同样吊诡的是,在现代学者高度评价"东州逸党"的文学史意义的时候,《东州逸党诗》又被认为是不够客观的描述①。但对颜太初不够客观的原因缺少深入的探讨。庞籍、蒋堂、孔道辅、姜潜等表达的和颜太初相似的观点和态度,尤其是御史庞籍为代表的官员对范讽的厌恶与打压没有引起足够的重视。

二、"东州逸党"与"东州党"

在颜太初作诗讥斥"东州逸党"放纵不法的同时,庞籍在朝堂以同样的罪名弹劾范讽,最终导致范讽、石延年等获罪。但是具体的罪名是什么? 相关的记述对此都语焉不详,现代学者也没有给予关注。

宝元二年(1039),司马光得颜太初诗文两卷,集而序之,认为《东州逸党诗》和范讽获罪有因果关系:

> 景祐初,青州牧有以荒淫放荡为事,慕嵇康、阮籍之为人,当时四方士大夫乐其无名教之拘,翕然效之,寖以成风。太初恶其为大乱风俗之本,作《东州逸党》诗以刺之。诗遂上闻,天子亟治牧罪。②

已有学者指出"青州牧"当为"兖州牧"之误③,范讽知青州在明道元

---

① 不少学者都指出《东州逸党诗》言辞夸饰。如张富祥《宋初"东州逸党"与齐鲁文化遗风》:"对于这个圈子中人的名声和影响,颜氏在所作诗中曾有夸大的描述。"崔海正《北宋"东州逸党"考论》:"而从我们在前文中叙述的逸党诸人的所作所为来看,也并非尽如颜诗中所夸张的那种情形。"
② [宋]司马光:《颜太初杂文序》,[宋]司马光撰,李文泽等点校:《司马光集》卷六十四,四川大学出版社,2010年,第1324—1325页。
③ 钱建壮:《宋诗人刘潜卒年考》,《江海学刊》2012年第6期。

年（1032），景祐元年（1034）方知兖州①。《续资治通鉴长编》卷一百十六记载："（景祐二年二月）丁卯，龙图阁学士、给事中、知兖州范讽责授武昌行军司马，不签书公事。"②"诗遂上闻，天子亟治牧罪"一语当指此事。由此可知，颜太初《东州逸党诗》作于景祐元年（1034）至景祐二年二月之间，大约五年后司马光在叙述中明确地指出《东州逸党诗》和范讽获罪有着直接的联系。

两宋之际的叶梦得在《石林燕语》中对范讽获罪始末有较为详细的记述：

> 天圣、宝元间，范讽与石曼卿皆喜旷达，酣饮自肆，不复守礼法，谓之"山东逸党"，一时多慕效之。庞颍公为开封府判官，独奏讽，以为苟不惩治，则败乱风俗，将如西晋之季。时讽尝历御史中丞，为龙图阁学士。颍公言之不已，遂诏置狱劾之，讽坐贬鄂州行军司马。曼卿时为馆阁校勘，亦落职，通判海州。仍下诏戒励士大夫，于是其风遂革。③

此处所言的"山东逸党"当就是"东州逸党"，相关的表述和司马光相差不大，其主要内容都和颜太初《东州逸党诗》一脉相承。庞颍公即庞籍，字淳之，封颍国公，明道（1032—1033）中召为殿中侍御史，不久授开封府判④。庞籍弹劾范讽是仁宗朝的重要事件，文献多有记载。

---

① 范讽生平参见崔海正《北宋"东州逸党"考论》，《武汉大学学报（人文科学版）》2003 年第 4 期。
② ［宋］李焘撰，上海师范大学古籍整理研究所、华东师范大学古籍整理研究所点校：《续资治通鉴长编》卷一百十六，第 2721 页。
③ ［宋］叶梦得撰，［宋］宇文绍奕考异，侯忠义点校：《石林燕语》卷七，中华书局，1984 年，第 103—104 页。
④ 庞籍生平参见司马光《太子太保庞公墓志铭》，［宋］司马光撰，李文泽等点校：《司马光集》卷七十六，第 1541—1551 页。

叶梦得在叙述中将时人斥责"东州逸党"一事放在庞籍弹劾范讽事之前,特别突出庞籍弹劾范讽的罪状和《东州逸党诗》的一致性,隐约指出庞籍弹劾范讽是针对"东州逸党"的行动,并最终导致主要成员遭到贬斥。叶梦得将范讽获罪的直接原因归结为庞籍的弹劾,但也可以看出《东州逸党诗》在其中发挥了作用。

司马光和叶梦得的叙述都强调范讽及"逸党"的放纵不法,但都并未明确交代范讽的具体罪名。而叶梦得提到"下诏戒励士大夫",这份诏书今存于世,全文如下:

> 怀谖罔上,彝宪之深惩;挟党背公,前训之攸疾。矧践扬于近列,宜表式于群伦。苟致人言,实干邦治。范讽早縻官牒,擢处诤臣,当铭泽以誓忠,庶敦风而报国,而乃性资伪辩,志骋比周。顷主计文昌,冒干赏典。吴守则常司国帑,未结岁劳,辄废格于旧条,安保任于空簿。加以内营产利,外托廉贫,假什物于禁司,形妄言于奏牍。仍于列郡,辄市公田。因凤昔之荐论,致州县之阿徇。洎从讯逮,咸露欺诬。伊具狱之上闻,合免冠而俟报,擅还治所,尤骇舆情。特申降黜之科,用判忠邪之类。庞籍比参台选,亟贡囊封,事虽失于审详,理特从于矜贷。噫!事君尽节,乃克荷于宠荣;行己弗臧,盖自取于尤悔。凡百多士,宜悉朕怀。①

这份宣告天下的诏书言辞极其严厉,斥责的对象主要是范讽。诏令罗列了一系列的罪状,首先言及"挟党背公""志骋比周",皆是斥责范讽树立朋党,结党营私。此外范讽的罪名还有:"冒干赏典",为吴守则虚报磨勘;"内营产利",私借禁司财务,贱买公田;具狱置对期

---

① 刘琳等点校:《宋会要辑稿》职官六四,上海古籍出版社,2014 年,第 4784—4785 页。又见于《宋大诏令集》卷二百五十《责范讽等诏》(司义祖整理:《宋大诏令》卷二十,中华书局,1962 年,第 95 页),文字略有差异。

间，"擅还治所"。对庞籍也有惩戒之词，奏事不实，却"从于矜贷"，但语气颇为缓和。可见贬黜范讽是要达到"以肃朋邪"的目的①，颁发诏令是向天下宣告"范讽"结党之罪。

范讽因结党获罪被贬，"凡与讽善者皆黜削"②。被列为党羽的除了叶梦得提到的石延年，还有李迪、李逊、董储、滕宗谅、范拯，《宋会要辑稿》对此有详细的记载：

> 　　二月十二日，龙图阁直学士范讽责授鄂州节度行军司马，不签书州事；祠部员外郎庞籍降太常博士、知临江军。坐奏论事不实，籍合追见任，更罚铜十斤勒停，讽合罚铜三十斤。讽又以不候旨擅归兖州，合罚铜九斤，特有是命。吴守则不候省司磨勘，进状乞酬奖转官，合罚铜九斤，该赦原追纳。东头供奉官、前知齐州李逊移小处知州，知宿州董储移通判差遣，知信州滕宗谅移监当差遣，知湖州安吉县范拯降上佐官，监都进奏院石延年落校勘，同判差遣。仍降敕榜曰……③

这段文字当是源自当时司法机关的判词，其中涉及的人员皆和范讽"党案"有关。庞籍是弹劾范讽之人，吴守则是范讽虚报磨勘转官者，二人的罪状都清晰明了，且处罚较轻。另外李逊、董储、滕宗谅、范拯、石延年都被降官贬黜，但是没有言明罪状，当都是"与讽善者"，也

---

① ［宋］宋庠《龙图阁学士给事中知兖州范讽可责授武昌军节度行军司马不签署本州公事制》："特从幽黜，以肃朋邪。俾典午于方州，且省愆于散地。"（曾枣庄等主编：《全宋文》第20册，第159页）
② ［宋］李焘撰，上海师范大学古籍整理研究所、华东师范大学古籍整理研究所点校：《续资治通鉴长编》卷一百十六，第2721页。
③ 刘琳等点校：《宋会要辑稿》职官六四，第4784页。《续资治通鉴长编》卷一百十六有相近的记载，可参看（第2721页）。

当是被定为"结党"之罪。就在这一干人等遭贬的同时，宰相李迪也坐范讽姻党罢政，遭到贬斥①。

坐范讽党案者，大多为京东士人，可以称为"东州党"。李迪与李逊为兄弟，濮州人，与范讽为姻亲。李逊之前曾知齐州，李迪早年也多在京东路任职②。石延年，应天府人，与范讽关系密切，一直被公认为"东州逸党"中最有文学影响力的人物。董储，密州人，能诗善书，有名于宝元（1038—1040）、庆历（1041—1048）间③。滕宗谅，河南洛阳人，司马光《涑水记闻》云："范讽性倜傥，好直节，不拘细行。自在场屋，与鞠咏、滕宗谅游，已有轩轾之名……"④范拯，生平不详⑤。列入党籍的范讽、李迪、李逊、石延年、董储皆为东州人，朝廷实则贬斥了一个以京东籍贯官员为主的朋党。无论"东州逸党"还是

---

① ［宋］李焘《续资治通鉴长编》卷一百十六："（景祐二年二月）戊辰，工部尚书、平章事李迪罢为刑部尚书、知亳州。先是，上御延和殿，召宰臣吕夷简、参知政事宋授决范讽狱，以迪素党讽，不召。迪惶恐还第，翼日遂罢政。制辞略曰：'姻联之内，险诈相朋，靡先事而上言，颇为臣而有隐。'"（第 2722 页）

② 李迪与李逊生平参看《宋史·李迪传》（［元］脱脱等：《宋史》卷三百一十，第10171—10175 页）、翟新礼《李迪及北宋濮州李氏家族研究》（河南大学硕士学位论文，2007 年）。

③ ［宋］苏轼《跋董储书二首》其一："董储郎中，密州安丘人，能诗，有名宝元、庆历间。其书尤工，而人莫知，仆以为胜西台也。"（［宋］苏轼撰，［明］茅维编，孔凡礼点校：《苏轼文集》卷六十九，中华书局，1986 年，第 2182 页）

④ ［宋］司马光撰，邓广铭、张希清点校：《涑水记闻》卷三，第 61 页。

⑤ 《续资治通鉴长编》《宋会要辑稿》皆作"范拯"。据前引《宋会要辑稿》可知"范拯"因党案贬为"上佐官"，《续资治通鉴长编》卷一百十六对"范拯"官职有更为明确的记载，云："殿中丞、知吉安县范拯为和州司马。"（第 2721 页）［宋］宋庠《和州司马范极可泰州司马制》中"范极"与"范拯"生平吻合，云："敕：具官范极，早籍铨流，洊罹殿恪。向坐势交之援，实从军佐之迁。属乃裡燔，大霈恩号。涤瑕有典，易地为宜。勉新令图，尚弭前悔，可。"（曾枣庄等主编：《全宋文》第 20 册，第 240 页）"拯"与"极"字形相近，易出现讹误。范氏名讳与生平有待详考。

"东州党"的关键人员都是范讽,两份名单之中也皆有石延年。另外一位"东州逸党"核心成员——刘潜可能因为官职太低而没有被列入党案。如果从交游和地域的标准来看,李迪、李逊、董储也大致可以纳入到"东州逸党"名单中。"与范讽雅相善"的滕宗谅虽然不是京东人,但"尚气,倜傥自任,好施与"的作风和"东州逸党"也颇相近①。至少可以肯定,"东州逸党"成员与"东州党"成员存在高度的重合。

颜太初作诗斥责"东州逸党",不久之后朝廷就打压了"东州党","东州逸党"的两位最核心成员——范讽、石延年皆因结党获罪。"东州逸党"是如何衍生为"东州党"?颜太初和庞籍同时以同样的罪名打击范讽,背后是否存在更深层的关联呢?

第二节 "废后之争"的余波

如果进一步考察"东州逸党"和"东州党"之间的关联,会发现他们和明道二年(1033)的"废后之争"有着联系。围绕废后一事,朝廷分裂成了两派,形成一次小规模的党争。无论是作《东州逸党诗》的颜太初,还是在朝堂弹劾范讽的御史,都与这次党争有关联。

一、范讽与"废后之争"

台谏与宰执之间的"废后之争"是北宋仁宗朝前期的大事件。仁宗年幼登基,章献太后刘氏垂帘听政,掌控皇权。明道二年(1033)三月章献太后驾崩,亲政不久的仁宗萌生废后之意,《续资治通鉴长编》卷一百十三记载:

① [元]脱脱等:《宋史·滕宗谅传》:"与范讽雅相善,及讽贬,宗谅降监池州酒……宗谅尚气,倜傥自任,好施与,及卒,无余财。"(《宋史》卷三百三,第10037—10038页)

　　初,郭皇后之立,非上意,寖见疏,而后挟庄献势,颇骄。后宫为庄献所禁遏,希得进。及庄献崩,上稍自纵,宫人尚氏、杨氏骤有宠。后性妒,屡与忿争,尚氏尝于上前出不逊语,侵后;后不胜忿,起批其颊,上救之,后误批上颈,上大怒,有废后意。内侍副都知阎文应白上出爪痕示执政近臣与谋之。吕夷简以前罢相故怨后,而范讽方与夷简相结。讽乘间言后立九年无子当废,夷简赞其言。①

废后事件的直接导火索是皇后郭氏骄妒争宠而误伤仁宗,背后实则掺杂着宫廷权斗因素②。仁宗的废后意图得到了部分臣僚的响应,宦官阎文应为仁宗谋划争取大臣的支持,三司使范讽为废后提供法理依据,宰相吕夷简赞同废后之说。然而废后引起了台谏的集体抗议。右司谏范仲淹曾在"上意未决"时,"极陈其不可"③,但是未能阻止废后的发生。十二月"乙卯,诏称皇后以无子愿入道,特封为净妃、玉京冲妙仙师,赐名清悟,别居长宁宫"④。当日台谏劝阻废后的章疏不得入,权御史中丞孔道辅与右司谏范仲淹率领知谏院孙祖德、侍御史蒋堂、侍御史郭劝、侍御史杨偕、侍御史马绛、殿中侍御史段少连、左正言宋郊、右正言刘涣"伏阁请对",孔道辅"抚铜环大呼曰:

① 〔宋〕李焘撰,上海师范大学古籍整理研究所、华东师范大学古籍整理研究所点校:《续资治通鉴长编》卷一百十三,第 2648 页。
② 参看杨果、刘广丰《宋仁宗郭皇后被废案探议》(《史学集刊》2008 年第 1 期)。
③ 〔宋〕李焘撰,上海师范大学古籍整理研究所、华东师范大学古籍整理研究所点校:《续资治通鉴长编》卷一百十三,第 2648 页。
④ 〔宋〕李焘撰,上海师范大学古籍整理研究所、华东师范大学古籍整理研究所点校:《续资治通鉴长编》卷一百十三,第 2648 页。

'皇后被废,奈何不听台谏入言。'"①台谏与宰相吕夷简发生正面冲突,但仍未能阻止废后。"废后之争"的结果是台谏落败,范仲淹、孔道辅被贬,其余涉事台谏官员受到了不同程度的责罚。

范讽是"主废后派"的重要人物,但没有引起足够的重视。学界一般认为明道二年(1033)的"废后之争"是范仲淹领导的台谏力量与吕夷简为首的宰辅内侍势力之间的正面冲突,引发北宋前中期政坛的波动,如学者梁天赐所言:"北宋党祸,滥觞于仁宗朝。其开之者为废后之争,余波所及则有景祐与庆历之朋党。"②在北宋党争研究的视野中,"废后之争"经常被放在"吕范之争"的议题中进行讨论。范仲淹和吕夷简在这场小规模的党争中的作用、意义成为讨论的核心问题,党争中的其他成员未得到足够的关注③。范讽是主张和推动废后的关键性人物,他参与了废后的谋划,其"后立九年无子当废"的建议成为仁宗废后诏书中的官方理由④。在废后一事中范讽的推波助澜作用不小于吕夷简。那么范讽是否像吕夷简那样,卷入了日后持续的党争中呢?答案是肯定的,在此后的一两年内,范讽遭受了台谏的弹劾和攻击。

二、范讽与"废后之争"的余波

景祐年间(1034—1037)台谏弹劾范讽就是"废后之争"的余波。

---

① [宋]李焘撰,上海师范大学古籍整理研究所、华东师范大学古籍整理研究所点校:《续资治通鉴长编》卷一百十三,第 2648 页。

② 梁天赐:《北宋台谏制度之转变》,《能仁学报》第 3 期,1994 年。

③ 相关研究参看王德毅《吕夷简与范仲淹》(《宋史研究论集》第 2 辑,新文丰出版公司,1972 年,第 137—210 页)、王瑞来《吕范解仇公案再探讨》(《历史研究》2013 年第 1 期)。

④ 仁宗废后诏书中的官方理由正是采纳了范讽之言。《皇后郭氏封净妃玉京冲妙师诏》:"皇后郭氏:省所奏,为无子愿入道者,事具悉。"(司义祖整理:《宋大诏令》卷二十,第 95 页)

在"废后之争"时落于下风的台谏并没有放弃对此事的关注,弹劾范讽就是其中重要的内容之一。曾参与"俯阁请对"的侍御史蒋堂就将矛头明确指向范讽,胡宿在为蒋堂撰写的神道碑中曰:

> 时三司使范讽高虚废务,公以为忧。顷之,以侍御史出为江南东路转运使。辞日,面陈讽放逸不事事,大骞厥职,仁宗领之。未几讽罢。①

范讽景祐元年(1034)二月免三司使,此和蒋堂的弹劾有着密切的关系。蒋堂利用放外任"面辞"的宝贵机会,特意弹劾范讽,指斥的罪状为"放逸"至玩忽职守。前引《石林燕语》已经提到庞籍"独奏讽",对此司马光在庞籍墓志铭中有更详细的记载:

> 龙图阁学士范讽喜放旷,不遵礼法,士大夫多慕效之,又为奸利事,公屡奏其状,不报。会除祠部员外郎、广南东路转运使,将之官,复奏言之,且曰:"苟不惩治,则败乱风俗,将如西晋之季,不可不察。"有诏置狱,以核其实。狱成,讽坐贬鄂州行军司马,仍下诏戒天下风俗。②

可见庞籍弹劾范讽的罪名与蒋堂如出一辙,只是庞籍更为用力。《皇宋通鉴长编本末》有"恶范讽"篇,比较详细地梳理了庞籍数劾范讽为奸利事的始末:景祐元年(1034)八月庞籍上疏弹劾范讽结交尚美

---

① 〔宋〕胡宿:《宋朝散大夫尚书礼部侍郎致仕上柱国安乐县开国侯食邑一千三百户赐紫金鱼袋赠吏部侍郎蒋公神道碑》,曾枣庄等主编:《全宋文》第22册,第251页。

② 〔宋〕司马光:《太子太保庞公墓志铭》,〔宋〕司马光撰,李文泽等点校:《司马光集》卷七十六,第1542—1543页。

人之父尚继斌并为尚继斌姻亲吴守则矫奏改官;十月庞籍在赴广南东路转运使之前,继续上疏重申范讽结交外戚尚继斌的罪状,并弹劾范讽"假翰林银器数千两自随"与低价购买公田的贪赃事;之后"诏即南京置狱",范讽与庞籍置对,范讽最终被贬①。如果联系之前弹奏尚美人事②,庞籍至少弹劾了废后事件的两位责任人——尚美人、范讽,隐约显示出范讽结交尚美人与其父尚继斌的线索,间接指向范讽主张废后的不正当性。其时官居殿中侍御史的庞籍不在"伏阁请对"的台谏名单中,但是从后来的行为来看,他反对废后的立场应该与孔道辅、范仲淹保持一致。如果说台谏"伏阁请对"是一次集体行为,那么蒋堂与庞籍先后用几乎同样的罪名弹劾范讽也可视为有组织的行动。

作诗斥责"东州逸党"的颜太初背后活跃着孔道辅的身影。在"废后之争"中,孔道辅表现最为激昂愤慨,是"反废后派"最主要的领导者③。全力弹劾范讽的御史中的一位参与了孔道辅领导的"伏阁请对",另一位被孔道辅赞赏为"天子御史"④。两人先后在朝堂向范讽发难之际,孔道辅在徐州将儒生颜太初收入麾下。颜太初,字淳之,徐州彭城人,有时名,"喜为诗,多讥切时事"⑤。因反对废后被黜

---

① [宋]杨仲良撰,李之亮点校:《皇宋通鉴长编纪事本末》卷三十七,黑龙江人民出版社,2006年,第635—637页。
② 《续资治通鉴长编》卷一百十四:"(景祐元年四月)丁酉,殿中侍御史庞籍为开封府判官,尚美人遣内侍称教旨免工人市租。籍言祖宗以来,未有美人称教旨下府者。帝为杖内侍,切责美人……"(第2673页)
③ 参见仝相卿《北宋孔道辅研究三题》(《华中国学》2014年第1期)。
④ [宋]司马光:《太子太保庞公墓志铭》:"明道中,召入为殿中侍御史……中丞孔公道辅尝谓人曰:'今之御史,多承望要人风指,阴为人用,独庞君天子御史耳。'"([宋]司马光撰,李文泽等点校:《司马光集》卷七十六,第1542页)
⑤ [元]脱脱等:《宋史》卷四百四十二,第13086页。

知徐州的孔道辅对前来拜谒的颜太初极为赏识,并命之代笔①。联系到"太初作《东州逸党诗》,孔道辅深器之",《东州逸党诗》极可能是颜太初的干谒或代笔之作。《东州逸党诗》将矛头直接指向范讽,在痛斥其放纵败坏礼法的言行与影响之后,言辞更加激烈:

> 幸有名教党,可与决雄雌。所嗟九品贱,不得立文墀。贾谊唯恸哭,梁鸿空五噫。终削南山竹,冒死指其疵。愿乘九庙灵,感悟宸心知。赫尔奋独断,去邪在勿疑。分捕复大索,恔人无孑遗。大者肆朝市,其徒窜海湄。杀一以戒万,是曰政之基。千奴共一胆,胆破众自隳。无使永嘉风,败乱升平时!②

颜太初自叹身份卑微,不能直接向皇帝陈述"逸党"罪行,只能通过诗歌上达天听,并明确向皇帝提出了惩罚"逸党"的建议,"大者肆朝市",对范讽要杀之而后快;对党羽则"窜海湄",全部贬谪,读来不禁让人脊背生寒。诚如司马光所言"其文多指讦"③,如此言辞激进的诗歌却得到了孔道辅的赞赏和奖励,"时范讽以罪贬,同党皆坐斥,齐(笔者按:蔡齐)与道辅荐太初"④。但如果放在"废后之争"的背景下去理解,大概就不会觉得诧异了。范讽是孔道辅在"废后之争"时

---

① 孔道辅明道二年(1033)十二月贬知泰州,之后归省兖州,景祐元年(1034)下半年改知徐州,至景祐二年(1035)四月移知兖州(孔道辅仕宦经历参见全相卿《北宋孔道辅研究三题》)。另据毕仲荀《幕府宴谈录》记载,孔道辅知徐州时"会颜淳之来谒,公即命代笔"([宋]委心子撰,金心点校:《新编分门古今类事》卷五,中华书局,1987年,第74页)。

② [宋]颜太初:《东州逸党》,[宋]吕祖谦编,齐治平点校:《宋文鉴》卷十六,第219页。

③ [宋]司马光:《颜太初杂文序》,[宋]司马光撰,李文泽等点校:《司马光集》卷六十四,第1325页。

④ [元]脱脱等:《宋史》卷四百四十二《颜太初传》,第13087页。

主要的对手之一,此时孔道辅对范讽的态度恐怕也难免有朋党之争的意气。昔日的下属在朝堂不断弹劾范讽,孔道辅支持颜太初作诗讥斥范讽实为策略上的遥相呼应。

颜太初《东州逸党诗》在打击范讽的过程中确实起到了重要的作用。御史蒋堂的弹劾导致范讽落职三司使,御史庞籍的屡次弹劾导致"置狱",范讽最终以结党的罪名遭到贬斥。蒋堂、庞籍弹劾范讽的奏状皆不存世,但从今存的只言片语来看,其主要攻击范讽放纵不法、败乱风俗,并未将结党作为弹劾的罪状。颜太初旗帜鲜明地指出"东州逸党"的存在,并指认范讽为党魁,此成为"东州党"罪名的直接源头。"废后之争"从政争最终演化为党争,颜太初指斥的"逸党"在台谏有组织的攻击下最终被定性为"朋党"。

第三节 "东州逸党"与士大夫的分野

颜太初讥斥"东州逸党"固然掺杂着党争的因素,也明确表达了通过政治手段打压和消灭"东州逸党"的愿望,但所列举的"逸党"种种"罪行"和政治斗争并没有直接的联系。在诗歌中颜太初以"名教党"自居,将"逸党"视为对立者,以"礼法"为衡量标准划分出两个界限分明的阵营。那么有必要对《东州逸党诗》进行新的考察,才能厘清"名教党"与"逸党"分野的原因。

一、逸党与逸风

在现代学术视域中"东州逸党"被定性为一个诗人群体,而在当时这一群体是因富有个性的生活方式引起人们的关注。石延年的存在使得"东州逸党"的诗歌成就格外引人注目,但是时人关于"东州逸党"的描述中,基本没有涉及诗歌创作,至少未将诗歌作为关注的重点。颜太初的长诗对"东州逸党"的面貌有较为全面的描述,在此还需征引相关的内容：

> 昔在典午朝，国祚向陵夷。日向中夜出，赫赫来东陲。地向太极裂，中有苍鹅飞。高厚灾且异，人妖亦繁滋。始有竹林民，怪诞名不羁。次有夷甫辈，高谈慕无为。沉湎多越礼，阮籍兼辅之。虚名能饰诈，光逸与王尼。何曾有先见，不能救其衰。张华徒竭力，无以扶其危。至今西晋书，读之堪涕洟。尔来历千年，炎宋运重熙。东州有逸党，尊大自相推。号曰方外交，荡然绝四维。六籍被诋诃，三皇遭毁訾。坑儒愚黔首，快哉秦李斯。与世立宪度，迂哉鲁先师。流宕终忘反，恶闻有民彝。或为童牧饮，垂髦以相嬉。或作《概量歌》，无非市井辞。或作《薤露喝》，发声令人悲。或称重气义，金帛不为赀。或曰外形骸，顶踵了无丝。尘聚复优杂，何者为尊卑。遥闻风波民，未见如调饥。偶逢绅带士，相对如拘縻。①

颜太初主要批判京东士人中所盛行的"逸风"，并且将源头上溯到魏晋时期。诗歌先列数了魏晋时期的竹林七贤、王衍、光逸、王尼等名士的怪诞不羁、清言玄谈、沉湎越礼、虚名饰诈等行径，并将之概括为"永嘉风"。所谓"永嘉风"的种种行为、风尚基本是对"魏晋风流"的否定性描述，并将之归结为西晋衰败的重要原因。京东"逸风"被视为"永嘉风"的延续，思想学术上表现为诋毁儒家经典，不尊儒教；崇尚纵酒悲歌、重义轻财、放浪形骸、尊卑不分的生活方式。在颜太初的描述中，"东州逸党"的思想和生活方式是"竹林七贤""江左八达"等魏晋名士放纵不守礼法的士风的再现。但颜太初言辞不免夸饰，

---

① ［宋］颜太初：《东州逸党》，［宋］吕祖谦编，齐治平点校：《宋文鉴》卷十六，第218页。

范讽、石延年、刘潜等并未像魏晋名士那样公然抗拒"名教"①，欧阳修就不认为"东州逸党"的行为违背礼教。庆历元年（1041）欧阳修在所作《石曼卿墓表》中评论石延年："状貌伟然，喜酒自豪，若不可绳以法度，退而质其平生，趣舍大节无一悖于理者。"②此可以看作是对颜太初为代表的激愤言辞的一种回应。

朋饮是"东州逸党"主要的群体活动，颜太初所斥责的放逸不法的行为基本都和朋饮有关。作为一个群体，"东州逸党"因酒而集结，《续资治通鉴长编》曾如此描述："讽日饮酒自纵，所与游者，辄慕其所为，时号'东州逸党'。"③不仅范讽"饮酒自纵"，石延年、刘潜皆以豪饮而著称于时。身居高位的范讽在京东士人中具有一定的影响力，成为朋饮之风的主要倡导者。明道二年（1033），应天府宋城的张方平游历山东，得到知青州范讽的赏识，曾有机会参与到当时朋饮活动，其《谢苏子瞻寄乐全集序》记述了这段经历："山东士人若刘潜、吴颢、石延年、韦不伐、陈靖、田度、马武十数

---

① 明清时期有范讽"居丧饮酒"之说，此不足为据。[明]邵经邦《弘简录》卷一百四十六："讽性旷达，捭阖图进，不守名检，所与游石延年、刘潜之徒，喜豪放，居丧饮酒，不循礼法，后生多效慕，号'东州逸党'。颜太初作诗刺之，姜潜又贻书以疏其过。"（清康熙二十七年邵远平刻本，第3216页）另清人彭孙贻《茗香堂史论》也有近似记载，只是文字略有不同（清光绪十年巴陵方氏刻《碧琳琅馆丛书》本，第243页）。此段文字与前引《宋史·范讽传》近似，而后者并无"居丧饮酒"之说。前已考知颜太初《东州逸党诗》作于景祐元年至二年，据《续资治通鉴长编》卷一百二十"景祐四年（1037）秋七月丁未"条可知，讽母丧于景祐四年（第2834页），故范讽"居丧饮酒"而颜太初"作诗刺之"之记载不实。"居丧饮酒"之说应是对《续资治通鉴长编》"景祐四年秋七月丁未"条文字的误读，限于篇幅，此不赘述。
② [宋]欧阳修:《石曼卿墓表》，[宋]欧阳修著，李逸安点校:《欧阳修全集》卷二十四，第374页。
③ [宋]李焘，上海师范大学古籍整理研究所、华东师范大学古籍整理研究所点校:《续资治通鉴长编》卷一百二十，第2834页。

人，皆负豪杰之气不得骋，相与纵酒为高。仆年少好奇论，与诸酒徒游……"①此时相与游从的士人大多仕途不显，志不得骋，应当就是被颜太初指为"方外交"的重要成员。豪杰之士皆是"纵酒为高"的"酒徒"，朋饮自然是群体的主要活动。颜太初所谓"东州逸党"的种种"罪行"，主要是宴饮中"饮酒自纵"的表现。有学者认为"或作《概量歌》，无非市井辞。或作《薤露喝》，发声令人悲"是颜太初批评"东州逸党""创作粗俗，或哀乐由己"②，恐怕是一种误解。此处的"歌"和"喝"不一定是指诗歌写作，更可能是指酒酣耳热时的"歌吟呼啸"。时人田况的一段话可以视为是对《东州逸党诗》的注释："（范讽）好朋饮，高歌嗷呼，或不冠帻，礼法之士深疾之。时人颜太初作《东州逸党诗》以讥，识者亦以讽非廊庙器。"③田况的这段描述相对颜太初而言更加平和中正，从中可以看到魏晋名士纵酒高歌、率性自然的流风遗韵。

范讽等人朋饮时所展现的"逸风"实为一种"文人习性"。文人（或文士）是士大夫阶层因"能文"而获得的一重文化身份，往往是和官吏、儒生相对而言。除了"能文"之外，文人还具有独特的气质禀赋、趣味爱好、生活方式。朱熹曾如此评论韩愈、欧阳修、苏轼三位文章大家："大概皆以文人自立。平时读书，只把做考究古今治乱兴衰底事，要做文章，都不曾向身上做工夫，平日只是以吟诗饮酒戏谑度日。"④朱熹于言语之间对三位文人颇有微词，却也大致勾勒出"文

① ［宋］张方平：《谢苏子瞻寄乐全集序》，［宋］张方平撰，郑涵点校：《张方平集》卷三十四，第565页。

② 崔海正：《北宋"东州逸党"考论》，《武汉大学学报（人文科学版）》2003年第4期。

③ ［宋］田况撰，张其凡点校：《儒林公议》卷下，第68页。

④ ［宋］黎靖德编，王星贤点校：《朱子语类》卷一百三十，中华书局，1986年，第3113页。

人"的特征:一是读书作文,二是"吟诗饮酒戏谑"的"文士浮华放浪之习"①。文人作为知识阶层,以读书作文为立身之道,但同时也在习性上与一般官吏、儒生具有区分性。纵酒高歌、放浪形骸的"东州逸党"延续了汉魏以来的文人习气。被朱熹称为文人的欧阳修如此描述"东州逸党"的朋饮:"曼卿隐于酒,秘演隐于浮屠,皆奇男子也。然喜为歌诗以自娱,当其极饮大醉,歌吟笑呼,以适天下之乐,何其壮哉!"②他就多了一份"了解之同情",甚至表现出赞许与羡慕。被称为"礼法之士"的颜太初自居"名教党",有着强烈的"儒生"身份认同感,对"东州逸党"的指认与批判的表象下是对文人习性的反感与焦虑。

二、京东士人的阵营分化

颜太初作《东州逸党诗》引发了京东士人的阵营分化。他对"东州逸党"的指认与批评很快获得了儒生群体的认可与支持,形成了反对"东州逸党"的儒生联盟。孔道辅因此而器重颜太初,二人分别为孔子、颜渊的裔孙,这使其联合具有了象征意义。前文提到姜潜"尝贻书以疏其过",今其书信不存于世,但大致可以推测批评范讽的内容应与颜太初接近。姜潜是"仁宗朝老儒先生",此时正师从道学三先生之一的石介。石介致书知徐州的孔道辅举荐姜潜,将之与颜太

---

① [宋]朱熹《王氏续经说》:"至于退之《原道》诸篇,则于道之大原若有非荀、杨、仲淹之所及者,然考其生平意向之所在,终不免文士浮华放浪之习,时俗富贵利达之求。"([宋]朱熹撰,刘杰人等主编:《朱子全书》第23册《晦庵先生朱文公文集》卷六十七,上海古籍出版社、安徽教育出版社,2002年,第3283页)。

② [宋]欧阳修:《释秘演诗集序》,[宋]欧阳修著,李逸安点校:《欧阳修全集》卷四十三,第611页。

初相提并论,并透露出投奔门庭之意①。天圣(1023—1032)、景祐(1034—1037)年间,石介、孙复、孔道辅、姜潜等人在泰山、徂徕一带为复兴儒道而结盟,将摈斥西昆体时文作为复兴儒学的重要策略,痛斥西昆文人"穷妍极态,缀风月,弄花草,淫巧侈丽,浮华纂组"②,对具有唯美主义倾向的诗文表现出极度的警惕和痛恨。打压具有文人习性的"东州逸党"的颜太初自然很容易获得这一群体的认可,他的背后清晰地浮现出一群京东儒生的身影。围绕批判"东州逸党"的事件,京东儒生自觉地结合为一个阵营,同时也加剧了儒生与文士之间的分野与冲突。

文人与儒生的分野与冲突成为宋代重要的社会现象。二者都是士大夫的文化身份,可以兼容于一身,但不同主体往往因为天赋秉性及现实际遇的差异而表现出不同的身份认同和侧重。文人、儒生也并非绝对固守知识的边界,但是大部分士人可以明确地归属到文人或者儒生的阵营中。自汉魏以来文人身份逐渐获得更多的认同,存在的合法性也在逐步确立,文人的审美追求和趣味不断彰显,同时也表现出对士大夫身份的疏离。在儒学成为思想主流的语境中,儒生为士大夫的主导文化身份,往往用"以道自任"的姿态掌握着"文"的价值与意义的解释权,不断尝试对文人身份的解构与重塑③。汉代

---

① [宋]石介《上孔徐州书》:"颜太初,鲁人也,实能焉,则阁下已得之矣。有姜潜,故史馆屿之侄也,介素所畏服。其人存心笃诚,好学服善,乐死忠义,能守志节,亦能佐阁下行道者也,阁下俱收之。使介三人佐阁下,道其不行乎?"([宋]石介著,陈植锷点校:《徂徕石先生文集》卷十二,第171页)

② [宋]石介:《怪说中》,[宋]石介著,陈植锷点校:《徂徕石先生文集》卷五,第62页。

③ 李春青《趣味的历史》第三章"文人身份的生成与文人趣味之表征"、第四章"文人趣味的特征与功能"系统地探讨了文人身份形成以及与儒生的冲突等问题,可参看(生活·读书·新知三联书店,2014年)。

扬雄兼擅经术与辞赋,却认为辞赋为"雕虫小技,壮夫不为",消解自己文人身份的意义。士大夫对文人的地位提升常常保持着警惕的态度,即使是文学成就极高的士大夫也是如此①。魏晋已降,儒学呈衰微之势,文学大放异彩,"原道""宗经""征圣"等观念对文学仍然具有普遍的指导意义。唐代士大夫推崇以张九龄为代表的"文儒"人格,韩愈、柳宗元主张"文以明道",其初衷为复兴儒学,但是也可以看出文与儒的分野已经成为亟待解决的社会问题。北宋复兴儒学的思潮涌起,石介、孙复为理学的先驱者,宋初的京东路在他们的倡导下成为儒学复兴的重镇。他们主张"辞赋害道",导致文与儒之间的关系呈现出紧张的对立(参见本书第四章第三节)。程颐进一步宣扬"作文害道"的观念,从根本上否定传统的文人及"文人之文",文人与儒生之间的分歧进一步凸显,"周程、欧苏之裂"就成为不可避免的现象②。宋代文学家和理学家分别承担起各自领域的知识生产与价值观念的建构,诗文革新和新儒学都取得了超越前代的成就,伴之而来的文人与儒生之间的界限也越来越清晰。思想领域的分歧往往又延伸到政治生活和日常生活,从"东州逸党"事件到"周程、欧苏之裂",儒生与文士的分野从局部区域发展为全国性的现象。

"东州逸党"不能简单视为一个文人群体的名称,也应看作一个历史现象,核心事件是颜太初等人对"东州逸党"的批判与打压,本质

---

① 汉灵帝设置鸿都学门招纳辞赋书画之士,蔡邕作为当时的文坛宗主仍上封事反对,曰:"夫书画辞赋,才之小者,匡国理政,未有其能……而诸生竞利,作者鼎沸。其高者颇引经训风喻之言;下则连偶俗语,有类俳优;或窃成文,虚冒名氏。"([南朝宋]范晔撰,[唐]李贤等注,中华书局编辑部点校:《后汉书》卷六十下,中华书局,1965年,第1996页)

② 关于"周程、欧苏之裂",可看朱刚《唐宋"古文运动"与士大夫文学》第二章第四节《"周程、欧苏之裂"与宋代士大夫文学》,复旦大学出版社,2013年,第105—123页。

是士大夫阶层的分歧与分野。在复兴儒学的背景下,对"文"进行新的规范和价值构建成为复兴儒道的重要内容,以颜太初、石介、姜潜等为代表的儒生表现出强烈的身份认同和"以道自任"意识,掀起一股打压魏晋以来的追求艺术化的诗文以及文人传统的浪潮。范讽、石延年、刘潜等人朋饮时表现出的文人传统作风很容易引起儒生的警觉和排斥。而此时,"废后之争"中落败的孔道辅、庞籍、蒋堂等台谏将矛头指向范讽,敌视范讽的台谏与打压"东州逸党"的儒生合流,从而在朝野形成讨伐范讽及"逸党"的风波,而最终制造了范讽"党案"。如果说孔道辅、庞籍、蒋堂等人以官员的立场打压政敌具有一定的偶然性,那么颜太初、姜潜、石介等以儒生的立场打压文人就是一种历史必然。"东州逸党"现象不仅是个文学问题,同时牵涉到政治、儒学问题,是北宋士大夫阶层因政治立场、儒学主张、文学观念分歧而发生的分野。

第四节　"东州逸党"背景下的京东文人

从思想观念与文学趣味的维度看,京东文人呈现出两个界限清晰的群体,但历史现场往往是错综复杂的,"泰山学派"与"东州逸党"并非完全对立的两个群体,其中不少成员之间关系密切。"东州逸党"事件发生后,京东士人内部的人际关系发生了不同程度的变化。

一、石延年、李迪等人的态度

石延年是"东州逸党"中重要的人物,并没有因"东州逸党"事件与京东儒生交恶。《宋史》本传记载:"先世幽州人。晋以幽州遗契丹,其祖举族南走,家于宋城。"①宋城今为商丘睢阳区,在宋属于京

---

① ［元］脱脱等:《宋史》卷四百四十二,第 13070 页。

东路。真宗时,石延年三举进士不中,后补三班奉职,耻不就职,宋知白劝其就任。仁宗天圣四年(1026),改知济州金乡县。后又改通判乾宁军、永静军。召入为大理评事、直集贤院。明道元年(1032),加馆阁校勘职。景祐二年(1035),因坐范讽事贬为海州通判。康定元年(1040),奉使河东。二年,以太子中允、秘阁校理卒于京师,享年四十八。石延年以诗闻名当世,欧阳修《石曼卿墓表》记载:

> 幽燕俗近武,曼卿少亦以气自豪,读书不治章句,独慕古人奇节伟行非常之功,视世俗屑屑,无足动其意者。自顾不合于世,乃一混以酒,然好剧饮,大醉,颓然自放,由是益与时不合……遇人无贤愚,皆尽欣欢。①

石延年气宇豪迈,纵情诗酒,交游广阔,在京东士人中极具影响力。他早年与"泰山学派"的石介、士建中等人过从甚密。景祐二年(1035),"监都进奏院石延年落校勘,同判差遣",从京城出发前往贬所海州,石延年途经南京与石介相会。石介《与士熙道书》曰:"四月十二日明复至,十八日石曼卿学士来,始得兄书,发读之,凡数复。"②士建中此时知大名府魏县,分别委托孙复、石延年捎带书信于任南京留守推官的石介。石延年并没因被贬而与石介、士建中等人疏远。康定元年(1040),石延年去世之前一年,曾请求石介为自己诗集作序③。石介《石曼卿

---

① [宋]欧阳修:《石曼卿墓表》,[宋]欧阳修著,李逸安点校:《欧阳修全集》卷二十四,第373—374页。
② [宋]石介:《与士熙道书》,[宋]石介著,陈植锷点校:《徂徕石先生文集》卷十六,第189页。
③ 《石曼卿诗集序》又见于《苏舜钦文集》卷十六,据陈植锷先生考证,此序当为石介所作。陈文考证翔实,当为定谳。详细内容参见陈植锷《〈石曼卿诗集序〉的作者问题》,《文史》第27辑,第333—338页。

诗集序》曰："一日觞予酒,作而谓予曰:'子贤于文而又知诗,能为我序诗乎?'予应曰:'诺。'遂有作。"①石介赞其诗歌曰:"曼卿之诗,又特震奇秀发,盖能取古之所未至,托讽物象之表,警时鼓众,未尝徒设。虽能文者累数十百言,不能卒其义,独以劲语蟠泊,会而终于篇,而复气横意举,飘出章句之外,学者不可寻其屏阈而依倚之。其诗之豪者欤!"②石介赞"其诗之豪者",此论奠定了后世评论石曼卿的基调。此外石介多处论及石延年的诗歌,如《三豪诗送杜默》《郑师易秀才诗奔腾遒壮,殆有石曼卿学士风骨,作《四韵以勉》《读石安仁学士诗》,皆对石延年诗歌推崇备至,可谓石延年知音。

被"东州逸党"波及的李迪,后期与石介、孙复交往甚密。李迪是京东官场的高层,在宝元二年(1039)以资政殿大学士知兖州,此年五月居丧徂徕山的石介曾前往拜会李迪,并作《谢兖州李相公启》,曰:"介五月中过府中,得获参觐,伏蒙相公恩遇如常,介不胜感铭之至。"③此前,石介当与李迪相识,其中言及"恩遇如常"似与"东州逸党"事件有关。石介此行,当是消除了彼此之间的龃龉。此年李迪将侄女嫁于孙复,成为孙复、石介社交圈中的重要人物。李逊、滕宗谅、范拯、董储、刘潜等人都不同程度受到"东州逸党"事件的影响,从留存有限的材料看,未曾与相关的当事人交恶。其中滕宗谅与范仲淹为同年故友,范仲淹与孔道辅并肩抵制废后,此后滕、范亲密如故。总而言之,"东州逸党"事件在日常的人际交往中并没有被扩大化,未发展成党派之间的"意气之争"。

---

① [宋]石介:《石曼卿诗集序》,[宋]石介著,陈植锷点校:《徂徕石先生文集》卷十八,第213页。
② [宋]石介:《石曼卿诗集序》,[宋]石介著,陈植锷点校:《徂徕石先生文集》卷十八,第212—213页。
③ [宋]石介:《谢兖州李相公启》,[宋]石介著,陈植锷点校:《徂徕石先生文集》卷二十,第240页。

二、范讽与石介的离合

"废后之争"中,范讽与孔道辅两位京东籍官员成为重要的政治对手,而之前石介与这两位乡贤皆有交往。原本石介与"废后之争"没有直接关联,但此却影响到他与范讽之间的关系走向。

(一)石介与范讽的早期交往

范讽在京东路为官时期,石介曾热烈地表达了结交之意。在"东州逸党"事件发生之前,范讽在政坛迅速崛起。早年范讽以荫补将作监主簿,宋真宗大中祥符元年(1008)献赋,迁太常寺奉礼郎,后中进士,历任知县、通判,仁宗天圣七年(1029)拜右司谏,次年擢天章阁侍制,明道元年(1032)出知青州,二年四月为右谏议大夫、权御史中丞,加龙图阁学士、权三司使,景祐元年(1034)二月迁给事中,知兖州,二年贬武昌军行司马。范讽早期的仕宦经历主要在京东路一带,身边聚集了一批士子,歌咏呼啸,极一时之乐。但此时石介并没有表现出反感。同在京东路为官的石介,与范讽当早有接触。明道二年(1033),石介之父——石丙改任临朐县令。临朐县属青州,此时范讽仍在知青州任上。三月十五日,石介在郓州曾上书范讽,请他照顾其父石丙。信中云:

> 新临朐县令将行,其子介窃跃而喜曰:大人所治临朐,所属青州,青州之牧曰天章阁范公。公,朝廷正人,雅儒名臣。旒冕之前,廊庙之上,议论轩墀,肆直而敢言者有公。台阁之间,朝廷之内,风采岩岩,凝峻而可瞻者有公。[1]

---

[1] 石介:《上范青州书》,[宋]石介著,陈植锷点校:《徂徕石先生文集》卷十五,第177页。

言语之间对范讽德行政绩多有溢美。书信行文规范，措辞严谨，所谈皆为政事，实为官场干谒之文。此年四月，范讽迁右谏议大夫、权御史中丞，五月六日路过郓州，任郓州观察推官的石介派人在范讽路过郓州时呈上书信，其《上范中丞书》开篇曰：

> 五月九日，郓州观察推官、将仕郎、试秘书省校书郎石介，闻新除中执法乘疾置趣归阙。且过于郓。走仆夫持短书数幅，见长旄大旆至，则以书跪于马前，而宣其书中曰：今天子命河阳旧相李公入平章中书事，命青州牧、天章阁待制范公为御史中丞，四海之望洽矣，三灵之心协矣……①

恭贺范讽升迁的同时劝勉范讽与李迪竭力事君，隐约表达了自己的政治见解及对范讽政治立场的认同，语气谦恭之极。今范讽文集已佚，他是否给石介回信，不得而知。从内容上看，皆为干谒之作，并未论及私事，也可以看出石介希望结交范讽的热忱，但二人之间的关系似乎只是一般的同僚关系。

（二）石介与范讽关系的曲折发展

梳理范讽与石介的交游情况，主要是根据石介的五封书信，除了上文提到的《上范青州书》《上范中丞书》之外，另外还有《上范思远书》《与范思远书》《与范十三奉礼书》。后三封书信的写作时间都在"废后之争"前后，涉及的主要事项是请托范讽，但三书的受书人并非范讽本人，范、石之间的关系显得颇为曲折。

陈植锷先生早在 20 世纪 80 年代致力于石介文集及相关文献的

---

① 石介：《上范中丞书》，[宋]石介著，陈植锷点校：《徂徕石先生文集》卷十二，第 129 页。

整理与研究,其《石介事迹著作编年》断定:"范思远即御史中丞范讽。"①陈先生并没有对此进行说明和论证,这一论断却得到了此后学者的认同。周绍华《〈石介事迹著作编年〉辨误三则》一文对陈植锷的一些观念进行了辨析,进一步完善了相关的研究,但是对"范思远即御史中丞范讽"的结论没有提出质疑。周文中有一段关于石介《上范思远书》的论述:

> 不久,石介又上书当时的御史中丞范讽,重申了《荐表》对士建中的评价和要求,"(建中)能言天人之际、性命之理、阴阳之说、鬼神之情……故能言帝皇王霸之道、今古治乱之由",但"建中不工今文",希望范讽向宰相进言,免于试策,此文即《徂徕石先生文集》卷 13 之《上范思远书》。②

如此不作辨析而将范思远视为范讽者甚多,此不一一列举。也有学者对此进行了一番考证。葛焕礼《士建中生平及思想考述》一文刊发于 2003 年,此时或许未及见陈氏《石介事迹著作编年》,但他关于范思远身份的判断明显受到陈植锷先生的影响:"'范思远'当是指范讽,此前陈植锷先生亦曾识见及此(见陈植锷《徂徕石先生文集·前言》),惜其未作考论。"③查陈植锷《徂徕石先生文集·前言》并无"范思远当是指范讽"的言语,但文中提到:"明道二年秋,建中得解,石介代通判李若蒙草荐表,并为他致书御史中丞范讽、枢密使蔡齐

---

①　陈植锷著,周秀蓉整理:《石介事迹著作编年》,第 35 页。
②　周绍华:《〈石介事迹著作编年〉辨误三则》,《齐鲁学刊》2014 年第 2 期。
③　葛焕礼:《士建中生平及思想考述》,《孔子研究》2003 年第 2 期。

等,多方延誉,引为同道。"①葛氏当是据此作出推断,并且对此进行了一番考证。概括言之,葛先生判断范思远为范讽的理由有两点:其一,"石介在《与范十三奉礼书》末署'不宣。介顿首。'以此落款,所收书者于石介当为尊长,而范讽辈分高于石介,且官职至御史中丞、权三司使";其二,"在《上范思远书》中,石介数以'中丞'相称……此'中丞'当是御史中丞之简称,而石介作此书之年的四至十月间,正是范讽任职御史中丞"。葛先生凭此两点断定范思远即为范讽,认为"思远"当为范讽所用过的字号。

　　葛焕礼先生关于"范思远当是指范讽"的论证有待商榷。首先,"顿首"为古人书信中常用敬辞,收信人多为作书人长辈或上级,但也常常用于平辈友人之间,甚至用于写给晚辈或下级的书信中。欧阳修写于李觏的书信下款就为"某顿首贤良先生"②,李觏年岁小于欧阳修,职位也低于欧阳修。又如苏轼写于黄庭坚的书信上款为"轼顿首再拜鲁直教授长官足下"③,庭坚实为苏门弟子。石介本人有此用例,如前引《与士熙道书》上款为"介顿首熙道仁兄秘校"。士建中年岁略长石介,但实也为石介同辈友人。因此,葛先生据书信中"顿首"一语就推论受书者为石介尊长,不足为凭。其次,石介《上范思远书》所称"中丞"当并非指称范思远。石介与范思远三书中,只有《上范思远书》中言及"中丞"一语,此也是学者将范思远视为范讽的主要依据。现将相关文字胪列如下:

---

① 陈植锷:《徂徕石先生文集·前言》,[宋]石介著,陈植锷点校:《徂徕石先生文集》,第3页。

② [宋]欧阳修:《与李贤良一通》,[宋]欧阳修著,李逸安点校:《欧阳修全集》卷一百五十,第2468页。

③ [宋]苏轼:《答黄鲁直五首》其一,[宋]苏轼撰,[明]茅维编,孔凡礼点校:《苏轼文集》卷五十二,第1531页。

自独临轩墀,亲总万务,图任元老,详延正人……故今相庭泊枢府数公与中丞,皆不次进任,居在密近。又自河北召李为知杂,自陈州取范为谏官,复三命御史位,中外胥抃,人神相欢,皆以为得人……天子既能自得贤杰辅相,则贤杰亦各宜援引天下英俊……中丞公能为之,求之于朝不足,乃复求于野。南京张方平,开拔奇颖,有逸群之材;青州田直谅,智辩通敏,有适时之用。则俱荐之于帝,愿用其人……中丞于是有大勋于国家矣……今于青州之西六百里,宋都之东五百里,有一士建中。其人能通明经术,不由注疏之说……以建中不工今文,乞令试策,虑朝廷不悉知,愿得中丞一言,闻于相府,俾遂其事。①

此处所言中丞确为范讽。"独临轩墀,亲总万务,图任元老,详延正人"是指明道二年(1033)四月仁宗亲政,随即罢黜吕夷简、夏竦、晏殊等,以李迪为中书门下平章事,王随为参知政事,蔡齐为权三司使事,范讽为权御史中丞,李纮任侍御史知杂事,范仲淹为右司谏。石介信中所言"中丞"当为范讽,但是不能据此断言范讽是受信者。此信上款为"思远",在此信结尾处,石介又直呼其"思远"名号:

天下淫文辈盛于时,视吾徒嫉之如仇,幸与二三同志,极力排斥之,不使害于道。建中若不胜,则吾徒果衰弱不振矣,圣人之道,其将如何? 思远岂不念之! 其奏草一通,亦封去。

介贤思远,当以道干思远。知之,罪之,在思远。②

---

① [宋]石介:《上范思远书》,[宋]石介著,陈植锷点校:《徂徕石先生文集》卷十三,第150—152页。

② [宋]石介:《上范思远书》,[宋]石介著,陈植锷点校:《徂徕石先生文集》卷十三,第153页。

在一封书信中,前文称呼官职,后文又以名讳相称,似有点不符合常情。石介《上范青州书》《上范中丞书》的受信人可以确定为范讽,此二信写作时间都与《上范思远书》时间极为接近,行文皆庄重严肃,或以"公"相称,或以官职相称,全不似《上范思远书》《与范思远书》《与范十三奉礼书》中以名字相称这般亲切随意。因此,《上范思远书》书中所言"中丞"当不是称呼范思远。

《与范十三奉礼书》可说明范思远绝非范讽。此信上款为"思远足下",受信者为范思远无疑。据信可知,范思远在收到石介所投赠的士建中"行卷"文章之后,给士建中的信中表示对其天人感应思想的不认同并拒绝举荐,石介随即致信范思远进行辩驳,言辞颇为不悦。此文的标题中"奉礼"一词没有引起大家的注意,"奉礼"为"奉礼郎"简称,《宋史职官志补正》云:"奉礼郎、太祝,为公卿子弟初荫之官。"[1]是属于低级文官,元丰改制前为从八品。前文已经提及,范讽在大中祥符元年(1008)因献赋,迁官太常寺奉礼郎。石介此信作于景祐元年(1034),明道二年(1033)范讽官职已经"为右谏议大夫、权御史中丞",《宋史·职官志四》记载:"(御史台)中丞一人,为台长,旧兼理检使。凡除中丞而官未至者,皆除右谏议大夫权。"[2]宋代御史中丞为从三品,属于高级文官序列。至景祐元年二月,范讽又迁给事中。因此,石介此信所言"奉礼郎"绝无可能是范讽。由此可以断定,在明道(1032—1033)、景祐(1034—1038)之际,范思远官居"奉礼郎",与御史中丞范讽绝非一人。

石介作《上范思远书》的目的是希望通过范思远将士建中介绍给范讽,再由范讽推荐。也由此可以推论,范思远与范讽关系颇为密切,那么二人到底是什么关系?前引石介书信中提到范讽曾经推荐

---

① 龚延明:《宋史职官志补正》,中华书局,2009 年,第 256 页。

② [元]脱脱等:《宋史》卷一百六十四,第3870 页。

张方平,这是一条重要的线索。张方平,字安道,号乐全居士,景祐(1034)元年中制科,为北宋名臣,其《上北海范天章》表达了自己千里而来拜谒的期待:

> 已而闻诸知己曰:夫惟体仁之恕,抱知之明,禀诚之厚,挺特达之正气,冠天下而为英,则惟北海之范公欤!某抃曰:是鄙人之愿,为日久者也。是以违老亲之膝下,越千里以兹来,一则若元叔托名于羊西州,望公之延荐。二则如退之乞怜于南郡,希公之胸恤。惟是二者,皆阁下咳唾指顾之余耳,阁下其亦有意乎。长跪伏听,惟阁下所以命之。①

此时范讽以天章阁待制知青州,张方平登门拜谒。此信正是当年干谒范讽的书信②。张方平另有一首《酬范思远》诗,其中有句云:

> 惟余碌碌谬庸者,蓬头风转萍波浮。出言疏阔触忌讳,倦游四国无人收。夫君家公世才杰,士林向景称英游。是故落然来北海,登门如到神仙洲。贻诗旅人定交分,所期者大将安酬。③

此为张方平与范思远的唱和之作。从前四句知此诗作于微贱不得志

---

① [宋]张方平:《上北海范天章》,[宋]张方平撰,郑涵点校:《张方平集》卷三十一,第513页。

② [宋]楼钥《跋张乐全上范文正公书》对此信有较为切实的考察:"集中却有上北海范天章书,又有谢范天章荐应制科诗,在明道二年。又有谒青州范天章等诗,考之,乃范中丞讽也……青州在汉属北海,唐天宝曰北海郡,皇朝以青北海县置军,后升为潍州。政和始以青州为齐郡,以潍州为北海郡。此书称北海,盖谓青州也。"(曾枣庄等主编:《全宋文》第264册,第329页)

③ [宋]张方平:《酬范思远》,[宋]张方平撰,郑涵点校:《张方平集》卷四,第61页。

时,当在范讽推荐他应制科考试之前。"是故落然来北海"正是言自己前往青州干谒范讽一事。"君"当是指称友人范思远,"家公",则是指称范思远的父亲——知青州范讽。可见,范思远并非范讽,而是范讽之子①。

　　范思远当为范讽之子无疑,从书信措辞来看,石介与范思远之前有过接触。石介在不久前直接上书范讽,但此时却要通过范思远转达,可以想象石介的两次干谒并没能与范讽建立更为密切的联系。

---

① 《宋史·范讽传》记载范讽有一子:"子宽之,终尚书刑部郎中、知濠州。"([元]脱脱等:《宋史》卷三百四,第 10064 页)并未提及范宽之的其他字号。范讽似不只是一子,韩琦《祭范宽之刑部文》中提及:"君始得疾,殆于累月。度不能起,尚记疏拙。请兄援毫,寓书以诀。惟草二名,亲笔余别。余一阅之,夙夜悲咽。"(曾枣庄等主编:《全宋文》第 40 册,第 138 页)"请兄援毫"意思为请兄长执笔代书。因此,范宽之当有一个哥哥,也就是范讽最少有两个儿子。那么另外一个儿子是谁?张方平《举范隐之状》提供了一些线索,其文曰:"伏见太常寺奉礼郎范隐之所著《春秋五传会义》,经术深明,旨趣淳正……伏乞圣慈特命取自所著书,登诸衡石之末。即成有取,望特与召试,使得备馆阁之缺。所冀扶奖道术,敦激风教。"([宋]张方平撰,郑涵点校:《张方平集》卷三十,第 494—495 页)与范讽家族颇有渊源的张方平所举荐的范隐之极可能就是范思远。范隐之也曾官居奉礼郎,他的名号与范宽之颇为相似,符合古代兄弟取名习惯。范讽的父亲范正辞擅"春秋学",《宋史·范正辞传》:"正辞字直道……治《春秋》《公羊》《穀梁》。"([元]脱脱等:《宋史》卷三百四,第 10059 页)范隐之精通的春秋之学,正为范讽家族传家之学。另外,范隐之的生活年代也与范思远相同。范隐之经学著述已经散佚,《宋代墓志辑释》及《全宋文》收录有范隐之《大宋故监门卫将军符君墓志铭》。此墓志作于景祐元年(1034),石介、张方平与范思远往来书信及唱和诗歌皆作于这一时期。范隐之与范思远生平有着诸多吻合之处,应当为同一人。但由于史料阙如,还有待进一步考察。范思远在北宋文坛颇为活跃,石介曾试图通过他向范讽行卷,张方平曾与之定交。但是范思远生平资料极少,以致被学者长期误作范讽。虽然不能断定范思远与范隐之为同一人,但是范思远绝非范讽而是范讽之子可为定谳。

（三）三封书信的意图

石介以上三封书信的意图与时间都很值得思考。

此三封书信，不是一般的行卷，而是需要范讽给予特殊的帮助。在郓州观察推官任上的石介结识尚未及第的郓州学子士建中，并极力为士建中能顺利通过科举考试而谋划。明道二年（1033），士建中通过了郓州发解试，石介于十月十九日代郓州通判、屯田员外郎李若蒙撰《荐士建中表》①。此表虽然是代笔，但也可视为石介本人的思想与主张。荐表除了褒扬士建中道德文章之外，主要的意图是希望朝廷能对士建中特别对待，其文曰：

> 窃以礼部每春就试进士，动有三二千人，程式繁密，条制谨严，苟有小所误，便当遗落。又与众人混试，复且糊名，窃恐偶有所遗。则建中不得以名闻天子，其人遂不见用于圣朝，其道遂不得施于天……伏乞圣慈，更不送礼部试，特诏令试策，访以王道之要，咨以当世之务，容其直言，毋讳有司，必有以补益国家者。②

本著第四章论及京东儒生多不擅长科场律赋，从而造成科举的困境。石介担忧士建中不能顺利通过礼部的考试，希望朝廷特准士建中不试诗赋，只试策。就在代作荐表的当月，石介致书范思远，即为《上范思远书》，前文提到书信中言及："以建中不工今文，乞令试策，虑朝廷不悉知，愿得中丞一言，闻于相府，俾遂其事。"此一书信意图特别明显，是希望时任御史中丞的范讽，能够从中周旋，促成其事。石介为

---

① 参见周绍华《〈石介事迹著作编年〉辨误三则》，《齐鲁学刊》2014 年第 2 期。
② ［宋］石介：《代郓州通判李屯田荐士建中表》，［宋］石介著，陈植锷点校：《徂徕石先生文集》卷二十，第 242 页。

士建中科考一事请托范讽，是有针对性的。就在同年，范讽曾推荐张方平参加制科考试。前引石介《上范思远书》，他在间接通过范思远请范讽举荐士建中的同时，特意提到"南京张方平，开拔奇颖，有逸群之材；青州田直谅，智辩通敏，有适时之用。则俱荐之于帝，愿用其人……中丞于是有大勋于国家矣"。明道二年（1033），张方平参加制科考试，举荐者为蔡齐、宋绶、范讽。其中蔡齐、范讽皆为京东籍的先达，石介先后请托二人（后文有论述），应该是受到张方平之事的启发。但不同的是，他直接致信蔡齐，却通过范思远请托范讽。联系到不久之前，石介曾两次致书范讽，石介完全可以直接致信范讽，但是他却采取了曲折的方式。由此可以猜想，石介曾干谒范讽，但是与范讽之间的关系并非十分亲密，以至于选择了这种他认为更稳妥的方式。

石介书信的时间值得留意。他对谋划士建中"试策"一事极为用心，在明道二年九月十九日代郓州通判李若蒙作荐表之后，当月便写了《上范思远书》。士建中在京准备应试时，石介再一次写信于时任枢密副使的蔡奇留意提携士建中，其中提到："昨本州李屯田若蒙曾状其实闻上，乞特召试策，今闻依礼部就试……"①此信写于春闱之前，当为景祐元年（1034）春一、二月间②。此时，石介已经知道士建中只能"依礼部就试"，"试策"一事已经不可能，进而请求蔡齐想方设法提供关照。按照事情正常的发展，石介致信范思远以请托范讽之事就算无疾而终了。但是石介对"依礼部就试"的结果不满意，再次致书范思远，即为《与范思远书》，其中提到："故去年冬，曾以书暨熙道文字十二篇附致思远，书中言熙道非有过实者，但思远未尝深与

---

① ［宋］石介：《上蔡副枢书》，［宋］石介著，陈植锷点校：《徂徕石先生文集》卷十三，第146页。
② 陈植锷著，周秀蓉整理：《石介事迹著作编年》，第40页。

之语。自是迄于今,凡六、七月不闻命。疑思远不深以介为然。"①这一封书信语气严厉,石介直言不讳地斥责范思远未回复自己的书信,实则是责怪范思远及范讽未能促成自己请托之事。然而此封信的时间,是在《上范思远书》很久之后。上一封书信为明道二年(1033)十月底,六七个月之后,当为景祐元年(1034)的三、四月间。景祐元年三月十八日殿试,士建中得中进士甲等②。石介在正月已经知道士建中只能"依礼部就试",而三、四月间才写信质问范思远,很可能是在等士建中完成考试,以免节外生枝。还有个时间点需要注意,范讽因"废后之争"被御史蒋堂弹劾,于景祐元年二月被免三司使,仕途开始出现危机。

《与范十三奉礼书》的写作时间当在上一封书信不久。范思远似乎对石介的责难并没有直接回应。石介《与范十三奉礼书》曰:"思远足下:辱书与熙道,言天感应为失。"③从"辱书与熙道"一语可知,范思远当有书信与士建中。此信今已不可见,写信时间当在石介的第二封书信之后。从上引文字可以看出,范思远在给士建中的信中表达了对其文章的不满,不认可士建中文章的"天人感应"思想。《与范十三奉礼书》中还引用了范思远批驳天人感应的原话:"足下至乃谓:'人自人,天自天,天人不相与,断然以行乎大中之道,行之则

---

① [宋]石介:《与范思远书》,[宋]石介著,陈植锷点校:《徂徕石先生文集》卷十六,第192页。

② [宋]李焘:《续资治通鉴长编》卷一百一十四:"(景祐元年三月)戊寅,御崇政殿,试礼部奏名进士。已卯,试诸科。辛巳,试特奏名。已而得进士张唐卿、杨寀、徐绶等五百一人,诸科二百八十二人,特奏名八百五十七人。"(第2671页)

③ 石介:《与范十三奉礼书》,[宋]石介著,陈植锷点校:《徂徕石先生文集》卷十五,第183页。

有福,异之则有祸,非由感应也。'"①石介并不同意范思远的说法,在信中展开了一场关于"天人感应"的辩论,认为:"夫能行大中之道,则是为善,善则降之福,是人以善感天,天以福应善。人不能行大中之道,则是为恶,恶则降之祸,是人以恶感天,天以祸应恶也。此所谓感应者也。而曰非感应,吾所未达也。"②他引经据典驳斥范思远的说法,支持士建中的"天人感应"思想。石介以书信责问范思远之后并没有得到直接回应,他反而再一次致信指责范思远学术思想的谬误,火药味越发浓烈。

石介因士建中科举一事与范思远的关系变得越发紧张。虽然三封书信都是写给范思远,但是范思远承担着范讽代言人的角色,石介一定程度上是通过范思远与范讽对话。从最初的石介干谒请托发展成双方关系紧张,最终演化为双方思想学术的分歧。三封书信的写作时间在"废后之争"前后,范讽与石介没有就"废后"的问题产生直接的冲突,联系到"姜潜者又尝贻书以疏其过"一事,石介此信可以视为"疏其过",表达了对范讽父子的强烈不满,同时也一定程度上表明了与范讽父子决裂的立场。景祐元年(1034)后,再也找不到范讽、范思远与石介交往的迹象。

"废后之争"时期,范讽、石介之间原本并不密切的关系彻底瓦解,而此时石介与孔道辅之间的关系也发生了一些变化。在"废后之争"发生之前,石介与新任御史中丞的孔道辅互动较多。明道二年(1033)十月范讽迁权三司使,十一月初孔道辅为右谏议大夫权御史中丞,石介有《寄孔中丞》诗道贺:

---

① 石介:《与范十三奉礼书》,[宋]石介著,陈植锷点校:《徂徕石先生文集》卷十五,第184页。

② 石介:《与范十三奉礼书》,[宋]石介著,陈植锷点校:《徂徕石先生文集》卷十五,第184页。

谏署峥嵘有旧名,侯藩偃息政方成。张纲昨日弹梁冀,文帝
今朝召贾生。古节未惭台柏直,仙风应对简霜清。人言贱子叨
知己,试把尘冠一振缨。①

孔道辅早年曾任谏官,后又知宣州、许州、应天府等,此时入京为御史
中丞,石介在诗中赞扬其政绩,表达祝贺,并引为知己。字里行间表
露的思想情感,比几个月前祝贺范讽任御史中丞的书信显得更为亲
切,也更加私人化。约一个月后,石介致信孔道辅,责其不足以尽责:
"为中丞逾月,而未闻有举焉。阁下在朝,朝廷尚有奸臣敢在位,天下
蠹贼未悉除,是夫子道犹未克尽举。"②就在此月,孔道辅领导台谏
"伏阁请对",反对废后,并开始针对性地组织御史弹劾范讽。石介与
孔道辅、范讽都有交往,但相对而言则与孔道辅更为密切。从前文可
知,范讽乐于举荐后辈,他迟迟没有回应石介的请求或许与孔道辅有
着关联。此后,石介与孔道辅的关系日益密切。第一章已经论及,在
石介推崇孙复及帮助孙复创办书院的过程中,孔道辅都起到了重要
的作用。可以看出,"废后之争"加速了人际关系的变动,石介与范讽
逐渐疏离,而与孔道辅成为志同道合的盟友。

"东州逸党"是时人对范讽、石延年为核心的文人群体的否定性
称谓,表明士大夫阶层因政治立场、儒学主张、文学观念的分歧而发
生分裂。颜太初作《东州逸党诗》讥斥"逸党"得到了台谏势力的支
持和响应,共同将矛头指向范讽。以孔道辅为首的台谏与范讽在"废
后之争"中产生严重的分歧,引发了台谏打压范讽的集体行动,最终
朝廷贬黜了以范讽为首的"东州党"。所谓的"逸风"从本质上说是
魏晋以来的"文人习性",以"名教党"自居的颜太初又得到了石介、

---

① 石介:《寄孔中丞》,《徂徕石先生文集》卷四,第51页。
② 石介:《上孔中丞书》,《徂徕石先生文集》卷十三,第147页。

姜潜等儒生的支持,形成了反对"东州逸党"的儒生联盟。在复兴儒
学的背景下,儒生排斥文人化书写和"文人习性",加剧了文人与儒生
之间的分裂。儒生与文人的"分裂"不只是表现在政治立场、思想观
念层面,也影响到日常生活领域。石介作为京东儒生的代表,他在
"废后之争"的语境下与范讽、孔道辅的关系发生了微妙的变化,与范
讽的决裂和与孔道辅的结盟使得抽象的思想观念表现为具体可观的
行为。

第三章　孙复、石介复兴儒学的策略

北宋京东士人多以"尊经重道"的儒生形象出现在历史舞台,其中以孙复、石介的思想最为系统,行动最为有力,影响力也最大。仁宗朝庆历前后正处于汉唐儒学日渐衰落而新的儒学体系尚未形成的转型期,孙复、石介于此时率领弟子和同道高举复古旗帜致力于复兴圣人"大中之道"。他们将儒道的衰落归结为内外二因:佛老、时文的侵害和儒道自身发展的衰落。因此,他们提出一方面排斥各种危害儒道的异端,一方面继续丰富发展儒家学说,以破和立相结合的方式复兴儒道。

第一节　攻时文、佛老以破异端

儒学在发展过程中一直在与各种思想、学派进行斗争,如《论语·为政》云:"子曰:'攻乎异端,斯害也已'。"①从汉至宋的学人根据自己所处的时代环境和价值取向对此句有不同的解说,但基本都认同此是对异己学术思想的排抵②。在儒学史的叙述中,儒学正是在与各种"异端"思想学术的斗争过程中被确立为封建帝国的正统思想的。《孟子·滕文公下》曰:"闲先圣之道,距杨墨,放淫辞,邪说者

① 程树德撰,程俊英等点校:《论语集释》卷四,中华书局,1990年,第104页。
② 施仲贞:《〈论语〉中"异端"研究史考辨》,《人文杂志》2009年第3期。

不得作。"①在诸子蜂起的战国时代孟子宣扬儒家学说,就开始排斥各种异端。汉武帝时期儒学被确立为官方意识形态,也是经历了"罢黜百家"的斗争过程。在儒学式微之际,韩愈在《进学解》中借"诸生"之口赞扬了自己复兴儒学的功劳:"抵排异端,攘斥佛老,补苴罅漏,张皇幽眇;寻坠绪之茫茫,独旁搜而远绍,障百川而东之,回狂澜于既倒;先生之于儒,可谓有劳矣。"②这段话也高度概括地指出韩愈复兴儒学的两个路径:一方面继续丰富发展儒家学说;另一方面则是排斥各种危害儒道的异端。此可以视为发展儒学的两翼:一是立其本,一是破异端。二者相辅相成,是推动儒学进一步发展的动力。北宋初期复兴儒学之士踵继韩愈,或二者兼顾,或侧重一面。以孙复、石介为代表的京东文人集团在修其本的同时则更加侧重破异端。

一、续道统以排异端

　　第一章在论述"泰山学派"的结盟意识和策略时,已经涉及道统思想,本节主要讨论孙复、石介等人对韩愈道统思想的继承和发展。前文已经提到,孙复曾在赠石介的诗歌中曰:"攘臂欲操万丈戈,力与熙道攻浮伪。"此语深得石介之心,并表示请孙复、士建中为元帅,石介率领姜潜、张洞等人"被甲执锐,摧坚阵,破强敌,佐元戎周旋焉"③。在"泰山学派"结盟之际就将复兴儒学视作一场没有硝烟的战争,致力于排斥各种"浮伪""强敌"。所谓"浮伪""强敌"即是他们终身致力排斥的佛老、时文。"泰山学派"文人在复兴儒学过程中

----

① 杨伯峻译注:《孟子译注》,中华书局,2008 年,第 116 页。
② [唐]韩愈:《进学解》,[唐]韩愈著,马其昶校注,马茂元整理:《韩昌黎文集校注》卷一,上海古籍出版社,1986 年,第 45—46 页。
③ [宋]石介:《上孙先生书》,[宋]石介著,陈植锷点校:《徂徕石先生文集》卷十五,第 182 页。

旗帜鲜明地排斥佛老、时文的做法主要是继承了韩愈排斥异端以兴儒道的思想。

（一）"宗韩"与续道统

韩愈《原道》是儒学史中至关重要的一篇文献，开启了中唐到北宋的儒学复兴之路。此文建立了一个传承有序的儒家正统谱系："尧以是传之舜，舜以是传之禹，禹以是传之汤，汤以是传之文武周公，文武周公传之孔子，孔子传之孟轲，轲之死，不得其传焉。"①韩愈提出的道统一方面是强调自己传承之"道"的正统性，另一方以此来抗衡对"道"产生巨大冲击的佛老。《原道》还列出了一份历代异端的名单："周道衰，孔子没，火于秦，黄老于汉，佛于晋、魏、梁、隋之间，其言道德仁义者，不入于杨，则入于墨；不入于老，则入于佛。"②韩愈将儒学衰落的原因一方面归结为"轲之死，不得其传焉"；另一方面则归结为各种异端的侵害。复兴儒学一方面是"传道"，另一方面是灭异端，也就是前文所说的破和立之两翼。但是韩愈本人在"立其本"方面走得并不深远，儒学理论被后世视为"粗浅"，他破异端则更为自觉和用力。韩愈将孟子列为道统末端，又曰："荀与扬也，择焉而不精，语焉而不详。"③认为孟子之后的荀况和扬雄"大醇而小疵"④，不足以继道统。而韩愈自命直承孟子，"昌黎以道自任，因孟子距杨墨，故终身

---

① ［唐］韩愈：《原道》，［唐］韩愈著，马其昶校注，马茂元整理：《韩昌黎文集校注》卷一，第 18 页。
② ［唐］韩愈：《原道》，［唐］韩愈著，马其昶校注，马茂元整理：《韩昌黎文集校注》卷一，第 14 页。
③ ［唐］韩愈：《原道》，［唐］韩愈著，马其昶校注，马茂元整理：《韩昌黎文集校注》卷一，第 18 页。
④ ［唐］韩愈：《读荀》，［唐］韩愈著，马其昶校注，马茂元整理：《韩昌黎文集校注》卷一，第 37 页。

亦辟佛老"①。韩愈创立"道统",从理论和实践方面为复兴儒学明确了一条"破异端"的道路,这也是韩愈在儒学史中获得一席之位的重要原因。

韩愈发起的儒学复兴运动经历了晚唐五代的沉寂之后在北宋又逐渐兴起。宋初柳开、王禹偁、孙何、穆修等相继发起了新一轮的儒学复兴和"古文运动",主张和措施都可以上溯到韩愈。儒学复兴运动兴起的同时也相应地兴起了一股"尊韩"的思潮,其中最为尊韩的则是"泰山学派"。正如钱锺书《谈艺录》曰:"韩昌黎之在北宋,可谓千秋万岁,名不寂寞者矣。欧阳永叔尊之为文宗,石徂徕列之于道统。"②欧阳修和石介代表着北宋前期复兴儒学的两大重要文人团体——洛阳文人集团和京东文人集团,二人又分别是两个集团的核心主力。欧阳修非常推崇韩愈,但是他并非一味盲目地崇拜,而是对韩愈具有较多理性的批评。他复兴儒学的理想也是从其少年时期读韩文开始,曾在《记旧本韩文后》曰:

> 予少家汉东,汉东僻陋无学者,吾家又贫无藏书。州南有大姓李氏者,其子尧辅颇好学。予为儿童时,多游其家,见有敝筐贮故书在壁间,发而视之,得唐《昌黎先生文集》六卷,脱落颠倒无次序,因乞李氏以归。读之,见其言深厚而雄博,然予犹少,未能悉究其义,徒见其浩然无涯,若可爱。③

---

① [清]赵翼著,霍松林等校点:《瓯北诗话》卷三,人民文学出版社,1963年,第35页。
② 钱锺书:《谈艺录》一六,生活·读书·新知三联书店,2001年,第158页。
③ [宋]欧阳修:《记旧本韩文后》,[宋]欧阳修著,李逸安点校:《欧阳修全集》卷七十三,第1056页。

欧阳修少年时期就表现出对韩愈的倾慕,为其文所震撼并心向往之,但是此时欧阳修还在为了科考而研习时文。天圣九年(1031)欧阳修释褐为洛阳留守推官才与尹洙等人相与作古文,拿出旧藏韩文钻研之。天才英发的欧阳修在洛阳文人群体中脱颖而出,后来成为复兴儒学和诗文革新的领袖,乃至被视为当世韩愈。但是欧阳修并非对韩愈盲目崇拜,在他钻研韩文后不久,便对韩愈颇有微词。景祐三年(1036),欧阳修贬夷陵,他在给尹洙的信中说道:"每见前世有名人,当论事时,感激不避诛死,真若知义者,及到贬所,则戚戚怨嗟,有不堪之穷愁形于文字,其心欢戚无异庸人,虽韩文公不免此累……"①他在《读李翱文》中也对韩愈的人品提出了批评:"凡昔翱一时人,有道而能文者,莫若韩愈。愈尝有赋矣,不过羡二鸟之光荣,叹一饱之无时尔。此其心使光荣而饱,则不复云矣。"②可见,欧阳修对韩愈并不是一味地推崇,而是对他的人品有颇多不满,视韩愈为"大醇而小疵"者。正如前引钱锺书言,欧阳修主要推崇韩愈之文,对他复兴儒学所采取"破异端"的方式并不认可,后文将详论。

　　韩愈在"泰山学派"文人心目中却获得了极高的地位,被列入道统,成为"五贤"之首。景祐五年(1038)七月,知兖州孔道辅在孔庙建"五贤堂",并作《五贤堂记》,五贤即为孟轲、荀卿、扬雄、王通、韩愈。石介得知后便兴奋地将此事告诉了孙复,孙复给孔道辅写了一封信盛赞此事,其《上孔给事书》曰:

　　　　近得友人石介书,盛称执事于圣祖家庙中,构五贤之堂像而

---

① [宋]欧阳修:《与尹师鲁第一书》,[宋]欧阳修著,李逸安点校:《欧阳修全集》卷六十九,第999页。

② [宋]欧阳修:《读李翱文》,[宋]欧阳修著,李逸安点校:《欧阳修全集》卷七十二,第1050页。

祠之,且曰:"孔侯之心至矣,吾辈不是之,而将何之也?"复闻之,
跃然而起,大呼张洞、李缊曰:"昔夫子之道,得五贤而益尊;今五
贤之烈,由龙图而愈明。"①

孙复、石介之所以如此欣喜,是因为孔道辅通过实际举动落实了孙
复、石介早已经构想的新道统谱系。在景祐五年(1038)正月,孙复已
经明确地提出了由"孟轲、荀卿、扬雄、王通、韩愈"所构成的"贤人"
谱系,他在《道信堂记》中曰:"吾之所谓道者,尧、舜、禹、汤、文、武、
周公、孔子之道也,孟轲、荀卿、扬雄、王通、韩愈之道也。"②勾勒了一
个完整的道统谱系,这个谱系可以分为两个阶段,一是从尧到孔子的
圣人谱系,一是从孟子到韩愈的贤人谱系。其中孙复所列的贤人名
单和孔道辅《五贤堂》"像而祠之"的五位贤人是完全一致的。石介
也有着类似的说法,并且进一步明确孔子为"圣人之至",而韩愈为
"贤人之卓"。景祐元年(1034)石介作有《尊韩》一文,其文曰:

　　道始于伏羲氏,而成终于孔子。道已成终矣,不生圣人可
也。故自孔子来二千余年矣,不生圣人。若孟轲氏、扬雄氏、王
通氏、韩愈氏,祖述孔子而师尊之,其智足以为贤。孔子后,道屡
塞,辟于孟子,而大明于吏部。道已大明矣,不生贤人可也。故
自吏部来三百有年矣,不生贤人。若柳仲涂、孙汉公、张晦之、贾
公疏,祖述吏部而师尊之,其智实降。
　　噫!伏羲氏、神农氏、黄帝氏、少昊氏、颛顼氏、高辛氏、唐尧
氏、虞舜氏、禹、汤氏、文、武、周公、孔子者十有四圣人,孔子为圣
人之至。噫!孟轲氏、荀况氏、扬雄氏、王通氏、韩愈氏五贤人,

---

① ［宋］孙复:《上孔给事书》,曾枣庄等主编:《全宋文》第19册,第293页。
② ［宋］孙复:《道信堂记》,曾枣庄等主编:《全宋文》第19册,第313页。

吏部为贤人之卓。不知更几千万亿年复有孔子,不知更几千数
百年复有吏部。

　　孔子之《易》、《春秋》,自圣人以来未有也;吏部《原道》、《原
仁》、《原毁》、《行难》、《对禹问》、《佛骨表》、《诤臣论》,自诸子
以来未有也,呜呼! 至矣!①

石介在这里描述了一个更为完整的道统谱系,从本朝人物一直上溯
到伏羲氏。在石介描绘的道统谱系中,是有等级差别的。首先是圣
人,从伏羲氏一直到孔子,而"道"终成于孔子,孔子为"圣人之至"。
其次是"祖述孔子而师尊之"的贤人,分别为孟轲、荀况、扬雄、王通、
韩愈,其职能是明孔子之道。再次是"祖述吏部而尊之"的文公儒师,
分别为本朝的柳开、孙何、张景、贾同,石介极力推崇的孙复也当在这
个行列,其职能是昌明韩愈之道,继承韩愈的事业。在这个谱系中石
介将韩愈推到了"贤人"的至高点,同时也明确了复兴儒学的途径即
为"祖述吏部而师尊之"。

(二) 道统与异端

　　列韩愈人道统是孙复、石介、孔道辅等人的共识,他们继承了韩
愈的道统,并且进一步延续道统,确立了一个承上启下的"贤人"谱
系。"贤人"谱系的对立面还具有一份和诸贤人对应的异端名单,孔
道辅在《五贤堂记》中有清晰的表述:

　　故圣人与天地并,高卑设位,道在其中矣。所以尊君德,安
国纪,治天物,立人极,皆斯道也。然天地有否闭,日月有薄蚀,
圣人之道有屯塞。若天地否,则圣人建大中之道以开泰之;苟圣

---

① [宋]石介:《尊韩》,[宋]石介著,陈植锷点校:《徂徕石先生文集》卷七,第
　79—80 页。

人之道壅,则五贤迭起而辅导之。先圣生当战伐世,法令、機祥、巫祝之弊亨,杨、墨之迂诞,庄、列之恢诡,穷圣泪常,三驺、孙、田术胜于时,则我圣人大道为异端破之,不容于世也。而孟、荀继作,乃述唐虞之业,序仁义道德之源,俾诸子变怪不轨之势息,圣人之教复振,其功甚大矣。后至汉室圮缺,扬子恶诸子知舛,诋讪圣人,独能怀二圣三王之迹,讥时著书,以尊大圣。使古道昭昭不泯者,扬之力也。西汉之后,皇纲弛紊;六代丧乱,文章散靡。妖狂之风,荡然无革。文中子澄其源,兆兴王之运;韩文公治其末,广尊道之旨。致圣化益光显,夷夏归正道,虽诸子諕噪,或欲攘其法,戕其教,榛其涂,芜其说,弗可得已。①

孔道辅按照历史发展的顺序,在每一位"贤人"名单之下都详细地列出了一份异端名录。他在《五贤堂记》末尾道出建"五贤堂"的目的:

孔圣之道否,则五贤振起之。今五贤湮蔽,振之者无闻焉。道辅学不及前哲,而以中正容于帝皇,幸不见黜而与进,冀以贤者必辅于时、跻于古,以兹为盛矣。方事亲守故国,为儒者荣。尝谓伏生之徒以训传功,象设于祖东西序;而五贤立言排邪说,翊大道,非诸子能跂及,反不及配,缺孰甚焉!因建堂,收五贤所著事,图其仪,叙先儒之时荐。②

他认为孟轲、荀卿、扬雄、王通、韩愈在"孔圣之道否"之际排斥异端邪说之功要远远大于精通章句之学的儒生,并且表现出强烈的使命感,

① [宋]孔道辅:《五贤堂记》,曾枣庄等主编:《全宋文》第17册,第291—292页。
② [宋]孔道辅:《五贤堂记》,曾枣庄等主编:《全宋文》第17册,第292页。

企图通过推崇"五贤"的实际行动以达到明圣人之道的目的。

对此，孙复、石介也有近似的看法。孙复《儒辱》曰："圣人不生，怪乱不平，故杨、墨起而孟子辟之，申、韩出而扬雄距之，佛老盛而韩文公排之。微三子，则天下之人，胥而为夷狄矣。"①石介《救说》也曰：

> 道大坏，由一人存之；天下国家大乱，由一人扶之。周室衰，诸侯畔，道大坏也，孔子存之。孔子殁，杨、墨作，道大坏也，孟子存之。战国盛，仪、秦起，道大坏也，荀况存之。汉祚微，王莽篡，道大坏也，扬雄存之。七国弊，王纲弛，道大坏也，文中子存之。齐、梁以来，佛、老炽，道大坏也，吏部存之。②

他们在不同时期所列的道统谱系会略有差异，但是基本都是孔子之后的每一个"贤人"对应着一份"异端"名录。从他们反复论述的"贤人"之统可以看出一方面强调道坏于"异端"，另一方面强调"贤人"通过攻击异端以存圣人之道。前文引石介文曰："道始于伏羲氏，而成终于孔子。"孙复也认为："所谓夫子之道者，治天下，经国家，大中之道也。其道基于伏羲，渐于神农，著于黄帝、尧、舜，章于禹、汤、文、武、周公。然伏羲而下，创制立度，或略或繁，我圣师夫子，从而益之损之，俾协厥中，笔为六经。由是治天下，经国家，大中之道，焕然而备。"③他认为道的发展源远流长，但到了孔子大中之道则"焕然而备"。道完备于圣人，但是孔子之后道屡次遭到各种异端的侵害，从

---

① ［宋］孙复：《儒辱》，曾枣庄等主编：《全宋文》第 19 册，第 309—310 页。

② ［宋］石介：《救说》，［宋］石介著，陈植锷点校：《徂徕石先生文集》卷八，第 84 页。

③ ［宋］孙复：《上孔给事书》，曾枣庄等主编：《全宋文》第 19 册，第 292 页。

而导致衰微。石介曾直言"孔子之大道,为异端侵害,不容于世实三千年"①。其《读原道》一文推崇韩愈卫道之功,曰:

> 《书》之《洪范》,《周礼》之六官,《春秋》之十二经,《孟子》之七篇,《原道》之千三百八十八言,其言王道尽矣。
>
> 箕子、周公、孔子之时,三代王制尚在,孟子去孔子且未远,能言王道也,不为艰矣。去孔子后千五百年间,历杨、墨、韩、庄、老、佛之患,王道绝矣。②

他认为"王道"绝于"杨、墨、韩、庄、老、佛之患"。孙复对此的看法与石介颇为相似,其《儒辱》主要阐发了各种异端破坏了儒家学说的根本——仁义礼乐,其文曰:

> 《礼》曰:"四郊多垒,此卿大夫之辱也。地广大荒而不治,此亦士之辱也。"噫,卿大夫以四郊多垒为辱,士以地广大荒而不治为辱,然则仁义不行,礼乐不作,儒者之辱欤? 夫仁义礼乐,治世之本也,王道之所由兴,人伦之所由正,舍其本则何所为哉? 噫,儒者之辱,始于战国,杨朱、墨翟乱之于前,申不害、韩非杂之于后。汉魏而下,则又甚焉。佛老之徒,横乎中国。彼以死生祸福、虚无报应为事,千万其端,惑我生民。绝灭仁义,以塞天下之耳;屏弃礼乐,以涂天下之目。③

---

① [宋]石介:《送张绩李常序》,[宋]石介著,陈植锷点校:《徂徕石先生文集》卷十八,第215页。

② [宋]石介:《读原道》,[宋]石介著,陈植锷点校:《徂徕石先生文集》卷七,第78页。

③ [宋]孙复:《儒辱》,曾枣庄等主编:《全宋文》第19册,第309页。

孙复认为"仁义不行,礼乐不作"乃是儒者之辱,而作为儒道之根本的"仁义礼乐"之所以在国家政治和社会生活中失去了主导地位是因为异端的破坏。他这里所列的异端名单和上文所引石介所言是完全一致的,按时间先后划分,分别为杨朱、墨翟、申不害、韩非、佛、老等异端。

石介《救说》曰:"大凡圣人之道,有灾害,以身当之,贤人之分也。"①孟轲、荀卿、扬雄、王通、韩愈被列入贤人之统序,正是因为他们攻击异端以存圣人之道。对此,孙复《上孔给事书》也有类似的说法:"则战国迄于李唐,空阔诞谩、奇险淫丽谲怪之说,乱我夫子之道者数矣,非一贤殁,一贤出,羽之翼之,则晦且坠矣。既晦且坠,则天下夷狄矣,斯民鸟兽矣。由是言之,则五贤之烈大矣!"②他们延续道统和韩愈建立道统用意一致,都是为对抗异端思想寻找理论上的依据。同时,他们也和韩愈一样自命承续道统。石介自称"不敢后吏部",但是他明显是"祖述吏部而师尊之"。他推崇孙复,也将他视作今之韩愈。由此可见,他们在复兴儒学的过程中继承并且发展了韩愈"破异端"的思想。

二、斥佛老、时文为异端

石介、孙复等人继承了韩愈开创的"以破为立"的复兴儒学策略,他们复兴儒学的理论和实践都表现出鲜明的斗争姿态,正如孙复曰:"复学孔而晞孟者也,世有踏邪怪奇险之迹者,常思嗣而攻之。"③他

---

① [宋]石介:《救说》,[宋]石介著,陈植锷点校:《徂徕石先生文集》卷八,第85页。
② [宋]孙复:《上孔给事书》,曾枣庄等主编:《全宋文》第19册,第292—293页。
③ [宋]孙复:《兖州邹县建孟子庙记》,曾枣庄等主编:《全宋文》第19册,第315页。

和石介领导"泰山学派"发起了一场和异端针锋相对的斗争。一方面，他们继承韩愈之志，继续攻击佛老；另一方面，他们将当下的时文列为新的异端，并展开了猛烈的攻击。

（一）佛老害道

将佛老视为异端乃是从韩愈以来至北宋大部分致力于复兴儒学之士的共识，柳开、王禹偁、孙何、穆修、尹洙、欧阳修、王安石、李觏、张载、程颐、程颢等都有过从儒家立场反对佛老的言论。他们或从国家政治制度，或从伦理道德，或从经济生产，或从华夷之辨的角度展开对佛老的批判，佛老的危害基本可以归纳为"害政""害道""害人心"几个方面。孙复、石介反对佛老也没有超越这几个方面，只是他们更为侧重佛老害道，而且付之于行动。

孙复、石介为首的"泰山学派"主要是一群儒生，毕生以"尊道扶圣"为使命，在复兴儒学过程中表现出强烈的捍卫圣人之道的思想倾向。石介是群体中最为活跃的成员，其《怪说》三篇可以视为"泰山学派"挞伐异端的檄文，其上篇专反佛老，曰：

> 三才位焉，各有常道。反厥常道，则谓之怪矣。夫三光代明，四时代终，天之常道也。日月为薄蚀，五星为彗孛，可怪也。夫五岳安焉，四渎流焉，地之常道也。山为之崩，川为之竭，可怪也。夫君南面，臣北面，君臣之常道也。父坐子立，父子之常道也。而臣抗于君，子敌于父，可怪也。夫中国，圣人之所常治也，四民之所常居也，衣冠之所常聚也，而髡发左衽，不士不农，不工不商，为夷者半中国，可怪也。夫中国，道德之所治也，礼乐之所施也，五常之所被也，而汗漫不经之教行焉，妖诞幻惑之说满焉，可怪也。夫天子七庙，诸侯五庙，大夫三庙，士二庙，庶人祭于寝，所以不忘孝也，而忘而祖，废而祭，去事夷狄之鬼，可怪也。夫法施于民则祀之，以死勤事则祀之，以劳定国则祀之，能御大

灾则祀之,能捍大患则祀之。弃能殖百谷,祀以为稷;后土能平九州,祀以为社。帝喾、尧、舜、禹、汤、文、武,有功烈于民者,及夫日月星辰,民所瞻仰也,山林、川谷、丘陵,民所取财也。非此族也,不在祀典。而老观、佛寺遍满天下,可怪也。

　　夫人君见一日蚀、一星缩、一风雨不调顺、一草木不生植,则能知其为天地之怪也,乃避寝、减膳、彻乐,恐惧责己,修德以禳除焉。彼其灭君臣之道,绝父子之亲,弃道德,悖礼乐,裂五常,迁四民之常居,毁中国之衣冠,去祖宗而祀夷狄,汗漫不经之教行,妖诞幻惑之说满,则反不知其为怪,既不能禳除之,又崇奉焉。时人见一狐媚、一鹊噪、一枭鸣、一雉入,则能知其为人之怪也,乃启咒祈祭以厌胜焉。彼其孙、其子、其父、其母,忘而祖宗,去而父母,离而常业,裂而常服,习夷教,祀夷鬼,则反不知其为怪,既不能厌胜之,又尊异焉。愈可怪也。

　　甚矣,中国之多怪也!人不为怪者,几少矣。噫!一日蚀、一星缩,则天为之不明;一山崩、一川竭,则地为之不宁。释、老之为怪也,千有余年矣,中国蠹坏亦千有余年矣,不知更千余年,释、老之为怪也如何?中国之蠹坏也如何?尧、舜、禹、汤、文、武、周公、孔子不生。吁![1]

石介以气势磅礴的排比句式对佛老进行了全面地挞伐,一口气用了七个"可怪也"痛斥了佛老"反厥常道"。佛老之危害归纳起来则分别是:违背君臣父子之道、不事生产、违背礼乐道德、违背祭祀之法,其排斥佛老的思想基本没有超出韩愈《原道》《谏迎佛骨表》的范畴。石介反对佛老的理论依据是异端"反厥常道",常与怪的二元对立是

---

[1]　[宋]石介:《怪说上》,[宋]石介著,陈植锷点校:《徂徕石先生文集》卷五,第60—61页。

矛盾的焦点。何谓"常道",在他看来,"常道"即为"天之常道"与"地之常道",也就是自然之道。但在这里痛斥佛老所违背的"常道"则是按照儒家之道而建立起来的伦理道德和社会规范。佛老所破坏的伦理道德、社会规范背后则是儒家之道。石介视儒家之道为自然之道,乃万世不可易之道,用之四海皆准之道。在石介的论述中将儒家之道和违背儒家之道的佛老进行二元对立,其主要的攻击点为佛老"害道"。

孙复也将攻击佛老的焦点集中到"害道"之上,其《儒辱》曰:

> 汉魏而下,则又甚焉。佛老之徒,横乎中国。彼以死生祸福、虚无报应为事,千万其端,惑我生民。绝灭仁义,以塞天下之耳;屏弃礼乐,以涂天下之目。天下之人,愚众贤寡,惧其死生祸福报应。人之若彼也,莫不争举而竞趋之。观其相与为群,纷纷扰扰,周乎天下,于是其教与儒齐驱并驾,峙而为三,吁,可怪也!且夫君臣、父子、夫妇,人伦之大端也。彼则去君臣之礼,绝父子之亲,灭夫妇之义,以之为国则乱矣,以之使人则悖矣。儒者不以仁义礼乐为心则已,若以为心,则得不鸣鼓而攻之乎?凡今之人,与人争詈,小有所不胜,则尚以为辱,矧彼以夷狄诸子之法乱我圣人之教耶? 其为辱也,大哉!①

孙复视佛老之害更甚于杨墨,为今之大患。他痛斥佛老之弊与石介用词和语气都极其相似,认为"其教与儒齐驱并驾,峙而为三,吁,可怪也"。佛老之害在于"绝灭仁义""屏弃礼乐"。他自己在《儒辱》开篇对"仁义礼乐"进行过一番解释:"夫仁义礼乐,治世之本也,王道之所由兴,人伦之所由正,舍其本则何所为哉?"这和石介所言之

---

① [宋]孙复:《儒辱》,曾枣庄等主编:《全宋文》第19册,第309页。

"常道"皆为一种,即为按照儒家之道而建立起来的伦理道德和社会规范。归根到底,佛老之害则是"以夷狄诸子之法乱我圣人之教"。所谓"教"者,即为"道",孙复曾在《答张洞书》曰:"道者,教之本也。"①可见孙复和石介反对佛老皆主要强调其对儒家之道的破坏。但是孙复也有和石介不同之处,或者说更深入一点。石介反佛老几乎不论及佛老之心性问题,其实这正是佛老之教和儒教相比占有优势的地方。佛老思想不在治世而在于治人心,而儒家思想在理学产生以前很少论及心性。佛老之所以能逐渐和儒家形成三教鼎立之势,其主要归功于其教长于"治人心"。孙复已经发现了佛老在这方面的威胁,其文章曰:"彼以死生祸福、虚无报应为事,千万其端,惑我生民。"佛老"死生祸福、虚无报应"之说为芸芸众生提供了消除与生俱来的痛苦和安顿灵魂的途径,这正是佛老得以"惑我生民"的优势。他在《无为指》下篇中也提到了"佛老虚无清净、报应因果"的危害②,但是孙复并没有提出相应的解决方法,而只是一味地否定。孙复没有能超越时代,这个任务就有待后世的理学家完成。

孙复、石介排斥佛老,不只是停留在著述议论,而是付之于行动。他们在教育生徒之时,极力宣扬反佛老的思想。例如,石介在南京为学官之时,不仅协助上司将府学书库中所藏的佛老之书"悉去之",而且将书库中《三教画本》中佛老二像皆移去,避免学生观佛老之书与画像而惑乱其心。其中的弟子辈也不乏坚决抵制佛老者,欧阳修读了张绩、李常二人的文章之后,就盛赞曰:"千年佛老贼中国,祸福依凭群党恶。拔根掘窟期必尽,有勇无前力何荦。乃知二子果可用,非

---

① [宋]孙复:《答张洞书》,曾枣庄等主编:《全宋文》第19册,第293—294页。
② [宋]孙复:《无为指下》,曾枣庄等主编:《全宋文》第19册,第308页。

独词坚由志确。"①可见二人继承了排斥佛老的精神,且态度坚决,行为勇猛。不仅如此,石介还和佛老展开了争取成员的行动,并且取得了一定的胜利。石介《宗儒名孟生》一文意在宣扬排斥佛老取得的成效,孟生本是道教徒,最终在石介的引导下弃道归儒,文曰:

> 予向以《春秋》授诸生,学中孟生,衣道士衣,升吾堂上,预众生列,授吾说焉。日熏灼乎圣人之道,久之相说以解,于是大寤圣人之道,一出于孔子。遂弃其师,事吾儒师;裂其服,被吾儒服;斥其礼,行吾儒礼;掷其书,读吾儒书。予愿以"宗儒"名孟生。②

孟生最终认可儒家之道,还俗并且加入了石介的弟子行列。石介文集中另有《归鲁名张生》一文,记述了类似的事情。石介分别为二人易名为"归鲁""宗儒",这两个极具象征意义的名字无疑是石介在宣布儒家之道的胜利。

(二)新的异端

时文也被"泰山学派"视为害道的"异端"。所谓时文,主要指当时以杨亿、刘筠西昆体为典范的辞赋。时文过度讲求文饰且内容空泛的弊端引起了广泛的批评,成为"古文运动"的革新对象。北宋吕希哲在回顾这一阶段的文学变革历史时曾经说:

> 天圣以来,穆伯长、尹师鲁、苏子美、欧阳永叔始倡为古文,

---

① 〔宋〕欧阳修:《读张李二生文赠石先生》,〔宋〕欧阳修著,李逸安点校:《欧阳修全集》卷二,第25页。

② 〔宋〕石介:《宗儒名孟生》,〔宋〕石介著,陈植锷点校:《徂徕石先生文集》卷七,第82页。

以变西昆体,学者翕然从之。其有杨、刘体者,人戏之曰:"莫太昆否?"石介守道深嫉之,以为孔门之大害,作《怪说》二篇,上篇排佛、老,下篇排杨亿。于是新进后学不敢为杨、刘体,亦不敢谈佛、老。①

吕氏少从石介、孙复学,他将石介从当时众多推崇古文之士中单列出来,可谓颇有见地。尹洙、苏舜钦、欧阳修等人则是"始倡为古文,以变西昆体",以古文创作实绩和时文相抗衡,以相对温和的方式引领学者达到文体、文风变革的目标。而石介将杨、刘时文视为"孔门之大害",将时文当作"异端"进行攻击,则更具有"文学革命"的色彩。石介《怪说中》将攻击时文的矛头指向杨亿,其文曰:

> 昔杨翰林欲以文章为宗于天下,忧天下未尽信己之道,于是盲天下人目,聋天下人耳,使天下人目盲,不见有周公、孔子、孟轲、扬雄、文中子、韩吏部之道;使天下人耳聋,不闻有周公、孔子、孟轲、扬雄、文中子、韩吏部之道。俟周公、孔子、孟轲、扬雄、文中子、吏部之道灭,乃发其盲,开其聋,使天下唯见己之道,唯闻己之道,莫知有他。②

石介明确将矛头指向杨亿,是因为其"文章为宗于天下"。杨亿是西昆派的领袖,其文章乃是"时文"的典范,正如欧阳修《记旧本韩文后》所说:"是时天下学者杨、刘之作,号为时文,能者取科第,擅名声,

---

① [宋]朱熹:《五朝名臣言行录》卷十引《吕氏家塾记》,《四库丛刊》本。
② [宋]石介:《怪说中》,[宋]石介著,陈植锷点校:《徂徕石先生文集》卷五,第62页。

以夸荣当世,未尝有道韩文者。"①石介将攻击时文的矛头指向杨亿实有"擒贼先擒王"的意思。明确地将杨亿之文列在道统的对立面,这和他反佛老的思路如出一辙。他常常将时文与佛老并举,将时文害道上升到与佛老害道同样的程度,比如其《怪说》三篇就是上篇言佛、老,中篇言杨亿,下篇总而言之,认为"佛、老以妖妄怪诞之教坏乱之,杨亿以淫巧浮伪之言破碎之"②。石介曾在《寄明复熙道》与盟友孙复、士建中慨叹当今时文之弊,其诗曰:

> 四五十年来,斯文何屯蹇。雅正遂雕缺,浮薄竞相扇。在上无宗主,淫哇千万变。后生益纂组,少年事雕篆。仁义仅消亡,圣经亦离散。其徒日已多,天下过大半。路塞不可辟,甚于杨墨患。③

"斯文屯蹇"在这里主要针对文而言,文之衰落表现为"雅正遂雕缺,浮薄竞相扇",其害道"甚于杨墨患"。也就在石介写了这首诗歌不久,收到前文所引孙复赞誉石介"攘臂欲操万丈戈,力与熙道攻浮伪"一诗,可见石介此论深得孙复、士建中的认同。

石介、孙复等人将"时文"视为害道之异端和他们文道合一的观念有关。在文学史研究中,石介、孙复都是被划归为"重道轻文"的一脉,从而成为尹洙、欧阳修、苏轼所代表的"文道并重"一脉的对立面而加以否定。石介、孙复作为比较纯粹的儒生主张"文饰害道",但也

---

① ［宋］欧阳修:《记旧本韩文后》,［宋］欧阳修著,李逸安点校:《欧阳修全集》卷七十三,第 1056 页。

② ［宋］石介:《怪说下》,［宋］石介著,陈植锷点校:《徂徕石先生文集》卷五,第63 页。

③ ［宋］石介:《寄明复熙道》,［宋］石介著,陈植锷点校:《徂徕石先生文集》卷三,第 27 页。

并不像后来的理学家那样认为"作文害道",他们反而极度重文,将文等同于道。孙复、石介作为道学家皆致力于文,正如孙复《答张洞书》所说:"以仆居今之世,乐古圣贤之道与仁义之文也,(笔者按:疑脱'明'字,张洞字明远)远以尊道扶圣、立言垂范之事问于我,我幸而志于斯也有年矣。"①"圣贤之道与仁义之文"都是其所乐,"尊道扶圣、立言垂范"为己任的道学家也离不开文。孙复《答张洞书》是指导学生如何为文,对文和道的关系有着详细的论述,其文曰:

> 夫文者,道之用也;道者,教之本也。故文之作也,必得之于心而成之于言。得之于心者,明诸内者也;成之于言者,见诸外者也。明诸内者,故可以适其用;见诸外者,故可以张其教。是故《诗》、《书》、《礼》、《乐》、《大易》、《春秋》皆文也,总而谓之经者也,以其终于孔子之手,尊而异之尔,斯圣人之文也。后人力薄,不克以嗣,但当佐佑名教,夹辅圣人而已。或则列圣人之微旨,或则名诸子之异端,或则发千古之未寤,或则正一时之所失,或则陈仁政之大经,或则斥功利之末术,或则扬贤人之声烈,或则写下民之愤叹,或则陈天人之去就,或则述国家之安危,必皆临事摭实,有感而作。为论、为议、为书、疏、歌、诗、赞、颂、箴、解、铭、说之类,虽其目甚多,同归于道,皆谓之文也。②

文为道之用,道又为教之本,而文的作用在"张其教"。文和道本身就是一体两面,文从道中而来,道存在于文且通过文达到教化的作用。孙复甚至认为六经皆为文,《诗》《书》《礼》《乐》《易》《春秋》终于孔子之手,皆为"圣人之文",同时又是"圣人之道",道和文本为一体。

---

① ［宋］孙复:《答张洞书》,曾枣庄等主编:《全宋文》第19册,第293页。
② ［宋］孙复:《答张洞书》,曾枣庄等主编:《全宋文》第19册,第293—294页。

正如前文所述,孙复认为道备于孔子,后人的职责即为"佐佑名教,夹辅圣人",其文则是传道明道,除此之外皆非文。石介也具有和孙复相同的观念,他认为"圣人,职文者也"①,圣人之经皆为文,其《上蔡副枢书》曰:

> 　　夫有天地,故有文,天尊地卑,乾坤定矣;卑高以陈,贵贱位矣;动静有常,刚柔断矣;方以类聚,物以群分,吉凶生矣;在天成象,在地成形,变化见矣,文之所由生也。天垂象,见吉凶,圣人象之;河出图,洛出书,圣人则之,文之所由见也。观乎天文,以察时变;观乎人文,以化成天下,文之所由用也。三皇之书,言大道也,谓之《三坟》;五帝之书,言常道也,谓之《五典》,文之所由迹也。四始六义存乎《诗》,典、谟、诰、誓存乎《书》,安上治民存乎《礼》,移风易俗存乎《乐》,穷理尽性存乎《易》,惩恶劝善存乎《春秋》,文之所由著也。②

《上蔡副枢书》是石介现存最早系统地论述文的一篇文章。上引一段文字中石介系统地梳理了一个文产生、发展的过程。他认为文与天地一同生成并存于天地之中,圣人得之于天地,然后而著文。六经皆圣人"为天地立心,为生民立命"之文,进而可以认为六经皆文,文道一体。石介将文上升到本体地位,与道为一,这种观点和孙复是一致的。

将文与道等同,从一定意义上也是对文进行了限定。概括言之,

---

① ［宋］石介:《上蔡副枢书》,［宋］石介著,陈植锷点校:《徂徕石先生文集》卷十三,第144页。
② ［宋］石介:《上蔡副枢书》,［宋］石介著,陈植锷点校:《徂徕石先生文集》卷十三,第143页。

他们认为"圣人之经"是文的典范,文的表现对象只能是道,其功能为
"化成天下"。显然,追求形式而内容空泛的时文不符合他们对文的
定义。石介《怪说中》篇曰:

> 今杨亿穷妍极态,缀风月,弄花草,淫巧侈丽,浮华纂组,刊
> 镂圣人之经,破碎圣人之言,离析圣人之意,蠹伤圣人之道,使
> 天下不为《书》之《典》、《谟》、《禹贡》、《洪范》,《诗》之《雅》、
> 《颂》,《春秋》之经,《易》之《繇》、《爻》、《十翼》,而为杨亿之
> 穷妍极态,缀风月,弄花草,淫巧侈丽,浮华纂组。其为怪
> 大矣![1]

石介这段话列举了杨亿之文两大弊病:其一,内容上表现风花雪月,
与道无关;其二,断章取义,有害圣人之道。时文也并非如石介所说
全然与道无关,如宋人王铚《四六话序》云:"国朝名辈犹杂五代衰陋
之气,似未能革。至二宋兄弟,始以雄才奥学,一变山川草木、人情物
态,归于礼乐刑政、典章文物,发为朝廷气象,其规模闳达深远矣。"[2]
王铚认为辞赋到了宋祁、宋庠兄弟时出现了改观,内容由"山川草木、
人情物态"转变为"礼乐刑政、典章文物"。表现"礼乐行政,典章文
物"是符合孙复、石介对文的规定的。二宋和孙复、石介年龄相仿,属
于同一代人。石介、孙复大力排斥时文之弊之时,二宋也才三十岁左
右,还不足以发挥影响力,时文还没有走出表现"山川草木、人情物
态"的局限。即使在二宋之前,辞赋也并非全然与"道"无关。科场
辞赋的命题大多考察儒家经典,写作过程中也经常征引儒家经典。

---

① [宋]石介:《怪说中》,[宋]石介著,陈植锷点校:《徂徕石先生文集》卷五,第
　　62—63 页。
② [宋]王铚:《四六话序》,《全宋文》第 182 册,第 165—166 页。

孙何《论诗赋取士》曰：

> 惟诗赋之制，非学优才高不能当也。破巨题期于百中，压强
> 韵示有余地。驱驾典故，混然无迹；引用经籍，若己有之。咏轻
> 近之物，则托兴雅重，命词峻整；述朴素之事，则立言遒丽，析理
> 明白。其或气焰飞动，而语无孟浪；藻绘交错，而体不卑
> 弱……①

孙何站在支持辞赋取士的立场肯定辞赋，却也道出了辞赋的特点。
"破巨题期于百中"、"驱驾典故"、"引用经籍"、偶俪典雅等是辞赋的
特征，要求写作者要具备渊博的知识储备和卓越灵动的文学才思。
正因如此，当时为了应付科举考试而出现了《事类赋》一类的考试参
考用书，举子无暇研读儒家经典，在写作过程中只是堆砌典故辞藻以
夸示渊博。这样势必会造成士人不研习儒家经典，而只是堆砌典故、
断章取义，正如欧阳修所言："今贡举之失者，患在有司取人先诗赋而
后策论，使学者不根经术，不本道理，但能诵诗赋，节抄《六帖》、《初
学记》之类者，便可剽盗偶俪，以应试格。"②
　　一定程度上，将时文列为异端也是对文的权力的争夺。客观上
来看，时文确实存在石介所说的"妍极态，缀风月，弄花草，淫巧侈丽，
浮华篆组"的弊端。因此，"雕虫篆刻"的时文不符合他们对文的定
义。这一点孙复说得更为明确，他在《答张洞书》中曾曰："若肆意构
虚，无状而作，非文也，乃无用之瞽言尔，徒污简册，何所贵哉？"③时

①　［宋］孙何：《论诗赋取士》，曾枣庄等主编：《全宋文》第 9 册，第 205 页。
②　［宋］欧阳修：《论更改贡举事件札子》，［宋］欧阳修著，李逸安点校：《欧阳修
　　全集》卷一百四，第 1590 页。
③　［宋］孙复：《答张洞书》，曾枣庄等主编：《全宋文》第 19 册，第 294 页。

文被视作无用之言,被排除于文的范畴。时文不仅被排除于文的范畴之外,作为异端的最大的弊病是天下人不学圣人之经,不学圣人之道。上引《怪说中》石介就将时文和圣人之经对立,指出天下人为时文而不为圣人之经,他在《明禁》中也曰"淫文害正,则经籍息也"①。孙复也认为天下士人学习时文而不再研习儒家经典,他在给范仲淹的书信中论道:"国家踵隋唐之制,专以辞赋取人,故天下之士,皆奔走致力于声病偶对之间,探索圣贤之阃奥者,百无一二。"②可见,他们将儒道衰落的一个原因归结为天下人研习时文,而不再去研习"圣人之经",也就是时文影响到儒家经典的权威性。将"时文"增列为佛老之后的新异端,从理论上解构了其存在的价值与意义,进一步确立了儒家经典及著述的绝对正统地位。

孙、石等人一方面建立了新的"贤人谱系",进一步完善了韩愈的道统论;一方面将时文列为新的异端加以排斥。总的来看,他们是继承了韩愈复兴儒学的事业,根据其所处的时代环境进一步发展了韩愈的道统论,而在这一过程中展现出鲜明的实践性特征。

三、排斥异端的论争

"泰山学派"文人略显极端的主张和作风即使在同盟内也不被认可,在当时的处境比较孤立。石介和欧阳修之间关于复兴儒学的论争就持续数年,进而引发欧阳修完善复兴儒学的理论,写出著名的《本论》,开启了儒学复兴的新阶段。

(一)分歧的开端

石介、孙复将佛老与时文列为害道之异端,带领一帮弟子及同道

---

① 〔宋〕石介:《明禁》,〔宋〕石介著,陈植锷点校:《徂徕石先生文集》卷五,第66页。
② 〔宋〕孙复:《寄范天章书(一)》,曾枣庄等主编:《全宋文》第19册,第290页。

展开猛烈的攻击。他们最终的目的是要从制度上消除佛老和时文，"距退杨、墨，然后孟子之功胜也；排去佛、老，然后吏部之道行也"①，儒学复兴必须要排去异端。对于如何排去异端石介曾经提出极端的方式，其《明四诛》曰："夫佛、老者，夷狄之人也，而佛、老以夷狄之教法乱中国之教法，以夷狄之衣服乱中国之衣服，以夷狄之言语乱中国之言语，罪莫大焉，而不诛……不为孔子之经，而淫文浮词聋瞀天下后生之耳目，罪莫大焉，而不诛。"②他提出要将一切为异端之人皆诛灭之。孙复《儒辱》也云："由汉魏而下，迄于兹千余岁，其源流既深，其本既固，不得其位，不剪其类，其将奈何！其将奈何！"③石介、孙复作为群体领袖，他们的言论在群体中极具号召力和代表性。京东文人集团主要成员政治地位不高，没有能力从制度上去诛灭异端，他们能做的只是坚决不为异端，并著书立说，奔走呼吁，广结同盟，希望能引起当政者的认同，达到从制度上彻底消灭异端的目的。

这种旗帜鲜明的斗争方式确实在当时产生了一定的效果，但是却不被当世所认可。石介作《怪说》三篇，"上篇排佛、老，下篇（笔者按：当为中篇，下篇乃佛老、时文共言之）排杨亿。于是新进后学不敢为杨、刘体，亦不敢谈佛、老"④，此言略显夸饰地肯定了石介排斥异端的成绩。但石介曾经多次论及敌众我寡的不利局面，如《怪说下》曰："然今举中国而从佛、老，举天下学杨亿之徒，亦云众矣。"⑤朝廷

---

① ［宋］石介：《与范思远书》，［宋］石介著，陈植锷点校：《徂徕石先生文集》卷十六，第 192 页。
② ［宋］石介：《明四诛》，［宋］石介著，陈植锷点校：《徂徕石先生文集》卷六，第 71 页。
③ ［宋］孙复：《儒辱》：曾枣庄等主编：《全宋文》第 19 册，第 310 页。
④ ［宋］朱熹：《五朝名臣言行录》卷十引《吕氏家塾记》，《四库丛刊》本。
⑤ ［宋］石介：《怪说下》，［宋］石介著，陈植锷点校：《徂徕石先生文集》卷五，第 63 页。

也始终没有颁布有效的法令禁止佛老和时文，京东文人集团反异端的影响力其实是极其有限的。即使是复兴儒学的同盟，也对他们的主张和做法认可度不高。石介、孙复在京东发起复兴儒学运动之时，同时具有影响力的是以欧阳修、尹洙为首的洛阳文人集团。宋人叶梦得《避暑录话》言石介"始唱为辟佛老之说，行之天下。文忠初未有是意，而守道力论其然，遂相与协力，盖同出韩退之"①。石介和欧阳修确实发生过一场持续数年的论争，其内容涉及佛老和时文，这次论争促进了欧阳修深入思考儒学复兴的问题。

景祐（1034—1037）初年，石介和欧阳修之间展开了是否要"摈斥"时文和佛老的论争。欧阳修景祐元年（1034）在洛阳时收到石介的一封信，但是直到景祐二年回到京城才给石介回信。欧阳修在回信中对石介反佛老与时文的做法进行了驳斥，其信曰：

> 近于京师频得足下所为文，读之甚善。其好古闵世之意，皆公操自得于古人，不待修之赞也。然有自许太高、诋时太过，其论若未深究其源者，此事有本末，不可卒然语，须相见乃能尽。然有一事，今详而说，此计公操可朝闻而暮改者，诚先陈之。②

这封书信经常被学者征引以证明欧阳修对石介为文怪诞的批评，但是笔者认为欧阳修此论是针对石介反佛老、时文的主张和做法而言。欧阳修此论有明确的针对性，他在京城读了石介"好古闵世"之文，认为石介"自许太高、诋时太过"，且"论若未深究其源者"。欧阳修信

---

① ［宋］叶梦得撰，徐时仪整理：《避暑录话》卷上，大象出版社，2019 年，第 63 页。

② ［宋］欧阳修：《与石推官第一书》，［宋］欧阳修著，李逸安点校：《欧阳修全集》卷六十八，第 991 页。

中又语焉不详，觉得"不可卒然语，须相见乃能尽"，于是先言石介书法之怪异。欧阳修含糊其辞的责难可以从他的信中略窥一二。

欧阳修的批驳是针对所见石介之文而言，此时他看到的石介之文皆为攻击佛老、时文之作。欧阳修在信中提到他所读的文，曰："君贶（笔者按：王拱辰字君贶，与石介、欧阳修为同榜状元）家有足下手作书一通，及有二像记石本。"①"二像记石本"当为石介在景祐元年（1034）所作的《去二画本记》。石介于景祐元年春郓州任满调任南京留守推官兼提举应天府书院，此年他将应天府书院书库中的佛老之画本移出，并作《去二画本记》刻石。此年他还作有《与君贶学士书》寄予同年状元王拱辰②。石介当是将《去二画本记》附在给王拱辰的信中，因此景祐二年欧阳修在王拱辰处得见石介所作《与君贶学士书》和《去二画本记》。

石介《与君贶学士书》和《去二画本记》分别排斥时文和佛老。《与君贶学士书》乃是石介敦请状元王拱辰和自己结成同道，振兴斯文，在信中石介痛斥时文害道之弊，且对杨亿点名道姓。其文曰：

> 唐去今百余年，独崇仪克嗣吏部声烈，张景仅传崇仪模象，王黄州、孙汉公亦未能全至。崇仪、贾公疏、刘子望又零丁羁孤不克振，故本朝文章视于唐差劣。复自翰林杨公唱淫辞哇声，变天下正音四十年，眩迷盲惑，天下曈曈晦晦，不闻有雅声。常谓流俗益弊，斯二人遂丧，恐恐焉大惧圣人之道绝于地，欲以一毫

---

① ［宋］欧阳修：《与石推官第一书》，［宋］欧阳修著，李逸安点校：《欧阳修全集》卷六十八，第991页。
② 关于二文的写作时间可参陈植锷著，周秀蓉整理《石介事迹著作编年》第44、48页。

发、一缕丝维持之。①

信中所言"翰林杨公"即为杨亿。石介点名道姓地斥责杨亿"唱淫辞哇声,变天下正音"。他希望王拱辰能和他一道"力排贬斥淫辞哇声,独以正音鼓唱乎群盲众迷,将廓然开明乎天下耳目"②。《去二画本记》则力排佛老,其文曰:

> 且自伏羲至于神农,神农至于黄帝,黄帝至于尧、舜,尧、舜至于禹、汤,禹汤至于文、武,文、武至于周公,周公至于孔子,孔子之时,中国犹一人治也,道由一途出也。有老子生焉,然后仁义废而礼教坏;有佛氏出焉,然后三纲弃而五常乱。呜呼! 老与佛,贼圣人之道者也,悖中国之治者也。③

石介不仅将书院书库中佛老之图书清除,而且撰写文章痛斥佛老"贼圣人之道",并刻石以警戒来者,可谓态度坚决。

欧阳修提到的石介二文,皆为反佛老和斥时文之作。当初石介写给欧阳修的第一封信今已不存,但是我们有理由推测内容应该与《与君贶学士书》相去不远。此时二人还只是一般的同年关系,欧阳修想通过石介书法之怪来旁敲侧击,委婉地劝告石介"就之于中庸"。但是性格耿介的石介却挑明了二人的分歧,在回信中和欧阳修展开了正面辩论。石介在信中对欧阳修的指责并不认可,不承认自己书

---

① [宋]石介:《与君贶学士书》,[宋]石介著,陈植锷点校:《徂徕石先生文集》卷十五,第 180 页。

② [宋]石介:《与君贶学士书》,[宋]石介著,陈植锷点校:《徂徕石先生文集》卷十五,第 181 页。

③ [宋]石介:《去二画本记》,[宋]石介著,陈植锷点校:《徂徕石先生文集》卷十九,第 228 页。

法"好异以取高",但是却坦承自己确有"自异于众者",那就是自己义无反顾地反对佛老和时文。石介在《答欧阳永叔书》曰:

> 仆诚亦有自异于众者,则非永叔之所谓也。今天下为佛、老,其徒嚣嚣乎声,附和响应,仆独挺然自持吾圣人之道;今天下为杨亿,其众哓哓乎口,一倡百和,仆独确然自守圣人之经。凡世之佛、老、杨亿云者,仆不惟不为,且常力摈斥之。天下为而独不为,天下不为而独为,兹是仆有异乎众者。①

景祐二年(1035)石介已经由相对偏僻的郓州来到政治、文化都比较活跃的南京,此年石介已经正式邀请孙复前往泰山组建联盟,此时也正值石介反对佛老和时文的热情最为高涨时期。石介在信中毫无保留地表明了自己"不惟不为,且常力摈斥"佛老、杨亿的主张。此当是欧阳修"不可卒然语"者。当石介毫无回避地将二人分歧点挑明的时候,欧阳修在回信中对石介的做法进行了直接批驳,其《答石推官第二书》曰:

> 足下又云"我实有独异于世者,以疾释老,斥文章之雕刻者",此又大不可也。夫释老,惑者之所为;雕刻文章者,薄者之所为。足下安知世无明诚质厚君子之不为乎?足下自以为异,是待天下无君子之与己同也。仲尼曰:"后生可畏,安知来者之不如今也。"是则仲尼一言,不敢遗天下之后生;足下一言,待天下以无君子。此故所谓大不可也。夫士之不为释老与雕刻文章

---

① [宋]石介:《答欧阳永叔书》,[宋]石介著,陈植锷点校:《徂徕石先生文集》卷十五,第177页。

者,譬如为吏而不受货财,盖道当尔,不足恃以为贤。①

同为复兴儒学和提倡古文者,欧阳修却认为石介不可"以疾释老,斥文章之雕刻者"而自异于人。欧阳修文中用了一个"疾"字,当指石介痛斥佛老、时文害道且极力"摈斥"之的主张,这也正是欧阳修与石介的分歧点。欧阳修也是站在儒家正统立场主张佛老、时文不足为,这一点他和石介一致,但是他却不认可石介将一切为佛老和时文者都置于对立面加以彻底否定。石介将佛老、时文皆视为异端之学,而为异端之学的人也皆归为异端进行排斥。在欧阳修看来,佛老和时文,不为之则可,"疾"之则不可,这也是欧阳修认为石介"论若未深究其源者"。

(二)欧阳修的态度

是否"摈斥"佛老和时文成为二人的分歧点。相对石介、孙复,欧阳修对时文和佛老采取较为包容的态度。欧阳修和石介展开激烈辩论之时,是他刚刚结束洛阳任期不久,而他在洛阳期间就和石介极力抵斥的西昆派文人有着密切的联系,正如程千帆、吴新雷《两宋文学史》中所言"欧阳修倡导诗文革新的起点是在洛阳,而且恰恰就是在西昆派钱惟演的手下成长起来的"②。欧阳修天圣九年(1031)释褐为西京留守推官,此时他的长官正是西昆派主将之一的西京留守钱惟演。当时欧阳修和谢绛、尹洙、梅尧臣等一批年轻文人汇集西京,诗酒风流,相互砥砺,形成了影响深远的洛阳文人集团,而这一切都与钱惟演的提倡和促进有着极大的关系。王辟之《渑水燕谈录》曰:

---

① [宋]欧阳修:《与石推官第二书》,[宋]欧阳修著,李逸安点校:《欧阳修全集》卷六十八,第994页。
② 程千帆、吴新雷:《两宋文学史》,第38页。

　　天圣末,欧阳文忠公文章三冠多士,国学补试国学解,礼部奏登甲科,为西京留守推官,府尹钱思公、通判谢希深皆当世伟人,待公优异。公与尹师鲁、梅圣俞、杨子聪、张太素、张尧夫、王几道为七友,以文章道义相切劘。①

洛阳三年是欧阳修人生中重要的阶段,与尹洙、梅尧臣"日为古文诗歌",钱惟演作为政治长官和文学前辈为这一群风华正茂的后辈营造了一个良好的成长环境。欧阳修在回忆这段往事的时候,也对钱氏奖掖后进的精神感怀备至,他在《书怀感事寄梅圣俞》一诗中曰:"幕府足文士,相公方好贤。希深好风骨,迥出风尘间……"②欧阳修对杨亿、钱惟演、刘筠的诗作也颇为推许,其《六一诗话》曾如是品评西昆派文人诗作:

　　杨大年与钱、刘数公唱和。自《西昆集》出,时人争效之,诗体一变。而先生老辈,患其多用故事,至于语僻难晓。殊不知自是学者之弊。如子仪《新蝉》云:"风来玉宇乌先转,露下金茎鹤未知。"虽用故事,何害为佳句也?又如"峭帆横渡官桥柳,叠鼓惊飞海岸鸥",其不用故事,又岂不佳乎?盖其雄文博学,笔力有余,故无施而不可,非如前世号诗人者,区区于风云草木之类,为许洞所困者也。

　　西洛故都,荒台废沼,遗迹依然,见于诗者多矣。惟钱文僖公一联最为警绝,云:"日上故陵烟漠漠,春归空苑水潺潺。"③

---

① ［宋］王辟之撰,吕友仁点校:《渑水燕谈录》卷四,第40页。
② ［宋］欧阳修:《书怀感事寄梅圣俞》,［宋］欧阳修著,李逸安点校:《欧阳修全集》卷五十二,第730页。
③ ［宋］欧阳修:《六一诗话》,［宋］欧阳修著,李逸安点校:《欧阳修全集》卷一百二十八,第1955页。

欧阳修认为西昆派三位主将杨亿、刘筠、钱惟演"雄文博学,笔力有余,故无施而不可",学识宏博,诗法高妙,非后辈能够轻易模仿。欧阳修早年曾为了科举在"杨、刘之作"上下过功夫,任职洛阳,"而尹师鲁之徒皆在,遂相与作为古文"①。但他并没有完全放弃"偶俪之文"的写作,对四六文并没有多少偏见,皇祐元年(1049)欧阳修在《论尹洙墓志铭》中曰:"偶俪之文苟合于理,未必为非,故不是此而非彼也。"②此语可以看出欧阳修对"时文"的一贯态度,他虽然提倡古文,但并不完全否定时文,对"偶俪之文"的态度相当包容,且多有取法。

欧阳修一直以儒家正统自居,早在他和石介论辩之前就已经表现出反对佛老的思想倾向,但是他对佛老的态度又比较复杂。相关的材料很多,学界也有不少探讨,笔者下面通过谢绛《游嵩山寄梅殿丞》中所记载的"叩厥真旨"一事发明之。

明道元年(1032)九月欧阳修和谢绛、尹洙等人同游嵩山,谢绛《游嵩山寄梅殿丞》一文详细地记录了此次行踪,并寄给未能赴会的梅尧臣分享山水之乐。但此文流传着两个不同的版本。《宋史》本传曾记载谢绛有文集十五卷,但早已经散佚,其诗文散见于各种选集、类书、方志中。就笔者所见,《游嵩山寄梅殿丞》存于宋人编选的两种著作中,一为南宋吕祖谦编《宋文鉴》;一为周必大、周纶父子所编次修订的《欧阳文忠公集》附录四。比对可以发现,《欧阳文忠公集》附录四所载的《游嵩山寄梅殿丞》多出两段文字:

① ［宋］欧阳修:《记旧本韩文后》,［宋］欧阳修著,李逸安点校:《欧阳修全集》卷七十三,第 1056 页。

② ［宋］欧阳修:《论尹洙墓志铭》,［宋］欧阳修著,李逸安点校:《欧阳修全集》卷七十二,第 1046 页。

1. 世所谓仙人者,仆未知其有无。果有,则人世不得不为其轻蔑矣。

2. 既而与诸君议,欲见诵《法华经》汪僧。永叔进以为不可,且言圣俞尝云斯人之鄙,恐不足损大雅一顾。仆强诸君往焉,自峻极东南,缘险而径下三四里。法华者,栖石室中,形貌,土木也;饮食,猿鸟也。叩厥真旨,则软语善答,神色晬正。法道谛实,至论多矣,不可具道,所切当云:古之人念念在定,慧何由杂;今之人念念在散,乱何由定。师鲁、永叔扶道贬异,最为辩士,不觉心醉色怍,钦叹忘返,共恨圣俞闻缪而丧真甚矣。①

明清方志、选集中此文也存在这种情况,如明《文章辨体汇选》与《嵩书》缺此两段文字;明《古今游名山记》、清《河南通志》《嵩山志》则有此两段文字。基本可以推定谢绛《游嵩山寄梅殿丞》在流传过程中出现了两个版本。这两个版本除了有无上引两段文字的区别之外,其余只是个别字词的异同。笔者认为之所以出现两个版本,不是在流传过程中出现脱文,而是有意删除,删除者正可能是谢绛本人,下文将试论之。

谢绛最初寄给梅尧臣的《游嵩山寄梅殿丞》具有这两段文字。他在寄给梅尧臣《游嵩山寄梅殿丞》不久之后,又给梅尧臣写了一封信,其文如下:

绛曰:前自嵩岭回,即致书左右,本为与足下不得同此盛事,诸君所共叹恨。自入山至还府,凡一登临、一谈话、一饮食间,必广记而备言之,欲使足下览见本末,与夫方驾连襜之不若,间可

① [宋]谢绛:《游嵩山寄梅殿丞》,[宋]欧阳修著,李逸安点校:《欧阳修全集》附录卷四,第2717页。

以助发一笑,勤勤在此尔。及辱报,反谓诧兹行而陋中春之游,疑足下遽答使者,视前书之未之详也。虽讽阅郑重,然秘不示外。何则? 非诸君本意,恐传之而惑,方欲道此以干聪明而未敢也。忽得五百言诗,自始及末,诵此游观之美,如指诸掌,而又语重韵险,亡有一字近浮靡而涉缪异,则知足下于雅颂为深……今足下以文示人为略,以诗晓人为精,吾徒将不足游其藩,况敢与奥阼也! 叹感叹感。不宣。绛顿首。[1]

从谢绛信中可知,此次游嵩山梅尧臣未能同往,于是谢绛将游嵩山经历"广记而备言之",从而与梅尧臣分享"盛事",以弥补不能同游之憾。梅尧臣收到谢绛《游嵩山寄梅殿丞》一文之后,根据谢文写了一首长达五百字的诗歌,"自始及末,诵此游观之美,如指诸掌"。谢氏所提及的梅尧臣诗歌今存于世,题为《希深惠书言与师鲁永叔子聪几道游嵩因诵而韵之》。比对谢文和梅诗,可以发现梅诗是对谢文的复述,二则内容基本一致,只是内容更为凝练。梅尧臣诗歌中有一段内容和上引"叩厥真旨"内容对应,其诗曰:

东崖暗壑中,释子持经咒,于今二十年,饮食同猿狖。君子聆法音,充尔溢肤腠,尝期蹑屐过,吾侪色先愀,遂乖真谛言,兹亦甘自咎。[2]

由此可知,谢绛寄给梅尧臣的文中是具有这一段文字的。谢绛将《游

---

[1] [宋]谢绛:《又答梅圣俞书》,曾枣庄等主编:《全宋文》第20册,第57页。

[2] [宋]梅尧臣:《希深惠书言与师鲁永叔子聪几道游嵩因诵而韵之》,[宋]梅尧臣著,朱东润编年校注:《梅尧臣集编年校注》卷二,上海古籍出版社,2006年,第37页。

嵩山寄梅殿丞》寄给梅尧臣之后便感到不安,特意又写了一封信给梅,便是上引《又答梅圣俞书》。细细玩味谢绛《又答梅圣俞书》,可以发现这封信实则责备梅尧臣,因为梅尧臣不仅将《游嵩山寄梅殿丞》一文公布于众,而且还"以诗晓人"。此前谢绛叮嘱过梅尧臣此文"秘不示外",因为"恐传之而惑"。细观《游嵩山寄梅殿丞》一文,除了上引两段之外,其余文字都是一般的游览观感,并没有什么内容不可示外的。再回头看上引两段,这两段文字确实牵涉到敏感问题,足以引起谢绛的不安。

不难发现,这两段文字关涉到这一行人对于佛老的态度。第一段写谢绛由登高望远而想到"神仙"。神仙乃为道家之流,这里隐约之间有对神仙的艳羡和崇慕。第一段还是谢绛本人的一时感发,第二段则是涉及了被谢绛视为"扶道贬异,最为辩士"的欧阳修和尹洙。欧阳修、尹洙在平时都以儒家正统自居,坚决反对佛老,但二人在聆听了这位高僧"软语善答"之后,"不觉心醉色作,钦叹忘返"。欧阳修和尹洙前后表现的巨大差异足以看出二人对佛教态度的矛盾,一方面在公开场合大力宣扬排佛,另一方面私下又表现出对佛法的敬慕。这不仅足以"传之而惑",而且对二人的声誉也有极大的影响。谢绛因此才会写信责怪梅尧臣,但是《游嵩山寄梅殿丞》最初的版本已经流传出去,后来极有可能是谢绛在整理自己文集的时候将这段文字删去,同时也将自己涉及崇慕神仙的一段删去。因此,我们现在得以看到两个不同的版本。虽然谢绛苦心积虑,但是还是留下了一些线索让我们得以一窥欧阳修乃至洛阳文人群体诸多成员对佛老矛盾的态度:他们一方面"扶道贬异",另一方面对佛老"心醉色作"。从以上分析可知欧阳修和石介对待佛老和时文的态度存在差异,相对石介而言欧阳修表现得更具有包容性。

(三)摈斥与修本

欧阳修从儒家正统立场"扶道贬异",但没有高呼"摈斥"。也可以看出,其所贬之"异"也是指佛老,而不包括"时文"。他们这次论争并没有结束,庆历(1041—1048)初二人又有一次交锋,而这次欧阳修则形成了系统的理论,从而完成了著名的《本论》。

庆历初石介通过《赠张绩李常序》再一次向欧阳修表明自己排异端的坚定立场。庆历元年(1041),还在徂徕山丁忧讲学的石介作《赠张绩李常序》送别准备参加科考的张绩、李常二位弟子,此序除了盛赞二人才华之外,更多的是石介在宣扬自己的一贯主张。其文开篇曰:

> 孔子之大道,为异端侵害,不容于世实三千年,诸公能维而持之,不能排而去之。维之持之,道不绝矣。不去其害,道终病矣。韩文公所谓"不塞不流,不止不行"是也。予不自揆度,乃奋独力,直斥其人而攻之,我寡彼徒众,反攻予者日以千数,视予之肉,虎动吻而狼磨牙,赖圣君天覆地容,得免于祸。①

石介再一次强调自己复兴儒学的主张,圣人之道害于异端,复兴圣人之道则必须"去其害",而且表述更为简洁明了,这可以看作他多年复兴儒学思想的总结。为何在一篇赠序中如此强调自己排斥异端的主张?此一方面反映了石介复兴儒学时的急迫和焦虑,念兹在兹,试图通过一切可能的方式宣扬自己的排佛主张;另一方面他此赠序预设了潜在的读者——欧阳修。庆历二年(1042)欧阳修官居集贤校理,且是此年别头试考官,曾有大批举子先后拜见过欧阳修,石介的这两位弟子也在拜见欧阳修的举子之列。欧阳修为此作《读张李二生文赠石先生》,其诗曰:

---

① ［宋］石介:《赠张绩李常序》,［宋］石介著,陈植锷点校:《徂徕石先生文集》卷十八,第215—216页。

先生二十年东鲁，能使鲁人皆好学。其间张绩与李常，剖琢珉石得天璞。大圭虽不假雕琢，但未磨礲出圭角。二生固是天下宝，岂与先生私褚橐。先生示我何矜夸，手携文编谓新作。得之数日未暇读，意欲百事先屏却。夜归独坐南窗下，寒烛青荧如熠爝。病眸昏浊乍开缄，灿若月星明错落。辞严意正质非俚，古味虽淡醇不薄。千年佛老贼中国，祸福依凭群党恶。拔根掘窟期必尽，有勇无前力何荦。乃知二子果可用，非独词坚由志确。朝廷清明天子圣，阳德汇进群阴剥。大烹养贤有列鼎，岂久师门共藜藿。予惭职谏未能荐，有酒且慰先生酌。①

石介向欧阳修极力推荐张、李二生，并请欧阳修予以推荐，欧阳修的诗歌是对此事的回应。张、李二人拜见了欧阳修并献上自己的文章，石介这篇赠序自然会作为介绍信呈给欧阳修。二生文今已不可见，但从欧阳的诗歌可以看出，排斥异端是他们文章的主要内容，想必思想主张与石介类似。欧阳修礼貌地对二子进行了赞扬，并委婉拒绝了石介的请托。而就在此年，欧阳修写出了《本论》两篇②，这也是欧阳修对复兴儒学问题的第一次系统性思考。

《本论》没有将攻击佛法之危害作为核心。韩愈在中唐发起了以立道统、排佛老、作古文为核心的"古文运动"，此思潮被北宋士人所继承。"攻佛法之害政，昌黎之说尽之。攻佛法之害人心，晦庵之说尽之"③，韩愈而下的儒生排佛基本是针对佛老的各种危害展开批

---

① ［宋］欧阳修：《读张李二生文赠石先生》，［宋］欧阳修著，李逸安点校：《欧阳修全集》卷二，第24—25页。
② 欧阳修有《本论》三篇，上篇言治国之本，中下篇言排佛之本；中下篇收入《居士集》卷十七，上篇收入《外集》卷九。
③ ［宋］黄震撰，王廷洽等整理：《黄氏日抄》卷六十一，大象出版社，2019年，第164页。

判,"诋佛"成为大多数排佛之文的路数。欧阳修少时读"浩然无涯"之韩文而有志于接续韩愈事业。黄震读《本论》后认为:"欧阳公所谓上续昌黎斯文之传者,正以辟佛一事。然《本论》不过就昌黎改易新说,而适以消刚为柔,如闭关息兵,惟敌之纵。"①与韩愈不同,欧阳修"排佛"却不"诋佛",林纾也有类似的看法:"以文字论,《本论》即追踪于《原道》……此篇格局较《原道》为稍平衍,然不肯道佛之坏处,但说先王之道陵夷衰微,故佛得乘间而入……文且不骂煞佛教……不类昌黎剑拔弩张,斥之禽兽夷狄,措语较为平和。"②《本论》斥佛法危害的文字简短,只有如下几句:"彼为佛者,弃其父子,绝其夫妇,于人性甚戾,又有蚕食虫蠹之弊。"③这和韩愈《原道》《论佛骨表》、石介《怪说》《中国说》、孙复《儒辱》等"剑拔弩张"地攻击佛老之危害不同,欧阳修只是简略罗列,确实是"措语较为平和"。可见,"诋佛"并非《本论》的重点。

和"诋佛"相比,《本论》斥排佛者更为用力。《本论中》开篇就交代了自己的写作动机:

> 佛法为中国患千余岁,世之卓然不惑而有力者,莫不欲去之。已尝去矣,而复大集,攻之暂破而愈坚,扑之未灭而愈炽,遂至于无可奈何。是果不可去邪? 盖亦未知其方也。④

韩愈在中唐辟佛,但是收效甚微。随着韩愈及其追随者的去世,辟佛

---

① ［宋］黄震撰,王廷洽等整理:《黄氏日抄》卷六十一,第 164 页。
② 洪本健编:《欧阳修资料汇编》四"清代",中华书局,1995 年,第 1293 页。
③ ［宋］欧阳修:《本论下》,［宋］欧阳修著,李逸安点校:《欧阳修全集》卷十七,第 291 页。
④ ［宋］欧阳修:《本论中》,［宋］欧阳修著,李逸安点校:《欧阳修全集》卷十七,第 288 页。

运动逐渐沉寂。宋初以来,士人承续韩愈辟佛事业,或著书立说以排之,或奔走呼吁以辟之,但是有宋一代佛教并未衰微。儒生排佛甚至激起了释子主动吸取儒学精髓,援儒以卫宗护教。面对如此局面,欧阳修对"世之卓然不惑而有力者"的排佛方法产生了质疑,认为他们没有弄清病因,开错了药方,未能对症下药,所以疗效甚微,甚至全无。欧阳修对历来排佛者的成绩几乎全盘否定。《本论中》直斥排佛者不知本,然后从历史的角度论证了佛乃乘"王政阙,礼义废"而进入中国。《本论》充分体现了欧公之文纡余委备、平澹造理的特点。但即使婉转迂回的风格中,他对历来排佛儒生的浅陋主张的斥责也依然遮掩不住。如果说韩愈以明佛老之危害唤起世人的警惕,从而达到启蒙的目的,那么《本论》则隐约地透露出欧阳修对芸芸众生蒙昧的痛心疾首。而欧阳修《本论》的用意并非要唤醒芸芸众生,他所要唤醒的是"世之卓然不惑而有力者"。

　　欧阳修所斥责的"世之卓然不惑而有力者"为谁?后世大多认为欧阳修是批驳韩愈,其实他矛头的现实指向是石介、孙复等人。《本论下》明确批驳了韩愈的辟佛主张,曰:"奚必曰'火其书'而'庐其居'哉!"①众所周知,此是韩愈《原道》中提出的排佛主张。欧阳修为何在三百年之后如此大张旗鼓对韩愈展开驳斥呢?此是因为韩愈有着石介、孙复等一批拥趸者,他的排佛主张在当下极具市场。石介集结了孙复、士建中、孔道辅等人以复兴儒道、继承韩愈事业为己任。京东儒生以一种蓬勃粗豪的气势,向佛老发起了新一轮猛烈的攻击,在景祐(1034—1037)、庆历(1041—1048)年间影响较大。他们的排佛主张几乎完全照搬韩愈,如石介《怪说》、孙复《儒辱》等文,基本是重申韩愈的观点。石介公然辟佛确实要早于欧阳修,二人关于辟佛

――――――

① [宋]欧阳修:《本论下》,[宋]欧阳修著,李逸安点校:《欧阳修全集》卷十七,第292页。

之方式也有过比较深入的探讨,之前欧阳修也含蓄地表达了对石介粗暴的辟佛言论的不满。《本论》可以看作是欧阳修再次对石介排佛主张的公开回应,如其文中指出:"幸而有一不惑者,方艴然而怒曰:佛何为者,吾将操戈而逐之! 又曰:吾将有说以排之!"[1] "操戈而逐之""有说以排之"正是石介、孙复等排斥异端的主张和做法。前引孙复赠石介诗,曰:"攘臂欲操刀仗戈,力与熙道攻浮伪。"石介也以此自许,和士建中、孙复结成了志同道合的联盟。这里说的"操戈"是个比喻,实指以文为武器,攻击佛老、时文等害道之异端。欧阳修也曾如此评价石介,其《读徂徕集》曰:"尤勇攻佛老,奋笔如挥戈。"[2]石介、孙复作为一介儒生,排佛基本停留在言论的阶段,也就是"以文排佛"。他们继承了韩愈"人其人,火其书,庐其居"的排佛主张,要从制度上消灭佛教,而这必须要获得当权者的认同和支持。从韩愈到石介的诸多排佛儒生,大多官位不显,只能是"不惑者",不能称作"有力者"。欧阳修"世之卓然不惑而有力者"一语多少带有一丝反讽的意味。欧阳修认为儒生"以文反佛"根本没有效果,其《本论中》曰:"夫千岁之患遍于天下,岂一人一日之可为? 民之沉酣入于骨髓,非口舌之可胜。"[3]在他看来,民众中毒已深,已非言论所能唤醒,但这种粗暴的言论还可能起到相反作用。韩愈而下排佛者的言论在欧阳修的眼里不过是口舌之争,根本无法达到排佛目标。欧阳修不只是否定了韩愈以来的排佛主张,也否定了"以文排佛"的方式。

　　排佛方式的分歧本质上是复兴儒学策略的分歧。欧阳修《本论》

---

① [宋]欧阳修:《本论中》,[宋]欧阳修著,李逸安点校:《欧阳修全集》卷十七,第290页。

② [宋]欧阳修:《读徂徕集》,[宋]欧阳修著,李逸安点校:《欧阳修全集》卷三,第43页。

③ [宋]欧阳修:《本论中》,[宋]欧阳修著,李逸安点校:《欧阳修全集》卷十七,第290页。

否定了韩愈开创的排佛方式,其根本原因是欧阳修不认为佛教是造成儒道衰落的根本原因。因此,复兴儒学的首要目标并非是排斥异端,而是重新确定礼义在政治、社会各方面的主导地位。在这一点上,欧阳修和石介存在分歧。

欧阳修对于异端害道有着独特的理解。佛被视为害道的异端,这个观点在韩愈之后的很长时间占据着主流地位。欧阳修也认为佛老是有危害的,对儒家仁义道德具有破坏性,但是他不认为可以摧毁王政礼义。儒道丧失主导地位的根本原因是自身衰落,作为夷狄的佛教不过是乘虚而入,加速了儒道衰败。佛教逐渐取代儒教在政治、社会生活中的主体地位,加快了儒学价值体系的坍塌。《本论中》曰:"夫医者之于疾也,必推其病之所自来,而治其受病之处。病之中人,乘乎气虚而入焉。则善医者,不攻其疾,而务养其气,气实则病去,此自然之效也。"①以疾病为喻,认为我华夏"气虚"体弱,才感染佛这个外来的疾病。进而从正反两个方面论证:当王政明而礼义充时,任何邪僻异端皆不能入;而当王政阙而礼义废之时,邪僻异端则乘机而入,危害我华夏正统。在欧阳修看来,作为异端的佛教并非道衰的根本原因,只是一味加速剂。

思想的分歧决定双方采用不同的复兴儒学策略。前文已经论及石介等人继承了韩愈的复兴儒学思想和策略:排斥异端和宗经明道并举,破与立相结合。虽然石介、孙复等也主张宗经明道,且在经学义理方面有较多创获,但是他们明显更加倾向破异端以存道,几乎将复兴儒学等同于破异端。欧阳修则不认可这种策略,而是主张以立其本为主。北宋排佛的儒生一定程度上都继承了韩愈立道统以排异端的学说,但是欧阳修似乎对韩愈的道统并不感兴趣,他的思想体系

① [宋]欧阳修:《本论中》,[宋]欧阳修著,李逸安点校:《欧阳修全集》卷十七,第288页。

中并没有明确的道统,甚至排斥道统。明道二年(1033),其《与张秀才棐第二书》指出:"然而述三皇太古之道,舍近取远,务高言而鲜事实,此少过也。"[1]石介、孙复等发展韩愈的道统,把谱系的源头追溯到三皇五帝之时,此在欧阳修看来无疑是混蒙虚无的。欧阳修更是在信中指出,孔子则只言祖述尧舜,而今人反要传尧舜之前三皇五帝之道,实则是"务高言而鲜事实"。那么,在欧阳修看来,韩愈及其后辈所言的道统定是极其虚无荒谬的,只是不切实际的空论而已。自然,他也会怀疑立道统以排异端的合理性和有效性。欧阳修在《本论中》直言要清除佛教的危害,不在破,而是在立。曰:

> 昔战国之时,杨、墨交乱,孟子患之而专言仁义,故仁义之说胜,则杨、墨之学废。汉之时,百家并兴,董生患之而退修孔氏,故孔氏之道明而百家息。此所谓修其本以胜之之效也。[2]

在他看来,孟子和董仲舒能够在各种异端蜂起的时代确立儒家学说的独尊地位,不是通过各种方式对异端进行攻击,而是采取言仁义、修孔氏的"修其本"的方式。此皆为立,而非破。欧阳修"修其本"则是恢复"蒐狩、婚姻、丧祭、乡射之礼",由此而达到王政明、礼义充。"蒐狩、婚姻、丧祭、乡射之礼"皆为五经所载三代之制度,此也可以视作宗经明道并通经致用。在复兴儒学的策略上,欧阳修主张以立为主,而韩愈与石介、孙复等人则主张以破为主。《本论》主张"修其本以胜之",与韩愈而下儒生的排佛方式有着本质的差异。

---

[1]　［宋］欧阳修:《与张秀才棐第二书》,［宋］欧阳修著,李逸安点校:《欧阳修全集》卷六十七,第 978 页。
[2]　［宋］欧阳修:《本论中》,［宋］欧阳修著,李逸安点校:《欧阳修全集》卷十七,第 290 页。

　　欧阳修提出了新的排佛策略，看似更加理性，也更加切实可行，但是实际的效果如何呢？《本论》为排佛提供了一种理论构想，但是这种理论是否获得认可呢？他是否结束了儒释之间的口舌之争呢？这些答案都是否定的。

　　欧阳修在韩愈之后提出了一种新的排佛策略，但是排佛的功效并不明显。在探讨唐宋儒生辟佛之时，学者一般都认为经过韩愈到宋代理学家的不断努力取得了最终的胜利，欧阳修在这个过程中起到了关键性突破作用。宋人陈善《扪虱诗话》云：

　　　　退之《原道》辟佛老，欲人其人、火其书、庐其居。于是儒者咸宗其语。及欧阳公作《本论》，谓莫若修其本以胜之，又何必人其人、火其书、庐其居也哉！此论一出，而《原道》之语几废。①

此语对欧阳修排佛功绩的评价很具有代表性，后世持此观点者多祖述之。但宋代的佛教并没有因此而出现衰落之势，纵观元明清，佛教似乎都没有呈现颓败之势。欧阳修的排佛主张也未被后世广泛认可。朱熹认为《本论》是一篇好文章，说得巧妙，但并不晓义理，曰："如文章之士，下梢头都靠不得。且如欧阳公初间做《本论》，其说已自大段拙了，然犹是一片好文章，有头尾。"②在朱熹看来，"蒐狩、婚姻、丧祭、乡射之礼"在理论上可以对抗佛教心性之学，但是根本不具有实践意义，《本论》只不过是一篇平易造理之文而已。明茅坤评价《本论》曰："欧阳公于佛氏之旨犹多模糊，而所谓'修其本以胜之'，

---

① ［宋］陈善撰，查清华整理：《扪虱诗话》卷十一，大象出版社，2019 年，第319 页。
② ［宋］黎靖德编，王星贤点校：《朱子语类》卷一百三十九，第 3310 页。

恐非区区礼文之习而行之之所能胜也。"①认为欧阳修主张恢复礼义的做法,根本无法战胜佛教。后来之人多不认可和接受欧阳修的排佛主张,欧阳修否定了前人的排佛策略,他的策略也被后人否定。

欧阳修也没有达到自己的预设目标。《本论》倡导结束口舌之争的排佛方式,转化为具体的实践。此是《本论》写作的潜在目标,或许也正是欧阳修的主要意图。《本论下》曰:"其所以胜之之道,非有甚高难行之说也,患在忽而不为尔。"②他认为要想战胜佛,不在说,而是在为。但是宋代的排佛者并没有在实践上取得突破,基本还是停留在口舌之争。两宋的儒佛论辩可谓激烈,一直没有消停。儒生排佛,基本可以称为"诋佛",即站在捍卫儒学正统的立场上批判佛教。随着理学的产生发展,批判不再停留在华夷、伦理、社会经济等表层,开始转向对佛教所擅长的心性论、本体论展开攻击,试图通过精致细微的思辨摧毁佛教的理论根基。此时的理学大师们基本都深研佛经,精通佛教教义,开始吸收佛教之精华为我所用。韩愈、欧阳修对佛理不精,也因此成为批判的对象,南宋罗大经云:"韩文公、欧阳公皆不曾深看佛书,故但能攻其皮毛。"③欧阳修的排佛主张在后学看来,也和他批判的韩愈一样肤浅。纵观两宋,排佛之儒生与护教之释子之间一直呶呶不休。儒生一直试图通过自己的学说战胜佛教,这在欧阳修看来恐怕是徒劳的口舌之争,非胜佛之道。然而《本论》并没有结束儒生"诋佛"的排佛方式。

《本论》显示了欧阳修对排佛的自信,他坚信只要采取正确的策

---

① 洪本健编:《欧阳修资料汇编》三"明代",第 568 页。
② [宋]欧阳修:《本论下》,[宋]欧阳修著,李逸安点校:《欧阳修全集》卷十七,第 292 页。
③ [宋]罗大经撰,王瑞来点校:《鹤林玉露》乙编卷四,中华书局,1983 年,第 195 页。

略就可以战胜佛教,取得排佛的胜利。在后世的儒学最终战胜佛教的大叙事背景下,欧阳修《本论》也被推崇为胜利中的关键一环。显然,这个结论是经不住细致推敲的。

欧阳修一生中多次论及排佛,但是除了系统的《本论》之外,其余大多为随机、零散的。晚年他将《本论》中下篇保存在《居士集》中,也可以看出欧阳修一以贯之的排佛主张和态度。《本论》除了提出一种新的排佛策略之外,也是对当下儒生"不知本"的排佛方式的批判。从韩愈到北宋的石介、孙复,儒生排佛渐渐发展为激进的攻击,而欧阳修提出了一种相对理性,也更具有操作性的排佛方式。从复兴儒学的大背景来看,欧阳修主张从注重斥异端转向宗经明道、经世致用,由重破转向重立。他的排佛主张虽然并没有被后辈所认可,但是后辈们复兴儒学的方式却按照他的设想在进行。理学家们开始构建更为系统精致的新儒学体系,从而可以在心性论、本体论等方面与佛学相抗衡,并形成一代之宋学,《本论》预示了儒学复兴由外向内的转型。

综上所述,石介、孙复等所增列的新异端并不被欧阳修所认可,其摈斥的主张和做法也不被欧阳修所认同。但是石介和欧阳修的论争却一定程度上促使欧阳修系统思考如何复兴儒学的问题,进而提出"修其本以胜之"的主张,儒学复兴逐渐走出了韩愈所开启的排斥异端为主的阶段,走向了对义理心性的探索,显示出思想学术转型的征兆。

第二节　"宗经明道"以立其本

孙复、石介所领导的儒学复兴运动在"破异端"的同时致力于发明圣人经旨以立儒道之本。他们所言的"道"即为孔子的"大中之道",而"大中之道"存于孔子"六经"之中。作为尊道重经的儒生,他们认为汉唐以来的"注疏之学"导致儒道晦暗不明,从而转向宗经明道的治学方式以超越汉唐。庆历年间(1041—1048),学林出现了一股"经学怀疑"的思潮,标示着一种新的经学思想和治经方法正在形成。京东文人是这一思潮的鼓吹者,且最早尝试将新的经学思想纳入官学体系,是"经学变古"的先行者。

一、宗经以明道

前文已经论及丰富发展儒家学说以立其本是京东文人集团复兴儒学重要的一翼,而儒家学说的丰富和发展离不开"经"的阐释。"经"不仅承载圣人之道,而且也是整个儒学体系建立的基础。复兴儒学的文士儒生基本都是打着复古的旗帜从先圣的经典中寻找符合时代需要的思想,孙复、石介等人在这一过程中就表现出强烈的"宗经"倾向。

(一)注疏乱经

孙复、石介等人继承并延续道统,在道统谱系中将孔子列为"圣人之至"。"有德无位"的孔子之所以被认为功绩大于尧舜等"有德有位"的圣人,其中主要的原因则是孔子"笔为六经"。石介《怪说下》曾曰:"孔子,大圣人也。手取唐、虞、禹、汤、文王、武王、周公之道,定以为经,垂于万世。"[①]在他看来,孔子将之前圣人之道"定以为经",才使得圣人之道"垂于万世",其功实高于尧舜。孙复也有类似的表述,其《上孔给事书》曰:

> 所谓夫子之道者,治天下,经国家,大中之道也。其道基于伏羲,渐于神农,著于黄帝、尧、舜,章于禹、汤、文、武、周公。然

---

① [宋]石介:《怪说下》,[宋]石介著,陈植锷点校:《徂徕石先生文集》卷五,第63页。

伏羲而下,创制立度,或略或繁,我圣师夫子,从而益之损之,俾协厥中,笔为六经。由是治天下,经国家,大中之道,焕然而备。①

　　他也是极力推崇孔子"笔为六经"之功,认为孔子"笔为六经"才使得"大中之道,焕然而备"。"道"有一个逐渐发展的过程,孔子"益之损之"才得以完备,成为万世不易之道。圣人之道已经完备于孔子所定的"六经",复兴儒学的理想就是要将"六经"中的"大中之道"施之于今世,按照孔子的理论构建一个理想的社会。作为儒生,"明道"是他们复兴儒学的核心。在一定程度上,他们认为经和道是一体的,"明经"本身就是"明道"。反对佛老、时文的目的也是为"明道""明经"扫清障碍。

　　"宗经明道"则要变革汉唐"注疏之学"。"明经"乃是历代儒生的共同追求,孙复、石介等人企图改革汉代以来"注疏之学",为经学发展寻找新的出路。宋初经学主要延续汉唐,正如清人皮锡瑞《经学历史》所言:"经学自唐以至宋初,已陵夷衰微矣,然笃守古义,无取新奇,各承师传,不凭胸臆,犹汉、唐注疏之遗也。"②两汉确立了以训诂、考据为主的经学传统,唐代朝廷颁布《五经正义》将其统一为官学,这种局面一直延续到宋初。孙复《寄范天章书二》曾对汉唐以来的经学进行了系统的反思,曰:"汉魏而下,诸儒纷然四出,争为注解,俾我六经之旨益乱,而学者莫得其门而入。"③指出汉唐以来纷纭迭出的诸家注疏乱经,更使得圣人之道不明。对于注疏的批驳,石介和孙复的态度是一致的,其《录蠹书鱼辞》以诙谐幽默的笔调痛斥"传

① ［宋］孙复:《上孔给事书》,曾枣庄等主编:《全宋文》第19册,第292页。
② ［清］皮锡瑞撰,吴仰湘编:《经学历史》,中华书局,2015年,第73页。
③ ［宋］孙复:《寄范天章书二》,曾枣庄等主编:《全宋文》第19册,第290页。

注"之害,文曰:

> 蠹书鱼曰:吾尝游于文字间,文字有所残缺者,人则曰吾蠹之故,目予曰"蠹书鱼"。
>
> 夫书岂吾蠹之邪!昔者孔子修《春秋》,明帝王之道,取三代之政,述而为经,则谓之书。其文要而简,其道正而一,所以扶世而佑民,示万世常行不易之道也。后世人有悖之者,则其书或息。其书息,则圣人之道隳坏也,斯得不谓之蠹乎?
>
> 文中子曰:"九师兴而《易》道微,三传作而《春秋》散。齐、韩、毛、郑,《诗》之末也;大戴、小戴,《礼》之衰也……"①

石介首先以《春秋》为例,指出孔子"明帝王之道,取三代之政,述而为经",经书实为"载道"之文。所载之道乃为"扶世而佑民,示万世常行不易之道",即所谓"大中之道"。但是后世多有"悖之者",从而导致圣人之道不传,其中"悖之者"就有汉代诸家的注疏。四家注《诗》与大小戴注《礼》的情况,也是类似,文章并引王通之言以为证。

注疏何以有害于"经"? 首先他们认为注疏多误,不明经旨。京东文人多驳斥注疏之误,士建中曾作大圣人之言,辨注者之误的《畏圣人言论》②,石介作《忧勤非损寿论》对郑玄进行了批驳。郑玄注《礼记》"文王世子"曰:"文王以忧勤损寿,武王以安乐养年。"石介则认为郑玄误解经义,"其害深矣"③。又如其《释汝坟卒章》也是批驳

---

① [宋]石介:《录蠹书鱼辞》,[宋]石介著,陈植锷点校:《徂徕石先生文集》卷七,第81页。

② [宋]石介《上蔡副枢书》,[宋]石介著,陈植锷点校:《徂徕石先生文集》卷十三,第146页。

③ [宋]石介:《忧勤非损寿论》,[宋]石介著,陈植锷点校:《徂徕石先生文集》卷十一,第120—122页。

郑玄笺《诗经》"未达诗人之旨"①。孙复《文王论》一文则是驳斥《左
传》及其注疏之"乖谬",其文曰:

> 《春秋左氏传》:吴公子季札来聘,请观于周乐,见舞象箾、南
> 钥者,曰:"美哉,犹有憾。"说者曰:"憾,恨也。文王恨不及己致
> 太平。"意以谓文王不能夷商纣于当世,取天下于己手,有遗恨
> 焉。愚甚惑之。窃谓季子之是言也,非知乐者也,厚诬于圣
> 人矣。②

"季札观乐"一事《春秋》不载,孙复认为《左传》记载此事不仅厚诬文
王,且违背孔子之意。他认为"古称季札贤明博达,观乐能尽知兴衰,
而于此也,何蒙暗顿惑之若是耶? 逮乎杜预、服虔之徒,复无卓识绝
见以发明之,斯又乖缪之甚也"③,对《左传》违背圣人之意的记载提
出质疑,且进一步批判杜预、服虔注解《左传》延续错误,未能发明圣
人之意。孙复《寄范天章书二》系统批判注疏乱经,曰:

> 专守王弼、韩康伯之说而求于《大易》,吾未见其能尽于《大
> 易》者也;专守左氏、公羊、榖梁、杜预、何休、范宁之说而求于《春
> 秋》,吾未见其能尽于《春秋》者也;专守毛苌、郑康成之说而求
> 于《诗》,吾未见其能尽于《诗》者也;专守孔安国之说而求于
> 《书》,吾未见其能尽于《书》者也。彼数子之说,既不能尽于圣
> 人之经,而可藏于太学、行于天下哉? 又后之作疏者,无所发明,

---

① 〔宋〕石介:《释汝坟卒章》,〔宋〕石介著,陈植锷点校:《徂徕石先生文集》卷
七,第 80 页。
② 〔宋〕孙复:《文王论》,曾枣庄等主编:《全宋文》第 19 册,第 300 页。
③ 〔宋〕孙复:《文王论》,曾枣庄等主编:《全宋文》第 19 册,第 301 页。

但委曲踵于旧之注说而已。①

批驳汉唐以来注不能"尽于经",疏更是固守旧说,皆不能发明经旨,
尽圣人之本心。

其次,他们认为注疏之学的弊病是众说纷纭,割裂经术。孙复、
石介为首的"泰山学派"是庆历前后兴起的"经学怀疑"思潮的重要
鼓吹者,曾被学者称为"疑传派"②。但是他们治经并非彻底否定前
人注疏,而是兼采各家学说,此则后文详论。他们对历来经学家众说
纷糅的情况表示不满,如孙复曾曰:"观夫闻见不同,是非各异,骈辞
赘语,数千百家,不可悉数。"③历代注疏繁多杂乱、割裂经旨被他们
认为是"乱经"的主要原因之一。"是非各异""是非相扰"是他们批
驳注疏之学常用的词语。

上引石介《录蠹书鱼辞》征引了隋代大儒王通的一段话论证注疏
之学有害于经。王通用了"微""散""末""衰"几个词来形容诸家注
疏对经的危害,但是这几个词过于抽象,注疏到底如何危害"经"则不
得而知。其实王通原话说得很明白,只是石介在引用的时候有所删
减。王通《中说》"天地篇"中有这样一段文字:

> 子曰:"盖九师兴而《易》道微,《三传》作而《春秋》散。"贾
> 琼曰:"何谓也?"子曰:"白黑相渝,能无微乎?是非相扰,能无
> 散乎?故齐、韩、毛、郑,诗之末也;大戴、小戴,《礼》之衰也;
> 《书》残于古、今;《诗》失于齐、鲁。汝知之乎?"贾琼曰:"然则无
> 师无传可乎?"子曰:"'神而明之,存乎其人';'苟非其人,道不

---

① ［宋］孙复:《寄范天章书二》,曾枣庄等主编:《全宋文》第 19 册,第 291 页。
② 陈植锷:《北宋文化史论》,中国社会科学出版社,1992 年,第 193 页。
③ ［宋］孙复:《寄范天章书二》,曾枣庄等主编:《全宋文》第 19 册,第 291 页。

虚行'。必也传又不可废也。"①

《中说》是记录王通及其弟子言行的一部语录体著作。上引一段为王通和其弟子贾琼的对话,正是石介引王通之语的出处。从语录可知,贾琼也没有理解王通"九师兴而《易》道微,三传作而《春秋》散"之语的意思。在贾琼的追问之下,王通指出"白黑相渝""是非相扰"是注疏乱经的重要原因。王通说"必也传又不可废",可见他不完全否定"传注",所谓"白黑""是非"即指注疏中对错掺杂,混乱经旨。

石介可能是为行文方便,在引用王通的这段话时有所删减,但是他在《上孙少傅书》中则将王通这段话的意思更为完整地表达出来,其文曰:

> 韩愈死又且数百年,大道之荒芜甚矣,六经之缺废久矣。异端乖离放诞,肆行而无所畏;邪说枝叶蔓引,寖长而无所收。挈正经之旨,崩析而百分之,离先儒之言,叛散而各守之。《春秋》者,孔氏经而已,今则有左氏、公羊、穀梁氏三家之传焉。《周易》者,伏羲、文王、周公、孔子而已,今则说者有二十余家焉。《诗》者,仲尼删之而已,今则有齐、韩、毛、郑之杂焉。《书》者,出于孔壁而已,今则有古今之异焉。《礼》则周公制之、孔子定之而已,今则有大戴、小戴之记焉。是非相扰,黑白相渝,学者茫然慌忽,如盲者求诸幽室之中,恶睹夫道之所适从也?孔子曰:"就有道而正焉。"扬子曰:"万物纷错,则经诸天,众言淆乱,则折诸圣。"②

---

① [隋]王通著,张沛校注:《中说校注》第二,中华书局,2013年,第63—64页。
② [宋]石介:《上孙少傅书》,[宋]石介著,陈植锷点校:《徂徕石先生文集》卷十五,第173页。

此处明确提出注疏有害于"经",其害正是王通所言"是非相扰""黑白相渝",从而导致经旨混乱,使得学者不得其途而入。石介继承了王通的观点,也认为注疏有害于"经"主要是由于造成了诸家"叛散而各守之",经学发生分裂,诸家各持一说,互相抵牾,使得后人不知所从。

(二)独会于经

面对当下经旨混乱、圣人之道晦暗不明的局面,他们提出"独会于经"的治经方法以辨别注疏之误,统一经旨。石介引扬雄《吾子篇》中"万物纷错,则经诸天,众言淆乱,则折诸圣"一语,指出解决"是非相扰"的问题则必须以圣人之说为准则,即为"宗经"。"宗经"也并非完全弃置"传注"不顾,而是要以经为本而又兼采诸家之说,正如石介在评价张洞的"春秋学"之时所言:"出三家之异同而独会于经。"①参考诸家之说,但又不固守旧说,最终的取舍以经为依据。张洞治经方法得之于孙复,孙复对于治经有着更为成熟的思考,他曾请范仲淹重新注解经书,曰:

> 执事亟宜上言天子,广诏天下鸿儒硕老,置于太学,俾之讲求微义,殚精极神,参之古今,核其归趣,取诸卓识绝见大出王、韩、左、谷、公、杜、何、毛、范、郑、孔之右者,重为注解,俾我六经廓然莹然,如揭日月于上,而学者庶乎得其门而入也。②

以经为本,不固守旧说,"参之古今"并断以己意,才能发明经旨。孙

① [宋]石介:《与张洞进士书》,[宋]石介著,陈植锷点校:《徂徕石先生文集》卷十四,第164页。
② [宋]孙复:《寄范天章书二》,曾枣庄等主编:《全宋文》第19册,第291—292页。

复以治《春秋》名世，其特色乃为参考诸家，断以己意。他曾作有《春秋总论》三篇，今已散佚，但是从佚文来看，其体例乃是"先列经文，次引三转或诸家之言，再评衡诸说，断以己意"①。《春秋尊王发微》则是他治经的典范之作，虽然体例不同于《春秋总论》，但也并非弃置诸家之说于不顾，而是"大约本于陆淳，而增新意"②。除了本于陆淳之外，《春秋尊王发微》对《穀梁传》多有借鉴，吸收并强化了《穀梁传》"尊王"的观点，多处释经的内容与《穀梁传》相同，且秉承了《穀梁传》以日月时例解经的体例③。

欧阳修曾经高度评价孙复治经的成就，曰："先生治《春秋》，不惑传注，不为曲说以乱经。其言简易，明于诸侯大夫功罪，以考时之盛衰，而推见王道之治乱，得于经之本义为多。"④此语也可看作对孙复所引领的治经思想和方法的总结。唐代校订《五经正义》以来，经学家坚守"疏不破注"的原则，固守前人之说，发展停滞的经学已经不能符合时代的需要。孙复、石介等人带领一群弟子同道发起了超越汉唐注疏之学的经学改革，通过"宗经"以"明道"，推进经学由"注疏"向"义理"发展。此也为经学开辟了一条新的发展道路，对后世产生了深远的影响，朱熹曾曰："本朝孙石辈忽然出来，发明一个平正底道理自好，前代亦无此等人。如韩退之已自五分来，只是说文章。若非后来关洛诸公出来，孙石便是第一等人。"⑤孙复、石介超越汉唐

----

① 黄觉弘：《孙复〈春秋总论〉佚文及其他》，《山西师大学报（社会科学版）》2009 年第 2 期。

② ［元］脱脱等：《宋史》卷四百三十二，第 12832 页。

③ 刘越峰：《孙复〈春秋〉学思想探源》，《南京师大学报（社会科学版）》2008 年第 6 期。

④ ［宋］欧阳修：《孙明复先生墓志铭》，［宋］欧阳修著，李逸安点校：《欧阳修全集》卷三十，第 458 页。

⑤ ［宋］黎靖德编，王星贤点校：《朱子语类》卷一百二十九，第 3091 页。

注疏,"独会于经"的治经思想和方法已经开启了理学的先声,为后来的儒学深入发展奠定了基础,此也为他们复兴儒学最为坚实的地方。

二、经学变革的先行者

庆历时期(1041—1048)是中国儒学发展的一个关键期,皮锡瑞称之为"经学变古时代"。"经学自汉至宋初未尝大变,至庆历始一大变也"①,此处所言的大变,是指经学不再固守汉唐注疏,而是"疑经惑传",自出新意。庆历时期,"笃守古义,无取新奇,各承师传,不凭胸臆"的汉唐注疏之学仍然是国家确定的"官学",在经筵、国子监讲授以及科举考试中占据着绝对正统地位。但此时"不惑传注""疑经改经"的思潮已经在民间兴起,对传统的"官学"发起冲击,代表人物有孙复、石介、胡瑗、欧阳修、刘敞、李觏等人。其中孙复、石介在庆历二年(1042)进入国子监,最早获得官方认可的"经生"身份,并开始尝试将新经学思想纳入官学体系。

(一)经学变古

经学变古自有其渐,新的经学思想并非肇始于庆历。皮锡瑞"经学变古"之说本于宋人,王应麟《困学纪闻》曰:

> 自汉儒至于庆历间,谈经者守训故而不凿。《七经小传》出而稍尚新奇矣,至《三经义》行,视汉儒之学若土梗。古之讲经者,执卷而口说,未尝有讲义也。元丰间,陆农师在经筵始进讲义。自时阙后,上而经筵,下而学校,皆为支离曼衍之词,说者徒以资口耳,听者不复相问难,道愈散而习愈薄矣。陆务观曰:"唐及国初,学者不敢议孔安国、郑康成,况圣人乎!自庆历后,诸儒发明经旨,非前人所及,然排《系辞》,毁《周礼》,疑《孟子》,讥

① [清]皮锡瑞撰,吴仰湘编:《经学历史》,第73页。

《书》之《胤征》、《顾命》，黜《诗》之《序》。不难于议经，况传注乎！"斯言可以箴谈经者之膏肓。①

南宋陆游、王应麟都将仁宗庆历时期视为经学转变的关键阶段。在这一时期经学观念和解释经学的方法都不再固守汉唐注释之学，其中与汉唐经学最大的区别则是"疑经惑传"，自出新意。王应麟认为刘敞《七经小传》为经学变古的关节，而王安石《三经新义》则尽废"汉儒之学"。陆游则认为庆历之后，诸儒"排《系辞》，毁《周礼》，疑《孟子》，讥《书》之《胤征》、《顾命》，黜《诗》之《序》"，不仅怀疑汉唐注疏，而且对经文本身也开始质疑，经学已经进入"非前人所及"的时代。皮锡瑞在引用这段文字时曾经有过一段按语，曰：

> 宋儒拨弃传、注，遂不难于议经。排《系辞》，谓欧阳修。毁《周礼》，谓修与苏轼、苏辙。疑《孟子》，谓李觏、司马光。讥《书》，谓苏轼。黜《诗序》，谓晁说之。此皆庆历及庆历稍后人。可见其时风气实然，亦不独咎刘敞、王安石矣。②

皮锡瑞更加赞成陆游之说，其按语也大体不错，但对陆游之说未加详辨。欧阳修"排《系辞》""毁《周礼》"、李觏"疑《孟子》"的时间都在庆历之前，没有提及的孙复、石介等人的"不惑传注"的思想大约在景祐初年形成。其实细细追溯，民间一直存在与"官方"不同的经学观念。前文已经提到隋代大儒王通已经不满于汉唐章句之学，批判诸家注疏："白黑相渝，能无微乎？是非相扰，能无散乎？"中唐以啖助、

---

① ［宋］王应麟撰，［清］翁元圻注，孙通海点校：《困学纪闻注》卷八"经说"，中华书局，2016 年，第 1192 页。
② ［清］皮锡瑞撰，吴仰湘编：《经学历史》，第 63—74 页。

赵匡、陆质为首的春秋学派更是"不守训故",突破固守章句的注疏之学,《新唐书·啖助传赞》曰:"啖助在唐,名治《春秋》,撅诎三家,不本所承,自用名学,凭私臆决,尊之曰'孔子意也',赵、陆从而唱之,遂显于时。"①宋初柳开更是"凡诵经籍,不从讲学,不由疏义,悉晓其大旨。注解之流,多为其指摘"②。新的经学思想一直没有消失过,只是一直被排除在国家主流经学之外,而在庆历前后在山林中形成了一时风气,《宋元学案·士刘诸儒学案序录》曰:

> 庆历之际,学统四起。齐、鲁则有士建中、刘颜夹辅泰山而兴。浙东则有明州杨、杜五子,永嘉之儒志、经行二子,浙西则有杭之吴存仁,皆与安定湖学相应。闽中又有章望之、黄晞,亦古灵一辈人也。关中之申、侯二子,实开横渠之先。蜀有宇文止止,实开范正献公之先。筚路蓝缕,用启山林……③

除了上述人士之外,此时活跃的先生还有江西的周敦颐、李觏,河南的邵雍,四川的苏洵。其中大部分都是草泽之士,或是闭门著述,或是讲学山林,在各地展开新儒学建设,促进"宋学"的形成。

(二)变"山林之学"为"官学"的尝试

庆历时期(1041—1048),分散在各地的"山林之学"逐渐开始向中央汇集,其中最早在京城形成影响力的是"泰山学派"的成员。在先后兴起的诸多学统中,孙复、石介领导"泰山学派"与胡瑗领导的"安定学派"在当时影响最大,也最先形成规模,《宋元学案·安定学

① [宋]欧阳修、宋祁撰,中华书局编辑部点校:《新唐书》卷二百,中华书局,1975年,第5708页。
② [宋]张景:《柳公行状》,曾枣庄等主编:《全宋文》第13册,第354页。
③ [清]黄宗羲原撰,[清]全祖望补修,陈金生等点校:《宋元学案》卷六,第251—252页。

案序录》曰："宋世学术之盛,安定、泰山为之先河。"①孙复、石介和胡瑗先后在庆历二年(1042)和皇祐四年(1052)成为国子监直讲。石介、孙复是最早一批进入国子监的"山林之学",标志着分散在各地的"山林之学"开始进入到国家教育和学术的中心。

国子监是国家最高教育部门,也是"官学"权威的代表。宋初国子监官员一般选取博通经术且有出身者担任,教学内容一般以讲授经学为主。另外,国子监还承担着校定经书的职能。《困学纪闻》卷八引《国史·艺文志》云:"后唐诏儒臣田敏校《九经》,镂本于国子监。国初,广诸义疏音释,令孔维、邢昺雠定颁布。"②宋代延续了唐国子监校定刊刻经书的制度,"北宋朝廷校定群经工作由国子监主持,构成人员也以国子监官员为绝对主力,但馆阁等其他单位有时处于协作地位"③。无论是教授经术还是刊刻校定经书,国子监都代表官方经学权威,掌控着经典的解释权。

国子监官员一般都在儒林中拥有极高的地位。《宋史·儒林传》所记载的"硕儒"大多数都有国子监任职的经历,朱熹也直接将理学的发端者上溯到早期的国子监官员。弟子问朱熹"本朝道学之盛,岂是衮缠"之时,朱熹曾如是说:

> 亦有其渐。自范文正以来已有好议论,如山东有孙明复,徂徕有石守道,湖州有胡安定,到后来遂有周子程子张子出。故程子平生不敢忘此数公,依旧尊他。④

---

① [清]黄宗羲原撰,[清]全祖望补修,陈金生等点校:《宋元学案》卷一,第23页。

② [宋]王应麟撰,[清]翁元圻注,孙通海点校:《困学纪闻注》卷八"经说",第1183页。

③ 顾永新:《北宋国子监校定群经考》,《宋代文化研究》第15辑,2008年。

④ [宋]黎靖德编,王星贤点校:《朱子语类》卷一百二十九,第3089—3090页。

范仲淹、孙复、石介、胡瑗四人被朱熹列为理学的先导者,四人都具有国子监任职的经历。范仲淹在景祐年间(1034—1037)曾判国子监,孙复、石介、胡瑗三人都是被范仲淹先后举荐到国子监任职,成为著名的"太学三先生"。朱熹所言"好议论"乃是从儒学发展的角度而言,自然包括治经不再固守注疏,而以议论解经,也渐开阐发义理的风气。孙复、石介、胡瑗皆是儒生,三人中只有石介为科举出身,孙复、胡瑗皆由草泽而升任国子监直讲。他们在儒学史和文化史中获得如此高的地位,自然离不开他们国子监官员的身份。这些民间"大儒"获得国子监官员的身份,从一定程度上可以获得官方和民间的双重认可。

孙复、石介等人早在景祐初年就已经有意识地进入国子监实施他们经学改革的措施。景祐二年(1035),范仲淹自请判国子监。他在推动政治改革的同时一直致力兴学,同时也是儒学复兴、经学改革的拥趸者。此年孙复曾两次上书判国子监范仲淹,推荐石介、士建中任职国子监,并提出经学改革的主张。其《寄范天章书一》曰:

> 夫太学者,教化之根本,礼义之渊薮,王道之所由兴,人伦之所由正,俊良之所由出……今执事既茬是学也,将行是道也,非一手一目之所能,必须博求鸿儒硕能,尽知舜、禹、文、武、周公、孔子之道者,增置学官相左右之,俾朝讲夕议舜、禹、文、武、周公、孔子之道,以教育乎国子也。复窃尝观于今之士人,能尽知舜、禹、文、武、周公、孔子之道者鲜矣。何哉?国家踵隋唐之制,专以辞赋取人,故天下之士,皆奔走致力于声病偶对之间,探索圣贤之阃奥者,百无一二。①

---

① [宋]孙复:《寄范天章书一》,曾枣庄等主编:《全宋文》第19册,第289—290页。

孙复认为太学地位重要,为国家教化之根本,应该讲议"舜、禹、文、武、周公、孔子之道"。但如今的国子监并没有发挥应有的作用,"天下之士、皆奔走致力于声病偶对之间,探索圣贤之阃奥者,百无一二"。因此孙复希望通过增置学官,"博求鸿儒硕能,尽知舜、禹、文、武、周公、孔子之道者",进而促进国子监师生研习圣人之道,改变士子沉溺于"时文"的风气。他极力举荐自己的同道石介、士建中出任国子监官员,以强化国子监的儒学教学,从而垂范天下。孙复较早地意识到国子监是儒学复兴的重要阵地,也提出对国子监进行改革的初步设想。在第二封信中,孙复提出了重新注解经书的设想。《寄范天章书二》中说:

> 国家以王弼、韩康伯之《易》,左氏、公羊、穀梁、杜预、何休、范宁之《春秋》,毛苌、郑康成之《诗》,孔安国之《尚书》,镂板藏于太学,颁于天下。又每岁礼闱设科取士,执为准的。多士较艺之际,有一违戾于注说者,即皆驳放而斥逐之。①

前文已经征引了这封书信中的一些文字论证孙复认为诸家注疏并不能"尽于圣人之经",甚至"注疏乱经"。此处需要进一步说明的是,孙复意识到国子监在经学研究中的主导地位以及其固守传统所带来的弊端。前文也已经提到孙复请范仲淹"广诏天下鸿儒硕老,置于太学,俾之讲求微义,殚精极神,参之古今,核其归趣,取诸卓识绝见大出王、韩、左、谷、公、杜、何、毛、范、郑、孔之右者,重为注解,俾我六经廓然莹然,如揭日月于上,而学者庶乎得其门而入也"。他希望国子监吸收新的成员按照"不惑传注""断以己意"的方法重新注解经书,从而推动经学改革。

---

① ［宋］孙复:《寄范天章书二》,曾枣庄等主编:《全宋文》第19册,第291页。

无论是加强儒学教育还是改革经学,孙复都提出要广求"鸿儒硕老"置于国子监。他所言的"鸿儒硕老"便是自己的盟友石介和士建中,当然也包括他自己,皆为新经学思想的提倡者。庆历二年(1042),以范仲淹为首的新党在政治上获得了仁宗的支持,大批成员得到了提拔,孙复、石介作为"庆历改革"的支持者也在范仲淹等人的举荐下相继来到国子监。在推行政治改革的同时,孙复和石介在国子监也发起了经学改革。

学界基本上留意孙复、石介在太学雷厉风行地罢黜时文,提倡古文的举措,而往往忽视他们进行的经学革新。讲授经学是孙复、石介在国子监的主要教学内容。朱长文《春秋通志序》记载:

> 本朝孙明复隐泰山三十年,作《尊王发微》,据经推法,洞究终始,不取三《传》,独析诸圣人之言,明诸侯、大夫功罪,得于经之本指为多。庆历中,仁宗皇帝锐意图治,以庠序为教化之本,于是兴崇太学,首善天下。乃起石守道于徂徕,召孙明复于泰山之阳,皆主讲席。明复以《春秋》,守道以《易》学。士大夫翕然向风,先经术而后华藻。①

孙复、石介的到来,在国子监乃至京城掀起了研治经术的热潮。二人在国子监"力相赞和,期兴庠序",对讲授经学表现出极大的热情。《倦游杂录》记载:"石介性纯古,学行优敏,以诱掖后进,敦奖风教为己任。庆历中,在太学,生徒咨问经义,日数十人,皆怡颜和气,一一为讲解,殊无倦色。"②他们在国子监不再固守传统注疏之学,而是讲

---

① ［宋］朱长文:《春秋通志序》,曾枣庄等主编:《全宋文》第 93 册,第 151 页。
② ［宋］张师正撰,李裕民整理:《倦游杂录》卷五,大象出版社,2019 年,第 93 页。

授"多异先儒"的经义,《续资治通鉴长编》卷一百四十九曰:

> (庆历四年五月)壬申,幸国子监,谒至圣文宣王。有司言旧
> 仪止肃揖,帝特再拜,赐直讲、大理评事孙复五品服。又幸昭烈
> 武成王庙,遂幸玉津园,观种稻,燕从臣,赐园卒钱帛。寻召复为
> 迩英阁祇候说书。杨安国言其讲说多异先儒,乃罢之。①

杨安国景祐(1034—1037)初由国子监直讲迁崇政殿说书,属于侍经
筵者。侍经筵者往往在国子监官员和通明经术的大臣中选拔,是国
家经学的最高权威。杨安国以"五经及第",精通汉唐注疏之学,"考
求其说,亡过人者"②,属于固守传统的经生。他以孙复之说"多异先
儒"而阻止他进入侍经筵者的行列。从以上的例子可以看出,孙复和
石介在国子监时期,以"不惑传注""断以己意"的经学思想教授诸
生,将新经学思想带入国子监,并且向国家经学权威发起挑战。

　　孙复、石介在国子监时间并不久,因为"庆历党争"和"孔直温
案"相继在庆历四年(1044)、五年(1045)离开国子监。他们共同在
国子监的两年时间,正值宋初建国以来国子监最为繁盛时期,生员多
达几千人。他们宣扬新经学思想,将长期散在各地的"山林之学"在
首善之地产生影响。"经学变古"是一个漫长的过程,其源头可以追
溯到隋代,彻底走出"汉唐注疏之遗"大约在北宋熙宁年间。这一过
程也可以看作在野之新经学逐渐被确立为官学的过程,庆历年间孙
复、石介出任国子监直讲是这一转化进程的重要关节点。

　　孙复、石介为首的京东文人集团是庆历前后致力于尊道复古的

---

① [宋]李焘撰,上海师范大学古籍整理研究所、华东师范大学古籍整理研究所
　点校:《续资治通鉴长编》卷一百四十九,第3609页。
② [元]脱脱等:《宋史》卷二百九十四《杨安国传》,第9828—9829页。

一个士人团体,核心精神是要确立孔子"大中之道"在国家社会生活中的绝对主导地位。群体成员普遍将儒道之式微归结为异端的侵害和汉唐注疏不明圣人之道。因此,他们以破立并行的方式复兴儒道:一方面排斥异端为复兴"大中之道"扫除障碍;一方面越过汉唐注疏之学,直接回归圣人经典以发明"大中之道"。复兴儒道的本质是一场思想变革,在复古的基础上创新,构建一套符合时代和自身所在阶层需要的思想体系。思想变革从中唐时期甚至更早在民间已经开始萌芽,一直在渐进发展,活跃在山林宿儒之中。北宋庆历年间(1041—1048)是一个重要的时间点,旧的体系还处于主导地位,但新的体系已经具备和旧体系相抗衡的实力。京东文人集团出现在庆历这一关节点,自发地参与构建和传播新思想体系,并主动向旧体系发起冲击。破除旧体系存在的基础成为首要任务,于是异端和先儒旧说就成为他们的革新对象,这也使得他们始终在紧张状态下进行儒道复兴,言行也充满斗争的色彩。虽然京东文人将破和立视为复兴儒道的两翼,但无疑破成为他们的用力点,而在立的方面略显薄弱。他们属于过渡性的人物,上承韩愈复兴儒道的事业,下启二程性理之学,在宋学和宋型文化的形成过程中起着重要的推动作用。

第四章 京东文人的文学观念和创作

京东文人集团是一个学术性群体,也是一个文学性群体,致力于反对西昆体时文和提倡古文,在京东路掀起了一次"古文运动"的热潮。石介、孙复在庆历二年(1042)先后入国子监为直讲又将这股思潮带到了京城,形成了深远的影响。他们的理论主张比较接近宋初柳开,将文和道视为一体,排斥艺术性,以"儒者之言"和时文进行对抗,对于廓清西昆体卑弱浮靡文风功不可没。文学史家往往以现代的文学观审视和评价京东文人,在肯定其排斥西昆体时文之功时而否定其"重道轻文"的文学观和创作实绩。然而京东文人集团作为一个特殊的存在,他们的文学观和文学创作具有一定的历史意义。本章力图突破以往研究的束缚,结合具体的历史语境探讨他们的文学思想和文学创作。京东文人大多都为通经大儒,兼治经学和文学,他们的文学思想和创作带有浓厚的经学特征,主张作文以六经为范式,写作"根柢经术"的儒者之文。集团核心成员是一群尊道复古的师生,科举时文和他们的价值观相背离,不擅长时文写作是他们的共性,这使得诸多成员在科举考试中处于弱势。因此反对西昆体时文符合群体自身的利益,主张"时文害道"也是在为科举改革提供理论支持。

第一节　经学家的文学主张

孙复、石介为首的京东文人是经学之士也是文章之士,一方面讲授经学,探讨经义,主张超越汉唐注疏,倡导经学改革;一方面反对时文,提倡创作古文,推动着宋初"古文运动"的发展。身份上的重合导致经学思想和文学思想相互交融,他们提倡宗经,文当以六经为式。

一、文以宗经

四库馆臣曾如是评价孙复的文章:

> 盖宋初承五代之弊,文体卑靡。穆修、柳开始追古格,复与尹洙继之……然复之文,根柢经术,谨严峭洁,卓然为儒者之言。与欧苏曾王千变万化、务极文章之能事者,又别为一格。①

此语可谓真知灼见,道出孙复之文的独特性。欧阳修、苏轼、曾巩、王安石代表着北宋古文创作的高峰,也是北宋古文家的主流一脉。其中,苏轼、曾巩都是欧阳修的后辈弟子,可以视作洛阳文人集团的承续。孙复是京东文人集团的思想领袖,被视作一代"文宗儒师"。孙复的文章在当时确实别具一格,其鲜明的特色便是"根柢经术"的儒者之文。这不只是孙复的个人特色,也是为数众多的京东文人的共同追求。

孙复及其弟子都表现出强烈的文以宗经的思想。在第三章已经论及孙复、石介等在复兴儒学的过程中表现出强烈的尊经倾向,认为

① [清]永瑢等:《四库全书总目》卷一百五十二《孙明复小集一卷》"提要",中华书局,1965 年,第 1312 页。

"大中之道"完备于孔子六经,视六经为治国修身的最高准则。同时他们也将孔子六经视为文的典范。孙复在教授经义之时也和弟子探讨为文之法,《答张洞书》即是这样的一封书信,曰:

> 夫文者,道之用也;道者,教之本也。故文之作也,必得之于心而成之于言。得之于心者,明诸内者也;成之于言者,见诸外者也。明诸内者,故可以适其用;见诸外者,故可以张其教。是故《诗》、《书》、《礼》、《乐》、《大易》、《春秋》皆文也,总而谓之经者也,以其终于孔子之手,尊而异之尔,斯圣人之文也。后人力薄,不克以嗣,但当佐佑名教,夹辅圣人而已。①

孙复此信向自己的学生张洞讲解作文之法。在孙复看来六经皆为孔子所作之文,称为经是"尊而异之",因此后人之文将不能超越"六经","六经"也自然为后世树立了文的最高典范。孔子"六经"不仅是文,同时也是道,其终极意义是用于教化,这又将文道合一。他认为为文之先则是"得之于心",也即是"明道","明道"的途径则是师经。因此,为文则必须师经。

为文宗法圣人之经成为群体的共同追求。石介在为孙复新建的泰山书院所作的记文中,在列举了孙复几篇代表作之后高度赞扬"先生述作,上宗周、孔,下拟韩、孟"②,表达了对孙复宗法圣人之文的认同。石介也曾在和弟子辈探讨为文之旨之时,表达了和孙复类似的观点,其《送龚鼎臣序》曰:

---

① ［宋］孙复:《答张洞书》,曾枣庄等主编:《全宋文》第19册,第293—294页。
② ［宋］石介:《泰山书院记》,［宋］石介著,陈植锷点校:《徂徕石先生文集》卷十九,第224页。

　　　　山阳龚辅之学为古文,问文之旨。鲁人石介对曰:"夫与天
地生者,性也;与性生者,诚也;与诚生者,识也。性厚则诚明矣,
诚明则识粹矣,识粹则其文典以正矣。然则,文本诸识矣。圣人
不思而得,识之至也;贤人思之而至,识之几也。《诗》、《易》、
《书》、《礼》、《春秋》,言而为中,动而为法,不思而得也。孟、荀、
扬、文中子、吏部,勉而为中,制而为法,思之而至也。至者,至于
中也,至于法也。至于中,至于法,则至于孔子也。至于孔子而
为极焉,其不至焉者,识杂之也,甚者为杨、墨,为老、庄,为申、
韩,为鬼、佛。识杂之为害也如此。"①

　　和孙复一样,石介在和弟子谈论作文之法时同样将孔子五经(孙复
《答张洞书》所列为六经,《乐》已不传,故曰"五经")作为文的最高
典范,以经为文的范式是他们共同倡导的作文之法。孙复认为文
之本于心,而石介认为"文本诸识","识粹则其文典以正矣"。石介
认为由性而至诚,由诚而至识。纯粹的识是圣人先天具有的一种品
质和能力,可以通过"不思而得"。孔子是圣人之尊,《诗》《易》《书》
《礼》《春秋》则是"识之至",也为"文之至"。而贤人则可以通过
"思"接近孔子的境界,此也为普通人的为文之道。此处所言的"思"
其实是对经典的学习体悟,所要达到的"识"也是要"一焉于圣人之
道,妖惑邪乱之气无隙而入焉。于斯文也,其庶几矣"②。石介所言
的"本诸识"和孙复所言的"明诸内"基本相似,都是"明道",学习圣
人经典。

---

① [宋]石介:《送龚鼎臣序》,[宋]石介著,陈植锷点校:《徂徕石先生文集》卷
　十八,第213—214页。
② [宋]石介:《送龚鼎臣序》,[宋]石介著,陈植锷点校:《徂徕石先生文集》卷
　十八,第214页。

　　以六经为范式是北宋古文家比较普遍的观念。在这一点上孙复、石介和大多数古文家是一致的,只是他们作为比较纯粹的道学家强烈地排斥艺术技巧。宋初的柳开和王禹偁都主张文以六经为式。柳开《东郊野夫传》曰:"既而所著文章,与韩渐异,取六经以为式。"①王禹偁《答张扶书》也告诫后辈:"今为文而舍六经,又何法焉?"②同样提倡为文当师法六经,但是柳开和王禹偁二人的侧重点不同。王禹偁主张为文师法六经,但是主要强调师其意,学习六经"句之易道,义之易晓"的特点,对骈辞华藻并不排斥,采取较为开放的态度。而柳开将文和道视为一体,认为"文恶辞之华于理,不恶理之华于辞"③,主张文要符合六经之旨,从而排斥辞藻,甚至将艺术技巧视作"道"的对立面。孙复、石介都极力推崇柳开,精神气质也更为接近柳开,他们将六经视为文的范式,同时也表现出对艺术技巧的排斥。

二、不尚浮华

　　石介、孙复等人皆认为"辞赋害道",将讲求辞藻、对偶、声律的辞赋视作有害于道的异端。孙复在《答张洞书》中就对华美之文进行批判,曰:

　　　　自西汉至李唐,其间鸿生硕儒,摩肩而起,以文章垂世者众矣,然多杨墨佛老虚无报应之事、沈谢徐庾妖艳邪侈之言杂乎其中,至有盈编满集,发而视之,无一言及于教化者。此非无用瞽

① [宋]柳开:《东郊野夫传》,[宋]柳开撰,李可风点校:《柳开集》卷二,中华书局,2015年,第6页。
② [宋]王禹偁:《答张扶书》,曾枣庄等主编:《全宋文》第7册,第396页。
③ [宋]柳开:《上王学士第三书》,[宋]柳开撰,李可风点校:《柳开集》卷五,第58页。

言,徒污简策者乎?①

孙复此言除了批判了掺杂"杨墨佛老"异端思想之文,还批判了过分追求艺术形式的六朝骈文俪句。"沈谢徐庾"即为沈约、谢灵运、徐摛父子及庾信父子,都以文采出众,尤其是徐摛父子和庾信父子更是宫体诗人的代表,以文风浮艳名于世。石介在这方面表现得比孙复更为鲜明,他强烈排斥杨亿及西昆体,对声韵格律之言大加挞伐。他曾经如此评价士建中的文章:"性识通敏,经术深明,读书不取其语辞,直以根本乎圣人之道;为文不尚其浮华,直以宗树乎圣人之教。"②可以看出他们对艺术性的排斥,不尚浮华甚至成为创作的追求。

"重道轻文"的主观追求导致他们文风质而无文,从而为文不像欧阳修、苏轼、曾巩、王安石那样"千变万化、务极文章之能事"。徐积也曾有过类似的表述,曰:

> 人当先养其气,气完则精神全,其为文则刚而敏,治事则有果断,所谓先立其大者也。故凡人之文,必如其气……近世孙明复及石徂徕之文,虽不若欧阳之丰富新美,然自严毅可畏。③

兼具道学家与文士身份于一身的孙复、石介之文气势充沛,严毅可畏。孙复、石介之文追求义理纯正,而在遣词造句、谋篇布局方面不过分用意,用当今的文学标准审视就显得文学性不足。欧阳修是北

---

① [宋]孙复:《答张洞书》,曾枣庄等主编:《全宋文》第19册,第294页。
② [宋]石介:《代郓州通判李屯田荐士建中表》,[宋]石介著,陈植锷点校:《徂徕石先生文集》卷二十,第241页。
③ [清]黄宗羲原撰,[清]全祖望补修,陈金生等点校:《宋元学案》卷一"安定学案"之"节孝徐仲车先生积"语录,第38页。

宋仁宗时期的"文宗",其文"纡余委备,往复百折,而条达疏畅,无所间断;气尽语极,急言竭论,而容与间易,无艰难劳苦之态"①,极尽文章之能事。和欧阳修"丰富新美"的文章比起来,孙、石等人之文自然显得质木无文,甚至略显鄙野。

欧阳修曾含蓄地表达过对"泰山学派"文人的评价。景祐四年(1037),还未中举的祖无择向身在夷陵的欧阳修投文求教,欧阳修给祖无择写了一封回信,曰:

> 足下所为文,用意甚高,卓然有不顾世俗之心,直欲自到于古人。今世之人,用心如足下者有几? 是则乡曲之中,能为足下之师者谓谁? 交游之间,能发足下之议论者谓谁? 学不师则守不一,议论不博则无所发明而究其深。足下之言高趣远,甚善,然所守未一而议论未精,此其病也。窃惟足下之交游,能为足下称才誉美者不少,今皆舍之,远而见及,乃知足下是欲求其不至,此古君子之用心也,是以言之不敢隐。
>
> 夫世无师矣,学者当师经。师经必先求其意,意得则心定,心定则道纯,道纯则充于中者实,中充实则发为文者辉光,施于世者果毅……②

欧阳修也是主张为文当师经,但是并不排斥艺术性。他认为世无良师,学文则当师经。只有对经典达到正确深刻的理解才能发为"辉光"之文。欧阳修此处的议论和孙复、石介并无多大区别,但在他看

---

① [宋]苏洵:《上欧阳内翰第一书》,[宋]苏洵撰,曾枣庄等笺注:《嘉祐集笺注》卷十二,上海古籍出版社,1993年,第328—329页。

② [宋]欧阳修:《答祖择之书》,[宋]欧阳修著,李逸安点校:《欧阳修全集》卷六十九,第1009—1010页。

来，儒家经典不只是"道"，同时也是具有艺术性的"文"。景祐元年
（1034）欧阳修在《代人上王枢密求先集序书》曰："某闻《传》曰：'言
之无文，行而不远。'君子之所学也，言以载事，而文以饰言，事信言
文，乃能表见于后世。《诗》、《书》、《易》、《春秋》，皆善载事而尤文
者，故其传尤远。"①欧阳修认为圣人的经典之所以能够流传千古是
因为兼具思想性和文学性。因此他所言文当师经不只是在单纯地学
习体悟经典的大义，也应该包括对文学性的学习。《答祖择之书》含
蓄地表达了对京东孙复、石介之文的评价。欧阳修认为师道不存，学
者为文才不得不转向师经。他在信中曰："是则乡曲之中，能为足下
之师者谓谁？交游之间，能发足下之议论者谓谁？"此或是自谦不足
为祖无择授业解惑。但是此语或有深意，因为祖无择并非无相与议
论的师友。祖无择"少从穆修为古文，又从孙复受《春秋》"。穆修和
孙复都是一代大儒，在经学和古文方面都为一时之师。景祐四年
（1037），虽然穆修已经去世，但此时祖无择正在孙复门下，并与石介
游。因此，祖无择不可谓无师友。欧阳修此语在一定程度上隐含着
对孙复、石介、祖无择等京东文人的总体看法，也表达了对京东道学
家之文的不认同。

　　京东道学家之文极度追求立意高远、纯正，正如欧阳修所言祖无
择文章"用意甚高""言高趣远"。孙复曾对文章写作动机和内容作
了比较详细的描述，曰：

> 　　或则列圣人之微旨，或则名诸子之异端，或则发千古之未
> 寤，或则正一时之所失，或则陈仁政之大经，或则斥功利之末术，
> 或则扬贤人之声烈，或则写下民之愤叹，或则陈天人之去就，或

---

① ［宋］欧阳修：《代人上王枢密求先集序书》，［宋］欧阳修著，李逸安点校：《欧
　阳修全集》卷六十八，第984页。

　　则述国家之安危,必皆临事摭实,有感而作。①

　　孙复所言的皆为文的内容,所说的十类基本可以归结为发明经旨、维护道统以及表达儒家的政治伦理关怀。在孙复看来,文章思想才是关键。而他所表述的内容皆为纯粹的儒道,也就是四库馆臣所言的儒者之言。欧阳修认为祖无择之文"用意甚高""言高趣远",但"所守未一而议论未精",其文还存在一些不足之处。不只是认为祖无择之文"未精",欧阳修也曾经论及石介等人之文"有所不足"。苏辙在《颍滨遗老传上》记录了欧阳修品评文章的一段话:

　　　　父曰眉山先生,隐居不出,老而以文名天下,天下所谓老苏者也。欧阳文忠公以文章独步当世,见先生而叹曰:"予阅文士多矣,独喜尹师鲁、石守道,然意常有所未足。今见君之文,予意足矣!"②

　　这可能是欧阳修与苏洵私下的一次谈话,苏辙在晚年将之公之于众。苏辙的意图是为其父扬誉,但也透露了欧阳修对一些古文家的态度。欧阳修初见苏洵在嘉祐(1056—1062)初,此时尹洙、石介已经去世。后世学者将石介误为孙复,大概是时孙复尚且在世,欧阳修不方便言及,虽然只提及尹、石二人,但"有所不足"似可以看作欧阳修对宋初以来古文家的总体看法③。相对于穆修、尹洙而言,孙复、石介更加

───────────

① [宋]孙复:《答张洞书》,曾枣庄等主编:《全宋文》第 19 册,第 294 页。

② [宋]苏辙:《颍滨遗老传上》,[宋]苏辙撰,曾枣庄等校点:《栾城集》卷十二,上海古籍出版社,2009 年,第 1280 页。

③ [元]马端临《文献通考》卷二百三十四引林希逸语:"竹溪林氏曰:本朝古文,自尹、穆始倡为之。然二公去华就实,可谓近古,而未尽变化之妙,所以欧公谓老泉曰:'于文得尹师鲁、孙明复而意犹不足。'此语见子由作 (转下页注)

重道轻文,文风与文学思想也与欧阳修差异更大。想必在欧阳修看来,孙复、石介等的文章在思想和艺术方面都显得"未精""未足"。

"重道轻文"的观念和创作具有一定的现实意义。京东士人受柳开影响较大,他们的文道观和柳开具有较深渊源。柳开曾如是定义古文:"古文者,非在辞涩言苦,使人难读诵之;在于古其理,高其意,随言短长,应变制,同古人之行事,是谓古文也。"①柳开否定了文的艺术性,文的形式完全要服从于内容,而为文的根本原则是"古其理,高其意"。孙复、石介在自我身份认同上更倾向于儒生,儒家正统的政治、伦理、学术思想无疑是他们文章首要的表现内容。他们主要是针对盛行的西昆体卑弱华靡文风进行文章革新。西昆体的特点是文胜于质,内容相对贫乏而艺术性高妙。他们一方面在理论上攻击排斥西昆体文风,一方面又以实际的创作实绩和西昆体进行抗衡。因此,他们的文章在内容上提倡"古其理,高其意",同时又表现出对艺术性强烈排斥的思想倾向。而这种对抗从一定意义上来说,也是为革新文体而有意为之,叶适曾如是说:

> 柳开穆修张景刘牧,当时号能古文,今所存《来贤》《河南尉

（接上页注）公墓碑。"（［元］马端临撰,上海师范大学古籍研究所、华东师范大学古籍研究所点校:《文献通考》卷二百三十四,中华书局,2011 年,第6405 页）"子由作公墓碑",当是指苏辙所撰《欧阳文忠公神道碑》,然文中并未言及品评时人文章事。当是误将《颍滨遗老传上》误作《欧阳文忠公神道碑》,又将石介误作为孙复。此误被《四库全书总目》延续,《孙明复小集一卷》提要云:"苏辙欧阳修墓碑载,修谓于文得尹师鲁、孙明复,而意犹不足。盖宋初承五代之敝,文体卑靡。穆修、柳开始追古格,复与尹洙继之。风气初开,菁华未盛。"（［清］永瑢等:《四库全书总目》卷一百五十二《孙明复小集一卷》"提要",第 1312 页）《文献通考》与《四库全书总目》虽有误,但在解释欧阳修为何"意犹不足"时,颇有见地。

① ［宋］柳开:《应责》,［宋］柳开撰,李可风点校:《柳开集》卷一,第 12 页。

厅壁》《法相院钟》《静胜》《待月》诸篇可见。时以偶俪工巧为尚，而我以断散拙鄙为高，自齐梁以来言古文者无不如此。①

刘牧是京东文人集团重要成员，柳开、穆修、张景都与京东文人极有渊源。在叶适看来，古文家与主流文坛之间出现分裂，他们都有意识地用古文来对抗骈偶之文。这种对抗不只是体现在"偶俪工巧"和"断散拙鄙"的语言层面，同时也体现在文章内容上。卑弱之文在内容上多言"杨墨佛老虚无报应之事"，或是"咏风月，缀花草"。古文家又同时是儒道的拥护者和践行者，儒家思想学术自然而然成为用来和时文进行对抗的内容。而儒家的思想承载于经典之中，因此古文也就和经学建立了血缘联系。孙复将"列圣人之微旨"视为作文的第一原则，充分体现了孙复作为道学家"通经致用"的特点。孙复所言的"或则发千古之未瘳，或则正一时之所失"其实正是他援经斥传、发明经旨的解经思想。

　　从文体改革角度来看，古文要"古其理，高其意"，离不开经以及经学的支撑，必定要从儒家经典中寻求营养。孙复、石介等作为经学家，这正是他们得天独厚的优势。他们以经典为根本，使得古文在思想内容上呈现出与时文不同的古朴高远的面貌。王士禛《池北偶谈》曰："（石介）其文倔强劲质，有唐人风，较胜柳、穆二家，终未脱草昧之气。"②在王氏看来，石介在柳开、穆修二人之后倡导古文，其已有过二人之处，推动了古文的健康发展。

　　石介的"倔强劲质"文风与孙复的"谨严峭洁"文风的形成，皆与他们尝试融通儒学、经学与文章的创作思想和方法是分不开的。京东文人主要的文化身份是儒生，他们擅长从儒家经典中体悟道德学

①　［宋］叶适：《习学记言序目》卷四十九，第733页。
②　［清］王士禛撰，靳斯仁点校：《池北偶谈》卷十七，中华书局，1982年，第408页。

问,当他们将儒家的道德学问注入文章,对文章的思想和气质进行了改造,义理的高远纯正使得古文呈现出刚正劲质的风貌。但由于对艺术性的忽视,从而导致"未脱草昧之气",略显鄙野,此有待"欧、苏、曾、王"进行完善。

第二节　京东文人的古文创作

京东文人的古文创作也呈现出鲜明的经学家特色,无论是内容还是风格上都受到"经学变古"思潮的影响,一方面致力于解经之文,阐释新经学思想;一方面在"疑经惑传"的思潮影响下,创作翻案之文。

一、"述经叙理"的解经之文

注疏是经学家阐释经典的主要方式,基本体例为"先引经语,而继以释辞"[①],一般采用奇字单行的散句。古文家也会创作一些解经之文,用文的形式阐释经典、发明经旨,但一定程度上还留存着注疏随文释意的痕迹。解经之文兼有注疏和古文的特点,是探讨经学与古文关系的一个切入点。京东文人大多兼有古文家和经学家的双重身份,其中孙复、石介都有解经之文存世,是讨论经学与文学关系的极佳范例。

(一)以文解经

孙复、石介都是通经的大儒,二人一生都致力于注经解经。除了采用注疏之外,他们也时常将经学思想和观点用文的形式表达,而这样的文章有明显的解经注经的痕迹。石介《释汝坟卒章》从文题就可

---

① [唐]刘知几撰,[清]浦起龙释:《史通通释》卷八,上海古籍出版社,1978年,第220页。

知是一篇解经之作。《汝坟》为《诗经·国风·周南》中的一篇,《释汝坟卒章》批驳郑玄的笺注"似未达诗人之旨",故进行阐释。文章开篇罗列《诗经》原文,并在每句后列出郑玄的笺注:

> 《汝坟》卒章曰:"鲂鱼赪尾,王室如燬。"《笺》云:"君子仕于乱世,其颜色瘦病,如鱼劳则尾赤。所以然者,畏王室之酷烈,是时纣存。"其末句云:"虽则如燬,父母孔迩。"《笺》云:"辟此勤劳之处,或时得罪。父母甚近,当念之,以免于害。不能为疏远者计也。"①

郑玄《毛诗传笺》是汉唐以来的诗经学的权威,但在宋代不断受到质疑。石介之文对郑玄"虽则如燬,父母孔迩"的解释进行批驳,并提出自己的见解,认为"父母"并非如郑玄所说的只是字面意思,而是"指文王也"。其文所列理由有三:

其一,引《毛诗序》证《汝坟》旨在颂文王之德,曰:"子夏《序》曰:'《汝坟》,道化行也。文王之化行乎汝坟之国,妇人能闵其君子,犹勉之以正也。'"②

其二,直接驳斥郑玄之说于理不合,曰:"夫纣之苛政甚矣,烈如猛火,不可向迩。虽慈父慈母,又岂能恤其子哉?"③

其三,引用经典证"父母"一语实有他指,曰:"《诗》曰:'恺悌君

---

① 石介:《释汝坟卒章》,[宋]石介著,陈植锷点校:《徂徕石先生文集》卷七,第80页。
② 石介:《释汝坟卒章》,[宋]石介著,陈植锷点校:《徂徕石先生文集》卷七,第80页。
③ 石介:《释汝坟卒章》,[宋]石介著,陈植锷点校:《徂徕石先生文集》卷七,第80页。

子，民之父母。'《春秋传》曰：'爱之如父母，此慰勉其君子之辞。"①

　　因此石介之文主张"虽则如燬，父母孔迩"是"慰勉其君子之辞"，本旨为"言虽仕于乱世，苦纣之虐政，纣之亡日可待也，民望文王不远矣"②。从形式上看，先罗列经句及前人注疏，然后逐条驳斥注疏之谬误，从而阐释经典之意，符合注疏的体例。

　　孙复《世子蒯聩论》也是典型的释经之作。石介曾赞孙复《世子蒯聩论》为"辨注家之误，正世子之名"之文③。此文主要阐释孔子"正名"之说的本意。孔子"正名"一语出自《论语·子路篇》，其文曰：

　　　　子路曰："卫君待子而为政，子将奚先？"
　　　　子曰："必也正名乎！"
　　　　子路曰："有是哉，子之迂也！奚其正？"
　　　　子曰："野哉，由也！君子于其所不知，盖阙如也。名不正，则言不顺；言不顺，则事不成；事不成，则礼乐不兴；礼乐不兴，则刑罚不中；刑罚不中，则民无所措手足。故君子名之必可言也，言之必可行也。君子于其言，无所苟而已矣。"④

---

① 石介：《释汝坟卒章》，[宋]石介著，陈植锷点校：《徂徕石先生文集》卷七，第80页。
② 石介：《释汝坟卒章》，[宋]石介著，陈植锷点校：《徂徕石先生文集》卷七，第80页。
③ 石介《泰山书院记》曰："（孙复）辨注家之误，正世子之名，故作《正名解》。"（[宋]石介著，陈植锷点校：《徂徕石先生文集》卷十九，第223—224页）《孙明复小集》存文19篇，无《正名解》一文。结合石介所言和《世子蒯聩论》内容，《正名解》当即为《世子蒯聩论》。
④ 程树德撰，程俊英等点校：《论语集释》卷二十六，第885—893页。

从子路和孔子这段对话来看,孔子将"正名"作为在卫国为政的首要任务。孙复之文围绕孔子这段话展开论述,提出自己对"正名"的新解。《世子蒯聩论一》开篇即解释"正名"之意:

> 正名者,传嗣立嫡之谓也。为国之道,莫大于传嗣;传嗣之道,莫大于立嫡,所以防僭乱而杜篡夺也。用能尊统传绪,承承而不绝。①

文章认为孔子所言的"正名"是专指"传嗣立嫡"而言,是正世子之名。此说可谓标新立异,不同于先儒的解释。何晏等人《论语集解》注"正名"引马融之说:"正百事之名。"②《论语集解》继承了东汉马融之说,此说也被梁代皇侃《论语义疏》以及北宋邢昺《论语注疏》所采用。汉唐至北宋对"正名"的理解多祖述马融之说。"正百事之名"乃为泛指,要纠正一切名与实不相符的现象,皇侃《论语义疏》曰:"所以先须正名者,为时昏礼乱,言语翻杂,名物失其本号,故为政必以正名为先也。"③孙复此文提出新论,认为孔子此语具有特定的语境,乃专为当时卫国的实际状况而发。

孙复引《春秋》证明自己的观点,曰:"按《春秋》,定十四年,卫世子蒯聩出奔宋;哀二年,晋赵鞅帅师纳卫世子蒯聩于戚。"④蒯聩为卫灵公世子,与灵公夫人南子不合,公元前493年谋杀南子,事露出奔宋。公元前496年卫灵公去世,蒯聩之子辄(卫出公)继位。晋赵简子率领军队送蒯聩回国争夺王位,途中遭到辄所派军队阻击。孙复

---

① [宋]孙复:《世子蒯聩论一》,曾枣庄等主编:《全宋文》第19册,上第310页。
② 程树德撰,程俊英等点校:《论语集释》卷二十六,第890页。
③ 程树德撰,程俊英等点校:《论语集释》卷二十六,第890页。
④ [宋]孙复:《世子蒯聩论一》,曾枣庄等主编:《全宋文》第19册,第310—311页。

认为卫国混乱的局面完全是卫灵公未及时改立世子造成的,其文曰:

> 且蒯聩有杀母之罪,惧而奔宋,灵公固宜即而废之,择其次当立者,以定嗣子之位也。灵公不能先定嗣子之位,故使公子郢得立,辄于后以乱于卫。夫蒯聩者,灵公之子也;辄者,蒯聩之子也。辄既立,则蒯聩无以立矣。蒯聩无以立,则必反而争其国。既反而争其国,则辄必拒之。辄既拒之,是弃其父而立其子,教其子以拒其父也。噫,君君、臣臣、父父、子子,邦国之大经也。彼则弃其父而立其子,教其子以拒其父,君不君,臣不臣,父不父,子不子,禽兽之道也,人理灭矣。①

孙复认为蒯聩有杀母之罪,卫灵公当及时废黜其世子之位,改立公子郢为世子。然而卫灵公没有改立世子,他去世后反而由蒯聩之子辄继承王位,从而造成蒯聩回国与其子辄争王位,而辄又出兵阻击的后果。父子相争彻底破坏了君臣父子之大道。何以知道卫灵公未及时更立世子呢? 孙复是根据《春秋》得出的结论,文章曰:"是故蒯聩出奔宋,纳于戚,《春秋》皆正其世子之名而书之者,恶灵公而不与辄也。"②认为《春秋》中两次提到蒯聩皆称"世子"是孔子恶卫灵公"不能正厥嗣以靖其国"和贬斥辄"为人子而拒其父"③。此外,《春秋》"书'纳'"则是恶"蒯聩之篡国"。"蒯聩之篡国,辄之拒父"皆是灵公为之。因此孙复认为《春秋》称蒯聩"世子"是讥"皆灵公生不能治其室,死不能正其嗣也"④。

---

① ［宋］孙复:《世子蒯聩论一》,曾枣庄等主编:《全宋文》第 19 册,第 311 页。
② ［宋］孙复:《世子蒯聩论一》,曾枣庄等主编:《全宋文》第 19 册,第 311 页。
③ ［宋］孙复:《世子蒯聩论一》,曾枣庄等主编:《全宋文》第 19 册,第 311 页。
④ ［宋］孙复:《世子蒯聩论一》,曾枣庄等主编:《全宋文》第 19 册,第 311 页。

《论语》所记载孔子关于"正名"的话语缺少具体的语境且又极其简略,因此给后世的理解留下了很大的猜想空间。孙复认为孔子"正名"之说是针对"蒯聩之篡国,辄之拒父"的现实而言,因此将"正名"解释为"传嗣立嫡之谓也"。在文章的末尾对历代的解释作出了批驳,曰:"世之说者,以为正百世(笔者按:'世'当作'事',此语乃源于东汉马融'正百事之名',因此当为讹误)之名者,失之远矣。"①从而推翻了先儒们的权威解释,提出新说。

孙复、石介此类的解经文章并非从宏观上对经文的大义进行探讨,而是列举经文,解释词句,从而发明经旨,体悟圣人之本心,都明显具有"先引经语,而继以释辞"的注疏体的特点。如果将前所论孙、石二文条列在所论经文之下,未尝不可视作注疏。

(二)以经学为古文

解经之文是以儒家经典为讨论对象的论说文,跨越经学和文学两个学科领域。论说文是古文家较为喜欢采用的一种文体,尤其北宋时期士人好"议论",且"论"作为科举考试的科目,士人多对此用力。笔者就《全宋文》进行粗略检索,以"论"为题的文章就多达7000余篇。经学命题一直是论说文的重要内容。刘勰《文心雕龙·论说》曰:"圣哲彝训曰经,述经叙理曰论。"又曰:

> 详观论体……释经则与传注参体……若夫注释为词,解散论体,杂文虽异,总会是同。若秦延君之注尧典,十余万字;朱普之解尚书,三十万言:所以通人恶烦,羞学章句。若毛公之训诗,安国之传书,郑君之释礼,王弼之解易,要约明畅,可为式矣。②

① [宋]孙复:《世子蒯聩论一》,曾枣庄等主编:《全宋文》第19册,第311页。
② [南朝梁]刘勰著,黄叔琳注,李详补注,杨明照校注拾遗:《增订文心雕龙校注》卷四"论说第十八",中华书局,2012年,第243—245页。

刘勰认为论是"述经叙理"的文体，"释经则与传注参体"，释经之文和"传注"在形式和内容上都有重合。虽然论的内容涉及宏博，但是"释经"是论体文的一个主要功能。在他看来注疏只是分散的论体文，注疏体中也不乏"要约明畅"之文。注疏虽然是分散成若干片段夹杂在经文之中，不像论说文那样完整成篇，但是如果将分散的各条注释会同起来，与论说之文并无多大区别。朱熹也认为注疏有一个向文演变的过程，曰："自晋以来，解经者却改变得不同，是如王弼郭象辈是也。汉儒解经，依经演绎；晋人则不然，舍经而自作文。"①朱熹认为晋王弼、郭象的经注不同于汉代的注疏，而是"自作文"。经学家注疏经文基本都是采用奇字单行的散语，或长或短，随意为之，类似札记。随着经学阐释从文字训诂走向注重阐发义理，一部分注疏已经具有文的章法结构，如果单独拿出来已经可以视作"古文"。

　　解经之文在一定程度上可以看作是在注疏基础上发展而产生的。从时间上看，注疏要早于解经之文。最初的经注侧重文字训诂，疏通经义，进一步发展为义理的探讨。当注疏发展到注重义理探讨的时候，一些章法谨严的注疏已经具有文的特征，如果采取包容的态度，也不妨视作古文。经学大盛的汉代已经开始以文解经，董仲舒的《春秋繁露》和一直以口传心授、在西汉才得以成书的《穀梁传》相比，《春秋繁露》的论经之文超越了简单的问答说经形式，主旨突出，层层演进，已经是颇为成熟的论说文。长久以来，名物考释和词语训诂是阐释经典的主要方式，加上古文衰落，以文解经并不多见。中唐以来的韩愈、柳宗元发起"古文运动"，提倡尊经重道，古文的表现对象逐渐扩展到经学命题。但此时经学发展停滞，以文解经并未得到长足发展。北宋初期，经学逐渐走出汉唐注疏的束缚，有了更多可以

---

① ［宋］黎靖德编，王星贤点校：《朱子语类》卷六十七，第 1675 页。

讨论的话题,"古文运动"也在持续发展,以文解经有了比较显著的发展。身兼经学家和古文家的孙复、石介等京东士人则是以文解经的重要的实践者,推动着解经之文的发展。

孙复、石介此类的解经之文留存着注疏的痕迹,但本质上是论说文。解经之文集中于对经文中的某一词语或者一句进行探讨,功能在于阐明经义。但和一般的注疏侧重于文字训诂、疏通经义不同,解经之文更注重推翻先儒旧说,阐发新的见解,具有较强的思辨性。上述石介《释汝坟卒章》和孙复《世子蒯聩论一》皆为针对旧说而立论,驳斥先儒旧说的谬误,进而阐明自己的新说。

经注和解经之文的异同可以通过比较孙复《世子蒯聩论》和《春秋尊王发微》中相关内容进行辨析。

孙复《世子蒯聩论》和《春秋尊王发微》都涉及"正名"。《世子蒯聩论一》论证孔子"正名"的核心论据即为《春秋》关于蒯聩的两处记载。孙复是治《春秋》经的大家,其《春秋尊王发微》对此两句有所阐发,在卷十二"晋赵鞅帅师纳卫世子蒯聩于戚"条下注曰:

　　　　其言"于戚"者,为辄所拒,不得入于卫也。案:定十四年,卫世子蒯聩出奔宋。灵公既卒,辄又已立,犹称曩日之世子蒯聩当嗣,恶辄贪国叛父,逆乱人理,以灭天性。孔子正其名而书之也。故子路问于孔子曰:"卫君待子而为政,子将奚先?"孔子曰:"必也正名乎!名不正,则言不顺;言不顺,则事不成;事不成,则礼乐不兴;礼乐不兴,则刑罚不中;刑罚不中,则民无所措手足。"又冉有曰:"夫子为卫君乎?"子贡曰:"诺!吾将问之。"入曰:"伯夷、叔齐何人也?"曰:"古之贤人也。""怨乎?"曰:"求仁而得仁,又何怨。"此圣师之旨可得而见矣。故蒯聩出入皆正其世子之名,书之所以笃君臣父子之大经也。不然贪国叛父之人接踵于万世矣。①

此为典型的注疏之语，但也有简单的论证，具有文章的雏形。经注和《世子蒯聩论一》的观点以及所采用的论据基本相同，所不同的只是经注用《论语》证《春秋》，《世子蒯聩论一》用《春秋》证《论语》。对比可以发现，经注侧重阐释经文之意，《世子蒯聩论一》侧重论证。经注先解释经文文本意思，再罗列《论语》中的孔子相关的言论，最后再阐明《春秋》笔法所蕴含的微言大义。行文简略，没有文章的起承转合之势；论据也只是简单的罗列，缺少必要的分析。《世子蒯聩论一》则是一篇比较成熟的论说文，开篇便明确论点，然后对所引论据进行条分缕析，细辨事情的前因后果，最后得出结论，使得先儒旧说不攻自破。文章不仅在谋篇布局上呈现出经注所缺乏的严密逻辑，且局部上与经注也存在较大的差异。如对于事情的原委，经注曰："灵公既卒，辄又已立，犹称曩日之世子蒯聩当嗣，恶辄贪国叛父，逆乱人理，以灭天性。"这是一种客观陈述性的语言。而《世子蒯聩论一》行文则是如此："夫蒯聩者，灵公之子也；辄者，蒯聩之子也。辄既立，则蒯聩无以立矣。蒯聩无以立，则必反而争其国。既反而争其国，则辄必拒之。辄既拒之，是弃其父而立其子，教其子以拒其父也。"②语句层层推进，环环相扣，论证严谨，势如破竹。另外《世子蒯聩论一》还采用了辩难的论证方法：

> 或曰："若蒯聩者，独无恶乎？"曰：蒯聩有杀母之罪，当绝，反而争其国，是为篡国，故经书"纳"焉。纳者，篡辞也，孰谓蒯聩独

---

① ［宋］孙复：《春秋尊王发微》卷十二，［清］纳兰性德辑：《通志堂经解》第 8 册，江苏广陵古籍刻印社，1996 年，第 328 页。

② ［宋］孙复：《世子蒯聩论一》，曾枣庄等主编：《全宋文》第 19 册，第 311 页。

无恶哉？①

问难和辩论是论说文经常采用的一种论证方式，一问一答承接上文又开启下文，且又具有强烈的思辨性，这是以阐释经文为主要目标的注疏所缺乏的。

解经之文以议论解经，有极强的论辩色彩。孙复《世子蒯聩论二》延续《世子蒯聩论一》的话题，进一步展开议论以强化主旨。《世子蒯聩论一》已经论证了孔子正世子之名、"传嗣立嫡"之大义的论点，《世子蒯聩论二》又进一步"辨注家之误"。孙复所辨误的注家是东晋的江熙，文章开篇曰：

> 《春秋》既正蒯聩世子之名，而左氏、公羊氏、穀梁氏传之，俱无一言解经称世子之义。夫传，所以解经也，传而不解，安用传为？唯江熙注《穀梁》曰："齐景公废世子，世子还国，书'篡'。若灵公废蒯聩立辄，则蒯聩不得复称曩日之世子也。称蒯聩为世子，则灵公不命辄审矣。此矛盾之喻。然则从王父之言，传似失矣。经云'纳卫世子'、'郑世子忽复归于郑'。称世子，明正也。明正则拒之者非耶？"愚谓蒯聩称世子之义，传既失之，熙亦未为得也。②

文章指出《春秋》正蒯聩世子之名所蕴含的"传嗣立嫡"之意，左氏、公羊氏、穀梁氏三传没有发明，而江熙注《春秋穀梁传》也不得圣人之意。《穀梁传》对"晋赵鞅帅师纳卫世子蒯聩于戚"的解释为："纳者，内弗受也。帅师而后纳者，有伐也。何用弗受也？以辄不受也。以

---

① ［宋］孙复：《世子蒯聩论一》，曾枣庄等主编：《全宋文》第 19 册，第 311 页。
② ［宋］孙复：《世子蒯聩论二》，曾枣庄等主编：《全宋文》第 19 册，第 312 页。

辄不受父之命,受之王父也。信父而辞王父,则是不尊王父也。其弗受,以尊王父也。"①《榖梁传》分析"纳"字以阐释《春秋》的"微言大义",认为"纳"是"内弗受"之意,"辄不受父之命受之王父",辄继承王位符合人伦与法度。《榖梁传》是辄而非蒯聩,意在强调辄出兵阻击其父入境是尊其祖父卫灵公,不违背大义。江熙的这段注疏是针对《榖梁传》此条解经之文而发。他认为《春秋》中记载"齐景公废世子,世子还国,书'篡'",而在记载蒯聩还国则不用"篡",且又称蒯聩为"世子",因此卫灵公并未曾"废蒯聩立辄",《榖梁传》中"从王父之言"有失经旨。江熙又举《春秋》"郑世子忽复归于郑"之例证称世子乃未曾废除,进一步阐明卫灵公并未曾"废蒯聩立辄",从而判定辄拒其父蒯聩不合法理。

《榖梁传》和江熙注的解经重点都在评判卫灵公是否"废蒯聩立辄"以及辄拒其父蒯聩是否正义。《榖梁传》没有论及《春秋》称蒯聩世子之深意,被孙复视作"传而不解";江熙注虽然论及称蒯聩世子,孙复认为其有失经旨。《世子蒯聩论二》主要是针对江熙注进行逐条批驳。

其一,驳斥"齐景公废世子,世子还国,书'篡'",曰:"蒯聩有杀母之罪,当绝。当绝则不得为嗣,故经称'纳卫世子'。纳者,篡辞也,此则蒯聩还亦书'篡',非独齐世子还而书'篡'也。"②孙复认为江熙注对"纳"字理解错误。"纳"也是"篡"意,《春秋》意在表明蒯聩杀母之罪,按理当废黜世子之位。因此《春秋》书"篡"与否都不足以证明是否废世子之位。

其二,驳斥"若灵公废蒯聩立辄,则蒯聩不得复称曩日之世子也。

----

① 〔清〕廖平撰,郜积意点校:《榖梁古义疏》卷十一"哀公二年",中华书局,2012年,第685—686页。
② 〔宋〕孙复:《世子蒯聩论二》,曾枣庄等主编:《全宋文》第19册,第312页。

称蒯聩为世子,则灵公不命辄审矣",曰:"然蒯聩犹称曩日之世子者,乃孔子正其名而书之尔,非为灵公不命辄而书之也。"①批驳江熙注《春秋》称蒯聩世子之意错误,认为《春秋》称蒯聩为世子本意不在是否废立,而在正其名而书。此处行文比较简略,是因为《世子蒯聩论一》中已经发明此说。《世子蒯聩论一》曰:"灵公不能先定嗣子之位,故使公子郢得立,辄于后以乱于卫。"②指出卫灵公如果"先定嗣子之位"当是废蒯聩而改立其弟公子郢,既然辄后来即位已经证明卫灵公未曾"先定嗣子之位"。因此,《春秋》称蒯聩为世子本意不在是否废立,而在正其名而书。

　　其三,驳斥"经云'纳卫世子'、'郑世子忽复归于郑',称世子,明正也",曰:"又忽称世子者,与蒯聩异矣。观郑忽之出奔也,非得罪而见逐也,盖以庄公既卒,郑忽当嗣,为宋人执祭仲以立突,篡而失国也。况乎突之篡忽者,兄弟也;辄之拒蒯聩者,父子也。是故忽之出奔也,书曰:'郑忽出奔卫。'去世子者,讥不能制其弟突,以失国也。及乎还也,书曰:'郑世子忽复归于郑。'称世子者,善其能反正于郑也。若蒯聩则不然。蒯聩之出奔也,书曰:'卫世子蒯聩出奔宋。'及乎还也,书'晋赵鞅帅师纳卫世子蒯聩于戚'。出奔与纳,俱称世子者,明蒯聩正嫡当嗣,辄不得拒也。"③再一次驳斥所引证的错误。孙复之文认为称世子并非只是"明正",而是有更深层的意思。文章分析《春秋》在记载"郑世子忽复归于郑"和"郑忽出奔卫"称世子和不称世子是分别褒贬郑忽,而并非明确其身份。而蒯聩"出奔与纳,俱称世子",称世子不在于"明正",而在于"明蒯聩正嫡当嗣"。

　　和石介《释汝坟卒章》一文相似,《世子蒯聩论二》条分缕析,逐

---

① [宋]孙复:《世子蒯聩论二》,曾枣庄等主编:《全宋文》第19册,第312页。
② [宋]孙复:《世子蒯聩论一》,曾枣庄等主编:《全宋文》第19册,第311页。
③ [宋]孙复:《世子蒯聩论二》,曾枣庄等主编:《全宋文》第19册,第312页。

条批驳江熙解经之误,从具体论据开始驳斥,又层层推进,鞭辟入里,从而在逻辑上推翻前人旧说。批驳旧注的解经之文条分缕析、各个击破的论证方式已经超越了传统的注疏。唐代以来,经学家基本延续"疏不破注"的原则,注疏一般都是遵循前说,即使是不赞成前说的时候,往往也是自立一说,很少对前人的观点进行驳斥。"就书注书,不为驳难"是注疏的惯例,这一点在孙复的《春秋尊王发微》中也有体现。孙复治春秋"不惑传注",但也是直接阐释经义而并不直接批驳前人注疏,上引《春秋尊王发微》阐发"正名"新说就并未提及前人旧说,而是注重阐释经文。从这一点上看,解经之文比注疏要更加注重议论。孙复、石介的解经之文还有《无为指》上下、《文王论》《忧勤非损寿论》等,皆是以议论解经,都一定程度上留有注疏痕迹,但又有驳斥旧说、论证严谨的特点。

从以上的分析可以看出,解经的注疏与古文之间有着一种先天的血缘关系,而以议论解经的古文是其中一个重要的纽带。儒学运动的推动者大多都提倡宗经尊道,基本都有过解经注经的经历,这也可以看作是古文的初步训练。奇字单行的散句注疏与古文有着密切的联系。从这个角度来看,我们也可以更好地理解为什么提倡古文的多是通经的儒学之士。

二、道学家的翻案之文

解经之文是将经学思想用文的形式表达。孙复、石介等作为"经学怀疑思潮"的代表人物,提倡回归经典,直指圣人本心,得出新颖的见解。新的经学思想是对汉唐注疏的超越,是建立在否定先儒旧说的基础之上,这就决定了在用文表达之时,势必要驳斥旧说,发明新说。对已有定论的思想和观点进行驳斥、提出新说的文章可以看作翻案之文。孙复、石介好驳斥、好议论的翻案文章不只是局限于经典阐释,而是扩展到历史事件和人物评价中。

（一）驳论与翻案

石介《周公论》是针对讥贬周公的言论所作的一篇翻案文章。周公是儒家道统谱系中的重要的圣人，但是一直以来也有关于其"非仁""不圣"的评价①。《周公论》开篇通过辩难的方式展开议论，对质疑周公之德的言论展开驳斥。

> 或问曰："周公相成王，制礼作乐，一饭三吐哺，一沐三握发，起以待士，何汲汲也。如此沐与饭且不暇，舜相尧、禹相舜、益相禹、伊尹相汤、傅说相高宗，皆不如周公之勤且劳也，岂周公之德不及舜、禹、益、伊尹、傅说乎？"
>
> 曰：周公不得不然也。尧，圣人也；舜，圣人也；高宗，圣人也；舜、禹、益、伊尹、傅说勤且劳，复何为哉？周公则不得不然也。成王，孺子也，时方在襁褓之中，知成王果圣人耶？且后稷、公刘、古公、王季、文王、武王积千余年以得天下，武王死，成王幼弱，武王以后稷、公刘、古公、王季、文王之天下及成王以托周公，周公受武王之托，负天下之重，苟成王不似，坠覆其业，则是后稷、公刘、古公、王季、文王、武王之天下，周公失之也。周公岂得不勤且劳乎？又何暇乎？沐且饭也，为周公者不得不然也。舜、禹、益与伊尹、傅说，所相君、所逢时异也。孰谓周公之德不及邪？②

周公摄政是历来学者关注的重要议题，"握发吐哺"在儒家的叙事中逐渐被确定为周公勤政爱贤的圣人美德之举。根据石介文章所言，

① 参见张劲锋《周公史述与传说研究》，陕西师范大学博士学位论文，2019 年。
② ［宋］石介：《周公论》，［宋］石介著，陈植锷点校：《徂徕石先生文集》卷十一，第 123—124 页。

有人否定"握发吐哺"所寄寓的崇高道德意义，认为周公"勤且劳"远过"舜、禹、益、伊尹、傅说"，从而质疑"周公之德"不及诸圣。石介文提出周公"所相君、所逢时异"，论述此是周公因成王幼不得不为之的圣德举措，从而引出"相成王之心，至矣"的论点①，批驳异说之错误。石介之文又引用"桐叶封弟"的故事再次论证自己的观点，最后驳斥柳宗元《桐叶封弟辩》"不达周公之心"。其文曰：

> 余观周公相成王之心，至矣。成王尝刻桐叶以为珪，戏以赐唐叔，周公即入贺。成王曰："戏也。"周公曰："天子无戏言。"遂以国封唐叔。周公相成王之心也，至矣。成王为戏言以国封人，成王复敢戏乎？戏且不敢，敢荒宁乎？敢逸豫乎？敢侮傲乎？敢惑乱不道乎？敢骄淫无礼乎？周公相成王之心也，至矣。
>
> 唐柳宗元以谓唐叔小弱弟，不当封，周公成其不忠之戏，以地以人与小弱者为之主，其得为圣乎？不达周公之心也已。②

不难发现，"桐叶封弟"的寓意才是石介之文讨论的重点。"桐叶封弟"故事最早的记载见于战国晚期《吕氏春秋·重言》，此后又见于刘向《说苑·君道》、司马迁《史记》等典籍。虽然"桐叶封弟"并非出自圣人之经，极有可能为后世演绎而来，但一直被视为颂扬周公圣德的典故。柳宗元曾作有《桐叶封弟辩》，对周公的圣人之德提出质疑，其文曰：

---

① ［宋］石介：《周公论》，［宋］石介著，陈植锷点校：《徂徕石先生文集》卷十一，第124页。

② ［宋］石介：《周公论》，［宋］石介著，陈植锷点校：《徂徕石先生文集》卷十一，第124页。

吾意不然。王之弟当封邪？周公宜以时言于王，不待其戏而贺以成之也；不当封邪？周公乃成其不中之戏，以地以人与小弱者为之主，其得为圣乎？且周公以王之言，不可苟焉而已，必纵而成之邪？设有不幸，王以桐叶戏妇寺，亦将举而纵之乎？凡王者之德，在行之何若。设未得其当，虽十易之不为病；要于其当，不可使易也，而况以其戏乎？若戏而必行之，是周公教王遂过也。①

柳文认为"桐叶封弟"的故事中"周公乃成其不中之戏，以地以人与小弱者为之主"，"周公教王遂过"，此不符合圣人之德。《桐叶封弟辩》并非怀疑周公之圣德，而是怀疑这个典故的真实性，认为"非周公所宜用，故不可信"②。石介《周公论》论述的焦点并非是故事的真实性问题，而是对柳宗元"周公乃成其不中之戏，以地以人与小弱者为之主，其得为圣乎"一语展开批驳，并且作为全文的结尾，可见石介之文的创作意图在于批驳柳宗元之说而进一步确立自己的观点。全文层层驳斥他人观点，反复申论自己观点，进而达到翻案的目的。

石介《辨易》一文也以批驳为主，其文曰：

王绩为《负苓者传》，载薛收之言曰："伏羲画八卦，而文王系之，不逮省文矣，以为文王病也。"负苓者曰："文王焉病？伏羲氏病甚者也。昔者伏羲氏之未画八卦也，三才其不立乎？四序其不行乎？百物其不生乎？万象其不森乎？"以谓伏羲氏泄道之

<hr>

① ［唐］柳宗元：《桐叶封弟辩》，《柳宗元集》卷四，中华书局，1979 年，第 105—106 页。
② ［唐］柳宗元：《桐叶封弟辩》，《柳宗元集》卷四，第 106 页。

密,漏神之机,为始兆乱者。①

此文虽然名曰"辨易",但并不是具体探讨《易》,而是驳斥薛收和负苓者二人对文王作系辞、伏羲画八卦的看法。薛收和负苓者论《易》出自于隋代王绩《负苓者传》,文章通过薛收与负苓者二人对话的方式展开议论,其大略是薛收认为文王作系辞"不逮省文",有赘语之嫌;负苓者则进一步认为伏羲氏画八卦"泄道之密,漏神之机,为始兆乱者"。石介不同意此说,批驳曰:

> 吁! 可怪也。夫《易》之作,救乱而作也,圣人不得已也。乱有深浅,故文有繁省。乱萌于伏羲,故八卦已矣;渐于文王,故六十四已矣;极于夫子,故极其辞而后能止。②

石介之文提出伏羲画八卦与文王系之都是为救乱而作,并非是"炫辞",通过批驳"薛收、负苓者,不达《易》甚矣"的言论确立圣人救乱而作《易》、明《易》的观点。

好批驳、好翻案的特点在孙复的文章中也表现得比较鲜明,如《书汉元帝赞后》则是驳斥班固之言。《汉书·元帝赞》曰:"少而好儒,及即位,征用儒生,委之以政,贡、薛、韦、匡迭为宰相。而上牵制文义,优游不断,孝宣之业衰焉。"③《书汉元帝赞后》就是针对班固此言而发,其文曰:

---

① [宋]石介:《辨易》,[宋]石介著,陈植锷点校:《徂徕石先生文集》卷七,第78 页。
② [宋]石介:《辨易》,[宋]石介著,陈植锷点校:《徂徕石先生文集》卷七,第78—79 页。
③ [汉]班固撰,[唐]颜师古注,中华书局编辑部点校:《汉书》卷九,第 298—299 页。

儒者长世御俗,宣教化之本也。宣帝不识帝王远略,故鄙之曰:"俗儒好是古非今,使人眩于名实,不知所守,何足委任?"及夫元帝即位,徒有好儒之名,复无用儒之实,虽外以贡、薛、韦、匡为宰相,而内以弘恭、石显为腹心。是时天下之政,皆自恭、显出,贡、薛之徒言不必行,计不必从,但具备位而已。自恭、显杀萧望之、京房之后,群臣侧足丧气,畏权惧诛。虽睹朝廷之失,刑政之滥,莫复敢有抗言于时者。元帝昏然不寤,益信显、恭。是故奸邪日进,纪纲日乱,风俗日坏,灾异日见。孝宣之业,职此而衰矣……今观史固之赞,宛是元帝用儒生乱其家者也,此史固不思之甚矣。向使元帝能纳萧望之、刘更生、京房、贾捐之之谋,退去恺人,进用硕老,与之讲求治道,以天下为心,则邦家之休,祖宗之烈,可垂于无穷矣,安有衰减者哉?①

此文旨在批判班固之赞对汉元帝的褒贬不得其中。文章通过对史实的分析,认为"徒有好儒之名,复无用儒之实"。虽然汉元帝委任儒者为宰相,但是实际上以弘恭、石显等奸邪为心腹。文章最后认为班固之赞言及元帝重用儒生导致"孝宣之业衰"是不符合历史事实的判断。

此类文章和他们论经之文极其相似,皆针对前人旧说进行批判,进而提出不同于先前的说法。虽然有时候驳斥的不一定是权威或者已有定案的结论,但在一定程度上都可以看作对前人言论的翻案。孙复、石介的翻案文章主要涉及经、史两个领域一些重要议题,对后世的经史之学和翻案文风都产生了一定的影响。

（二）翻案的原则

从上面分析可以发现,孙复、石介等好作翻案文章,但是有一个

---

① ［宋］孙复:《书汉元帝赞后》,曾枣庄等主编:《全宋文》第 19 册,第 296 页。

共同的原则，就是维护经典和儒道的绝对权威地位和神圣性。他们批驳注疏，但从来不曾质疑经典，只是批驳各种不利于圣人以及圣人之道的言论。庆历（1041—1048）前后的"经学怀疑思潮"涉及经和注疏，但是孙复、石介所代表的学派主要是怀疑注疏，对经典本身几乎不曾质疑，也因此被有的学者称作"疑传派"。他们对经典所记录的圣人言行和所蕴含的儒家之道也不曾怀疑。

石介《忧勤非损寿论》一文就体现了这样的思想。《礼记·文王世子》曰：

> 文王谓武王曰："女何梦矣？"武王对曰："梦帝与我九龄。"文王曰："女以为何也？"武王曰："西方有九国焉，君王其终抚诸。"文王曰："非也。古者谓年龄，齿亦龄也。我百，尔九十。吾与尔三焉。"文王九十七乃终，武王九十三而终。[1]

石介《忧勤非损寿论》通过驳郑玄注以立论，开篇即曰："《文王世子》。郑康成注曰：'文王以忧勤损寿，武王以安乐延年。'余谓忧勤所以延年，非损寿也；安乐所以损寿，非延年也。"[2]直接驳斥郑玄注解之谬误，阐明自己与其相反的观点。紧接着通过列举"尧、舜、禹、汤皆忧且勤"而延年和"厥后立王，生则逸"而损寿的事例，再进一步从"心"和"情"的理论层面论述自己的观点。最后阐明郑玄之说"其害深矣"：

① ［清］孙希旦撰，沈啸寰、王星贤点校：《礼记集解》卷二十"文王世子第八"，中华书局，1989 年，第 552 页。
② ［宋］石介：《忧勤非损寿论》，［宋］石介著，陈植锷点校：《徂徕石先生文集》卷十一，第 120 页。

　　　　后世人君以谓安乐延年也,则盘于游畋,耽于逸乐,湎于酒,淫于色,连宵奏钟鼓,竟日不视朝,曰安乐可以延年。以谓忧勤损寿也,则怠于庶政,弛于万机,天下将乱而不之忧,生民甚苦而不之顾,朝廷隳坏而不之省,宗社覆亡而不之虑,曰忧勤惧其损寿。东汉而下,至于魏、晋、梁、隋、唐、五代,其人君皆耽于逸乐,荒于酒色,败德失度,倾国丧家,寿命不长,享国不永者,康成之罪也。康成之言,其害深矣。①

文章用一系列的排比句陈述"忧勤损寿"思想可能造成的危害,并罗列东汉以下君王"耽于逸乐"亡国丧身的事实,指出郑玄之注违背了儒家的政治理想和修身养性的规范,不符合圣人本意,从而重新阐释经典,并寄寓对政治的期望和干预。

　　石介之文致力于批驳郑玄注解,但是却不曾怀疑经典。细读《礼记·文王世子》,文字晦涩难解,叙事充满虚构的神异色彩,内容颇为荒诞。如果对经典进行质疑无疑会削弱圣人和圣人之道的权威性与神圣性,当难以做到逻辑自洽时,他们的文章对此或是避而不谈,或是"曲为之解""强为之辩",使此类论说文具有一定诡辩色彩。

　　这一特点在孙复的文章中体现得较为明显。如孙复《尧权议》一文则是如此,其文开篇曰:

　　　　尧以上圣之资,居天子之位,可生也,可杀也,可兴也,可废也。彼八凯、八元者,天下共知其善也,尧岂反不知之哉?知之反不能举耶?彼三苗、四凶者,天下共知其恶也,尧岂反不知之哉?知之反不能去耶?若知其善而不能举,知其恶而不能去,则

①　[宋]石介:《忧勤非损寿论》,[宋]石介著,陈植锷点校:《徂徕石先生文集》卷十一,第121—122页。

知尧亦非圣人矣。①

　　孙复此文依然采用了驳难的论述方式,提出一种"先儒"观点然后进行驳斥,充分展现了翻案的写作手法。此文批驳的是尧"知其善而不能举,知其恶而不能去,则知尧亦非圣人"的论断。举八凯、八元,去三苗、四凶,是舜的圣德之举,一直被后世称道。但如果逆向思维,就会对尧产生质疑。八凯、八元和三苗、四凶在尧为天子的时代就已经存在,但尧却视而不见,等到舜出现才得以完成。这样的质疑合情合理,但势必会削弱尧的圣人光辉形象。

　　《尧权议》用"权"的思想解释尧不举善、不去恶的合理性。文曰:"尧若尽举八凯、八元,尽去三苗、四凶,则舜有何功于天下耶?"②其意为尧起用舜,但是舜无功德于天下,故将这些丰功伟绩留给舜来完成,以让天下信服舜。此文的论证逻辑,首先认定尧为圣人,因为《尚书·尧典》评价尧"聪明文思,光宅天下",所以对尧非圣人的质疑难以成立;其次将孔子评价"尧"的一段话——"大哉尧之为君也!巍巍乎,惟天为大,唯尧则之。荡荡乎,民无能名焉。巍巍乎,其有成功也;焕乎,其有文章"推测为是"盖言尧以权授舜"③。可以看出,《尧权议》的论证带有强烈的先入为主的观念,并且在缺乏可靠历史文献佐证的情况下进行臆测。孙复之文驳斥先儒"尧非圣人"的论断并不具有多大的说服力,主要是出于维护儒家圣人神圣性的立场,缺少论说文客观严谨的特点。

　　"强为之辩"的特点在孙复《辨扬子》中表现得更为明显。其文仍然是以驳难的形式开篇,曰:"千古诸儒,咸称子云作《太玄》以准

---

① ［宋］孙复:《尧权议》,曾枣庄等主编:《全宋文》第 19 册,第 298 页。
② ［宋］孙复:《尧权议》,曾枣庄等主编:《全宋文》第 19 册,第 298—299 页。
③ ［宋］孙复:《尧权议》,曾枣庄等主编:《全宋文》第 19 册,第 299 页。

《易》。今考子云之书,观子云之意,因见非准《易》而作也,盖疾莽而作也。"①提出扬雄《太玄》为"疾莽而作"的新说。扬雄是被韩愈视为有瑕疵的儒生,但是到了宋初地位不断攀升,尤其是京东孙复、石介等人将其列为"五贤"之一。扬雄其人颇受争议,依附新莽作《剧秦美新》,牵扯官司而投阁,这些都被视为品德上的污点。扬雄曾作《太玄》,如孙复文中所言"斯言盖根于桓谭论《太玄》曰:'是书也,与大《易》准。'班固谓:'雄以经莫大于《易》,故作《太玄》。'"②在孙复之前,前人大多本此说。孙复此文可谓一语惊人,推翻前人关于"作《太玄》以准《易》"的说法,提出《易》为"疾莽而作"的新说,孙复此举无疑是为被自己列入"五贤"的扬雄正名。

　　孙复此文也颇有"强为之辩"的特征。文章首先论证"疾莽"曰:

　　　　昔者哀、平失道,贼莽乱常,包藏祸心,窃弄神器,违天咈人,莫甚于此。虽火德中否,而天命未改,是以元元之心,犹戴于汉。是时不知天命者,争言符瑞,称莽功德,以济其恶,以苟富贵,若刘歆、甄丰之徒,皆位至上公。独子云耻从莽命,以圣王之道自守,故其位不过一大夫而已。③

文中将扬雄官位不过一大夫和刘歆、甄丰"位至上公"对比,强调刘歆、甄丰"争言符瑞,称莽功德",但对扬雄"剧秦美新""投阁之难"只字不提,从而得出扬雄"耻从莽命",甚至"疾莽"的结论,确实有强为之辞的特点。

　　其后又曰:"子云既能疾莽之篡逆,又惧来者蹈莽之迹,复肆恶于

---

① ［宋］孙复:《辨扬子》,曾枣庄等主编:《全宋文》第19册,第304页。
② ［宋］孙复:《辨扬子》,曾枣庄等主编:《全宋文》第19册,第305页。
③ ［宋］孙复:《辨扬子》,曾枣庄等主编:《全宋文》第19册,第304页。

人上,乃上酌天时行运盈缩消长之数,下推人事进退存亡成败之端,以作《太玄》。"①为了论证"疾莽"而作《太玄》,文中将《太玄》的体例比附成君臣的结构,曰:"《玄》有三方、九州、二十七家、八十一部者,三公、九卿、二十七大夫、八十一元士之象也。玄,君象也,总而治之,起于牛宿之一度,终于斗宿之二十二度,而成八十一首、七百二十九赞、二万六千二百四十四策。"②扬雄《太玄》中确有涉及政治评价和寄托的言辞,但是孙复之文都没有论及,而是从体例上臆断扬雄作太玄的"微言大义",并没有足够的理据。四库馆臣曰:"至于扬雄过为溢美,谓其太元(笔者按:太元当为太玄,避康熙讳)之作非以准《易》,乃以嫉莽。则白圭之玷,亦不必为复讳矣。"③历来对扬雄的评价不一,但是孙复此文对扬雄美溢之词确有过当。其中论证的逻辑和证据多有臆测,经不住推敲,"强辩"色彩浓厚。

　　孙复、石介之文皆具有好辩论、好翻案的特点,这和他们"破异端""经学变古"的思想是一致的,是儒学思想、经学思想在文章中的表现。这种思想明显影响到文章的风格,多采取驳难的方式论证,文章具有辩论的紧张感。同时,孙复、石介作为儒道和道统的绝对拥护者,对经典和圣贤的权威与地位的神圣性进行毫无保留的推崇和维护,对威胁经典及圣贤权威性、神圣性的观点和思想进行刻薄的批判,而这种辩论往往缺少说服力,完全是处于儒家的立场进行强辩,但这又增加了文风的刚硬。因此,他们的文章总体展现出峭拔竣严的风格面貌,属于"道学家"之文。

①　[宋]孙复:《辨扬子》,曾枣庄等主编:《全宋文》第 19 册,第 304 页。
②　[宋]孙复:《辨扬子》,曾枣庄等主编:《全宋文》第 19 册,第 304 页。
③　[清]永瑢等:《四库全书总目》卷一百五十二《孙明复小集一卷》"提要",第 1312 页。

第三节　反对时文与京东文人困境

上一章已经从复兴儒学的角度论及石介、孙复等将"时文"列为害道的异端进行抨击，此也是京东文人集团在文学史中最为引人注目的一点，正如祝尚书先生所说："这是石介和泰山派古文家对北宋古文运动的重要贡献。"①有宋以来，士人提倡古文、反对时文的呼声此起彼伏，但却没有像石介等人一样如此猛烈地将杨亿和西昆体作为攻击的靶标。曾枣庄先生指出："以上诸人（笔者按：作者指姚铉、陈从易、尹洙、梅尧臣、苏舜钦、范仲淹等）多通过自己创作的实践，坚持自己的诗文革新方向，即使批评西昆体，也没有指名道姓。而石介却指名道姓地对杨亿作了空前猛烈的攻击。"②其中欧阳修、苏轼对西昆体的态度颇为温和，甚至有"复主杨大年"之说。反对时文是"泰山学派"文人的共识，孙复、士建中等人都有过排斥时文的言论，态度最为坚决的要数石介，其《怪说》《答欧阳永叔书》《与君贶学士书》《祥符诏书记》都是直接点名道姓地批判杨亿"淫巧浮伪"之文害道，将杨亿之文等同于佛老，视为毒害儒道的"三怪"之一。

除了复兴儒学的目的之外，他们如此强烈地反对杨亿和西昆体还有着迫切的现实原因。杨亿四六文被称作"进士赋体"，是当时科场辞赋的典范。讲究声律对偶的时文和京东文人尊道复古的价值观相背离，但时文又是科举考试中不可回避的考试内容，从而导致许多群体成员和同道陷入谋道和科举的困境。而要摆脱这种困境就要取消"辞赋取士"的合法性，因此以石介为代表的京东文人集团将攻击的矛头主要指向杨亿及其四六文，"时文害道"成为呼吁科举改革的

① 祝尚书：《北宋古文运动发展史》，第 110 页。
② 曾枣庄：《论西昆体》，丽文文化公司，1993 年，第 381 页。

重要理论依据。

一、害道者莫甚于赋

京东文人提出"时文害道"的语境大多和科举考试有关,而他们所攻击的主要目标也是科场辞赋。石介是京东文人群体中最为活跃的人物,反对时文的态度也最为激进,著《怪说》三篇,上篇排佛老、中篇排杨亿,曰:"昔杨翰林欲以文章为宗于天下,忧天下未尽信己之道,于是盲天下人目,聋天下人耳,使天下人目盲,不见有周公、孔子、孟轲、扬雄、文中子、韩吏部之道;使天下人耳聋,不闻有周公、孔子、孟轲、扬雄、文中子、韩吏部之道。"①石介把杨亿和佛老并列,批判杨亿之道破坏儒家之道,实有夸大其词的成分。南宋黄震在读此文时说:"杨亿不过文词浮靡,其害本不至与佛、老等。"②杨亿只是一介词臣,并没有形成自己系统的思想体系,称不上所谓的"道",且杨亿立身处世也颇符合儒家之道。石介所指的道其实就是杨亿之文,正如其下文所说:"今杨亿穷妍极态,缀风月,弄花草,淫巧侈丽,浮华纂组,刓镂圣人之经,破碎圣人之言,离析圣人之意,蠹伤圣人之道……"③石介认为杨亿之文内容浮华,过度追求形式,也就是"杨亿以淫巧浮伪之言破碎"儒道。石介所攻击杨亿的"淫巧浮伪之言"主要是针对其四六文而言。

石介《祥符诏书记》又是挞伐杨亿的一篇重要檄文。文章开篇即曰:"祥符二年,翰林学士杨亿、知制诰钱惟演、秘阁校理刘筠倡和《宣

---

① [宋]石介:《怪说中》,[宋]石介著,陈植锷点校:《徂徕石先生文集》卷五,第62页。
② [宋]黄震撰,王廷洽等整理:《黄氏日抄》卷四十五,第150页。
③ [宋]石介:《怪说中》,[宋]石介著,陈植锷点校:《徂徕石先生文集》卷五,第62页。

曲》诗,述前代掖庭事,辞多浮艳。"①杨亿等人所作《宣曲》诗隐射真
宗宠幸宫女,荒淫无度,真宗恼怒下诏要"戒于流宕"。石介据此批评
杨亿,但并没有将矛头指向他的诗歌,而是转而攻击其文,斥责杨亿
不为古文:"故杨翰林少知古道……然以性识浮近,不能古道自立,好
名争胜,独驱海内,谓古文之雄有仲涂、黄州、汉公、谓之辈,度己终莫
能出其右,乃斥古文而不为,远袭唐李义山之体,作为新制。"②李商
隐是晚唐诗歌和骈文名家,杨亿诗歌和骈文皆师法李商隐。石介把
杨亿学李商隐之体的"新制"和柳开、王禹偁等人所提倡的古文相对
而言,实则指师法李商隐的四六文。邵博《邵氏闻见后录》卷十六曰:
"本朝四六,以刘筠、杨大年为体,必谨四字六字律令,故曰四六。"③
杨亿、刘筠等西昆派文人的四六文是在唐五代骈文基础上发展而来,
确立了"四字六字律令"的规范,从文体上看是一种"新制"。石介此
文也特别强调杨亿以"词臣"身份"为文章宗族二十年",词臣的刀笔
之作正是华美的四六文。

　　石介还认为"声律对偶之言"是主要的文弊。其《录蠹书鱼辞》
曰:"魏、晋以降迄于今,又有声律对偶之言,雕镂文理,刓刻典经,浮
华相淫,功伪相炫,劂削圣人之道,离析六经之旨……"④此文将魏晋
以来的"声律对偶之言"坏道的危害等同于杨墨、佛老。"声律对偶"
是魏晋以来诗和文都出现的一种现象,宋人所说的"声律对偶之言"

---

① 〔宋〕石介:《祥符诏书记》,〔宋〕石介著,陈植锷点校:《徂徕石先生文集》卷
　　十八,第219页。
② 〔宋〕石介:《祥符诏书记》,〔宋〕石介著,陈植锷点校:《徂徕石先生文集》卷
　　十八,第219—220页。
③ 〔宋〕邵博撰,李剑雄等点校:《邵氏闻见后录》卷十六,中华书局,1983年,第
　　124页。
④ 〔宋〕石介:《录蠹书鱼辞》,〔宋〕石介著,陈植锷点校:《徂徕石先生文集》卷
　　十,第81页。

多指当时文坛和科场所流行的辞赋。石介并不排斥诗歌中的声律对偶，他亲自编订的《徂徕石先生文集》收录律诗八十首，其中不乏声律对偶精工之作。而他的文集中没有收录一篇四六文，可见他所攻击的"声律对偶之言"主要是四六文。

杨亿四六文是"进士赋体"，这是被石介等人列为首要攻击目标的重要原因。杨亿是宋初著名的词臣，西昆体诗歌风靡天下，而且"词笔冠映当世"，是四六文的高手。杨亿的四六文在当时颇具影响力，苏辙《汝洲杨文公诗石记》云："公以文学鉴裁，独步咸平、祥符间，事业比唐燕、许无愧，所与交皆贤公相，一时名士多出其门。"①唐代张说、苏颋二人以骈文名于世，因此被称作"燕许大手笔"。苏辙将杨亿与此二人相比，足见对杨亿之文颇为推许。西昆体诗歌和四六文在真、仁两朝风靡一时，但影响更大的还是四六文，是读书人都要学习的"进士赋体"。陈师道《后山诗话》曰："国初士大夫例能四六，然用散语与故事尔。杨文公刀笔豪赡，体亦多变，而不脱唐末与五代之气。又喜用古语，以切对为工，乃进士赋体尔。"②杨亿"喜用古语，以切对为工"的四六文成为了进士科辞赋的典范，如前引欧阳修《记旧本韩文后》所说："是时天下学者杨、刘之作，号为时文，能者取科第，擅名声，以夸荣当世，未尝有道韩文者。"辞赋是进士科考试能否成功的关键。《宋史·选举一》曰："宋初承唐制，贡举虽广，而莫重于进士、制科。"③当时的科举考试主要以制科和进士科为贵。制科主要考策论，但是需要显要人物的举荐，考试难度大，且名额极少。此外，制科又非常科，经常停考，大中祥符元年（1008），有上封者言：

---

① ［宋］苏辙：《汝洲杨文公诗石记》，［宋］苏辙著，曾枣庄等校点：《栾城集》卷二十一，第 1398 页。

② ［宋］陈师道：《后山诗话》，［清］何文焕辑《历代诗话》，中华书局，1981 年，第 310 页。

③ ［元］脱脱等：《宋史》卷一百五十五，第 3603 页。

"两汉举贤良,多因兵荒灾变,所以寻访阙政。今国家受瑞建封,不当复设此科。"①从此罢制科20多年。因此,进士科成为举子们最热衷的考试,南宋周必大总结为"本朝取人虽曰数路,然大要以进士为先"②。当时的社会看重进士科,石介等人也不例外,他就说过"进士英俊窟"③。宋踵唐制,"凡进士,试诗、赋、论各一首,策五道,帖《论语》十帖,对《春秋》或《礼记》墨义十条。"④宋初进士科省试第一场试诗赋,第二场试论,第三场试策,最后试帖经、墨义,采取逐场去留的考校方式;殿试也主要考查诗赋。诗赋不合格者第一场就被淘汰,策论便不再被评判,因此,策论在考试中处于次要甚至被忽视的地位,帖经、墨义基本不考。诗赋尤其是赋成为决定科场去留、考定优劣的主要依据。正如刘畅《杂律赋自序》所说:"当世贵进士,而进士尚词赋,不为词赋,是不为进士也;不为进士,是不合当世也。"⑤科场辞赋乃是讲究声律、对偶、用典的律赋,典范之作正是杨亿等人的四六文。因此"是时天下学者杨、刘之作",杨亿才具有了石介所说的"盲天下人目""聋天下人耳"的影响力。

石介最早在《上蔡副枢书》中系统地阐述了自己的文学思想,这一封书信和科举考试有着密切关系。石介在信中说:

> 故两仪,文之体也;三纲,文之象也;五常,文之质也;九畴,文之数也;道德,文之本也;礼乐,文之饰也;孝悌,文之美也;功

---

① [宋]李焘:《续资治通鉴长编》卷六十八,第1535—1536页。

② [宋]周必大:《论发解考校之弊札子》,曾枣庄等主编:《全宋文》第228册,第15页。

③ [宋]石介:《诏下勉诸生》,[宋]石介著,陈植锷点校:《徂徕石先生文集》卷三,第27页。

④ [元]脱脱等:《宋史》卷一百五十五,第3604页。

⑤ [宋]刘畅:《杂律赋自序》,曾枣庄等主编:《全宋文》第59册,第208页。

业,文之容也;教化,文之明也;刑政,文之纲也;号令,文之声也。
圣人,职文者也。①

石介曾多次重申这一观点,此说固然有将文神秘化的倾向,但其将文
道等同,重视文的教化、政治功能的观点是明确的。在此信中他也提
出"今之时弊在文矣"的重要论断,且批判时文:"今夫文者,以风云
为之体,花木为之象,辞华为之质,韵句为之数,声律为之本,雕镂为
之饰,组绣为之美,浮浅为之容,华丹为之明,对偶为之纲,郑、卫为之
声,浮薄相扇,风流忘返,遗两仪、三纲、五常、九畴而为之文也,弃礼
乐、孝悌、功业、教化、刑政、号令而为之文也。"②石介在此将"今文"
之弊提高到"害道"的理论高度。《上蔡副枢书》所言的"今文之弊"
正是针对辞赋而言。第二章已经论及此信是为士建中科举一事而
作。士建中"不工今文",石介代郓州通判撰写奏表请求朝廷只让士
建中试策,又尝试通过范思远请托范讽从中协调,但最终并没有达到
目的,石介又作《上蔡副枢书》请求时任副枢密使的蔡齐留意士建中
考试一事。

　　石介最早在讨论科举问题的时候提出了"时文害道"的观点。系
统呈现他斥时文思想的《怪说中》一文是在《上蔡副枢书》的基础上
形成的。《上蔡副枢书》攻击"今文"的文字和其指名道姓攻击杨亿
的《怪说中》文字如出一辙,只是后者更为凝练。石介的盟友和同道
谈论"时文害道"往往也和科举有关。孙复也认为辞赋是害道的罪魁
祸首:"国家踵隋唐之制,专以辞赋取人,故天下之士,皆奔走致力于

---

① ［宋］石介:《上蔡副枢书》,［宋］石介著,陈植锷点校:《徂徕石先生文集》卷
　　十三,第144页。
② ［宋］石介:《上蔡副枢书》,［宋］石介著,陈植锷点校:《徂徕石先生文集》卷
　　十三,第144页。

声病偶对之间,探索圣贤之阃奥者,百无一二。"①此就是针对科场以辞赋取士的制度而言。石介任国子监直讲时最为推崇学生何群,曾"使弟子推以为学长"。何群曾上书言"文辞中害道者莫甚于赋,请罢去",石介"赞美其说"②。何群认为科场辞赋是害道之首,从而上疏请求科举考试之中取消辞赋,石介对此深表认同。

石介、孙复及其同道最早关于"时文害道"的言论往往与科举考试相关。科举考试是多数尊道复古之士难以回避的问题,制度与他们的思想观念发生冲突,从而促使他们系统地思考时文与道的关系。

二、辞赋取士的困境

杨亿等人的四六美文,固然有文风浮靡的倾向,但如欧阳修《论尹师鲁墓志》所言:"偶俪之文苟合于理,未必为非,故不是此而非彼也。"③石介等人如此强烈地抨击杨亿及四六文确实略显偏激,但如果从现实情景角度看,这种偏激实为一种迫不得已的选择。石介长期活跃于书院和国子监,尤其"好为人师",这种经历自然让他身边长期聚集着一帮年轻举子,而他的师友及弟子中多有如士建中般不擅长辞赋者。不擅长辞赋的读书人在科举考试中处于不利的境地,因此不得不为此谋划。

不擅长辞赋写作是石介周围文人普遍存在的情况。由于宋代的科场时文留存极少,我们已经很难考查石介及其同道和弟子的律赋创作水平,但通过史料仍然可以得知他们整体在以律赋为主要考核内容的进士科考试中不占优势。孙复、石介在泰山书院、应天书院时

---

① [宋]孙复:《寄范天章书一》,曾枣庄等主编:《全宋文》第 19 册,第 246 页。
② [元]脱脱等:《宋史》卷四百五十七,第 13435—13436 页。
③ [宋]欧阳修:《论尹洙墓志铭》,[宋]欧阳修著,李逸安点校:《欧阳修全集》卷七十二,第 1046 页。

期的学生大多数来自京东、河北、河南等地。第一章已经论及京东河北一带多出经学之士，而学子多缺少文学才情，因此在文辞才情方面要远远不如南方人。朱熹曾说："有才思者多去习进士科，有记性者则应学究科。凡试一大经者，兼一小经。每段举一句，令写上下文，以通不通为去取。应者多齐鲁河朔之人……"①朱熹此语主要分析了南北士人在科举考试中的差异，也道出齐鲁河朔之人在应进士科时表现出的才思欠缺。作为北方人的冯拯也意识到这个问题，大中祥符元年（1008）上言："比来省试，但以诗赋进退，不考文论。江、浙士人，专业诗赋，以取科第，望令于诗赋人内兼考策论。"②从总体上来看，南方人在辞赋创作上的优势要远远大于北方人，而此时强调经学、古文的京东文人似乎表现得更为弱势。石介、孙复二人在国子监讲学之时，他们的学生和南方人胡瑗的学生相比，在科举考试上往往处于弱势，《续资治通鉴长编》记载："瑗既为学官，其徒益众，太学至不能容，取旁官舍处之。礼部所得士，瑗弟子十常居四五。"③从人数上看，南方人胡瑗的学生在科举考试中明显更具优势。

制科的恢复为不擅长辞赋写作的举子提供了新的选择。天圣七年（1029）闰二月壬子，诏曰："朕开数路以详延天下之士，而制举独久置不设，意吾豪杰或以故见遗也，其复置此科。"④此年复开制科，不工辞赋的富弼是直接获益者。富弼天圣七年参加进士科考试落第，于是在范仲淹等人帮助下参加制科。邵伯温《邵氏闻见录》卷九记载：

---

① ［宋］黎靖德编，王星贤点校：《朱子语类》卷一百二十八，第 3079 页。
② ［宋］李焘：《续资治通鉴长编》卷六十八，第 1522 页。
③ ［宋］李焘：《续资治通鉴长编》卷一百八十四，第 4461 页。
④ ［宋］李焘：《续资治通鉴长编》卷一百七，第 2500 页。

　　富韩公初游场屋,穆修伯长谓之曰:"进士不足以尽子之才,当以大科名世。"公果礼部试下。时太师公官耀州,公西归,次陕。范文正公尹开封,遣人追公曰:"有旨以大科取士,可亟还。"公复上京师,见文正,辞以未尝为此学。文正曰:"已同诸公荐君矣。又为君辟一室,皆大科文字,正可往就馆。"①

此处所言"大科"即为制科,富弼于天圣八年(1030)高中此科。富弼《祭范文正公文》也云:"肇复制举,我惮大科,公实激之。"②此与《邵氏闻见录》相印证。富弼曾游学于应天书院,且受教于范仲淹,和孙复、石介等人关系密切,也是一位尊道好古之士。古文家穆修赞其有才华,应该是对其古文颇为欣赏;"进士不足以尽子之才,当以大科名世",当是穆修对富弼不善辞赋的委婉表述。富弼曾自言不擅长辞赋写作:"臣于仁宗天圣末,初忝名第。自绛州通判回,召试馆职。臣以不善作赋,寻会免试,只求外任。朝廷特令试以策论,自后登制科人遂以为例。"③富弼文章"辩而不华,质而不俚"④,讲究对偶、声韵、辞藻、用典的律赋自然不是其所长。

　　京东文人杰出者张方平也不工辞赋。张方平,字安道,号乐全老人,宋应天府宋城县(今商丘睢阳区)人。少学于外氏嵇颖,年十三,入应天府学,范仲淹在应天书院时,张方平曾以文受知。张方平是在儒学很浓厚的环境下成长起来的一位文人,青年时期曾和石介交好,

① 〔宋〕邵伯温撰,李剑雄等点校:《邵氏闻见录》卷九,中华书局,1983年,第89页。
② 〔宋〕富弼:《祭范文正公文》,曾枣庄等主编:《全宋文》第29册,第70页。
③ 〔宋〕富弼:《叙述前后辞免恩命以辩谗谤奏》,曾枣庄等主编:《全宋文》第28册,第357—358页。
④ 〔宋〕苏轼:《富郑公神道碑》,〔宋〕苏轼撰,〔明〕茅维编,孔凡礼点校:《苏轼文集》卷十八,第536页。

颇以同道自居。又与范思远建交，受知于范讽，参与"东州逸党"的朋饮，并得到范讽举荐。张方平曾两登制科，石介都赠诗祝贺。景祐元年（1034），张方平第一次高中制科，石介作《安道登茂才异等科》恭贺，诗曰："壮哉张安道，少怀夫子学。三就礼部试，不肯露头角。耻用众人遇，羞将一赋较。"①这固然为溢美之词，但是"少怀夫子学"的张方平三次在以考律赋为主的进士科考试中败北却是事实，可以看出辞赋成为张方平科考中的一大阻碍。石介虽然是进士科考试的成功者，但是他对讲究"声律对偶之言"辞赋不满。他在《安道登茂才异等科》中开篇即曰："尝言春官氏，设官何龊蹉。屑屑取于人，辞赋为程约。一字竞新奇，四声分清浊。矫矫迁雄才，动为对偶缚。恢恢晁董策，亦遭声病落。"②石介批判只考辞赋不利于选拔人才的科举制度，从中也可看出这种讲究声律、对偶的辞赋写作难度大。张方平在三次辞赋考试中败北，而只能转向制科考试。

　　现实的困境导致京东文人对科举考试制度产生更多的不满和思考。制科考试固然为不善辞赋的举子提供了机遇，但是需要身居高位的人推荐，名额有限，因此并不是每一个考生都可以获得参加考试的机会，大部分文人还是只能参加进士科考试。而在进士科考试中，石介的同道连连败北，比如被石介视为文宗儒师的孙复就曾四次参加进士科考试而未能登第；石介视为一代"诗豪"的石延年也是三举不中。大多数不擅长辞赋的举子，都不能获得制科考试的机会，以辞赋取士的进士科制度成为他们进入仕途的巨大障碍。石介等极力指责辞赋之弊，一定程度上是在建立科举改革的理论依据。

---

① ［宋］石介:《安道登茂才异等科》，［宋］石介著，陈植锷点校:《徂徕石先生文集》卷三，第26页。

② ［宋］石介:《安道登茂才异等科》，［宋］石介著，陈植锷点校:《徂徕石先生文集》卷三，第26页。

三、谋道与科举的困境

北宋毕仲游《理会科场奏状》说:"盖经术者,古学也,可以谋道而不可以为科举之用。诗赋者,今学也,可以为科举之用而不足以谋道。"①他又将石介、孙复称为"穷经谋道,不累科举之人"②,但从石、孙二人经历看,他们也不得不走以诗赋为科举的道路。辞赋和他们尊道复古的价值观相背离,但是迫于科举的压力又不得不为之,从而陷入谋道和科举相冲突的困境。

石介主张声律对偶之言害道,但也应是辞赋写作的高手。石介曾经高中进士甲等,由于没有辞赋作品留存,我们已经不能窥见其具体的创作情况。欧阳修和石介为同榜进士,从欧阳修的回忆可以看出当时为进士的状况:"况今世人所谓四六者,非修所好,少为进士时不免作之,自及第,遂弃不复作。"③石介在少年时期也应当是经过辞赋训练。天圣年间(1023—1031),石介曾寓学于应天府书院。《倦游录》记载石介求学南都之事,曰:

> 石守道学士为举子时,寓学于南都,其固穷苦学,世无比者。王渎侍郎闻其勤约,因会客以盘餐遗之。石谢曰:"甘脆者,亦某之愿也,但日享之则可,若止修一餐,则明日何以继乎? 朝享膏粱,暮厌粗粝,人之常情也。某所以不敢当赐。"便以食还,王咨

---

① [宋]毕仲游:《理会科场奏状》,曾枣庄等主编:《全书文》第 110 册,第 213 页。

② [宋]毕仲游:《经术诗赋取士议》,曾枣庄等主编:《全书文》第 111 册,第 73 页。

③ [宋]欧阳修:《答陕西安抚使范龙图辞辟命书》,[宋]欧阳修著,李逸安点校:《欧阳修全集》卷四十七,第 662 页。

重之。①

　　王洙是应天虞城（今商丘虞城县）人，早年曾在应天书院担任教席，其弟弟王洙为石介同榜进士，且这个家族与应天书院关系密切。石介天圣八年（1030）中举，游学于应天书院之时可能正值范仲淹在此任教。天圣五年，范仲淹丁忧南都，在应天书院讲学，一时学者汇集。范仲淹就曾经亲自编写过一本科举程文的教材《赋林衡鉴》，其序云："仲淹少游文场，尝禀词律。惜其未获，窃以成名。近因余闲，载加研玩，颇见规格，敢告友朋。其于句读声病，有今礼部之式焉。"②此序作于天圣五年，正是他在应天书院讲学之时。在应天书院的教学活动中，时文是重要的教学内容，石介自然少不了接受"句读声病，有今礼部之式"时文的训练。就在范仲淹执教应天之时，石介最为推崇的孙复也在此求学。虽然孙复在四十多岁就自诩学孔孟之道三十年，但是其一直都在积极参加科举。孙复曾四次参加科举，有一次已经通过省试，在殿试中才被黜落，应该也是精通时文。他曾作有《上郑宣抚书》，就为四六文，颇为典雅工整。

　　石介等道学之士在当年参加科举之时，不得不去研习辞赋，在为人师之时，也避不开辞赋。对于广大求学的举子来说，科举考试仍然是他们求学的主要目标之一。石介后来担任国子监直讲，国子监更是天下举子汇集之所。此时石介也很看重进士科考试，曾勉励学生："礼部文章渊，波浪百尺高。进士英俊窟，蛟龙千万条。吾子欲求济，

① ［宋］张师正撰，李裕民整理：《倦游杂录》卷三，第58—59页。
② ［宋］范仲淹：《赋林衡鉴序》，范仲淹撰，李勇先等点校：《范仲淹全集》别集卷四，第447页。

整子桌与篙。吾子欲求胜,操子戈与矛。"①举子为进士科考试而准
备的"桌、篙、戈、矛"自然少不了律赋。石介疾呼反对时文的同时,辞
赋仍然是国子监重要的教学内容。《儒林公议》记载:

> 时山东人石介、孙复皆好古醇儒,为直讲,力相赞和,期兴庠
> 序……介、复辈益喜,以为教道之兴也。他直讲又多少年,喜主
> 文词,每月试诗赋论策,第生员高下,揭名于学门。②

在石介主盟国子监时,"每月试诗赋论策,第生员高下",时文是国子
监重要的教学内容。石介本人也常以辞赋考第生员高下。文莹《湘
山野录》的记载可与《儒林公议》相互印证,曰:

> 石守道介,康定中主盟上庠,酷愤时文之弊,力振古道。时
> 庠序号为全盛之际,仁宗孟夏,銮舆有玉津镵麦之幸,道由上庠。
> 守道前数日于首善堂出题曰《诸生请皇帝幸国学赋》,糊名定优
> 劣。中有一赋云"今国家始建十亲之宅,新封八大之王"。盖是
> 年造十王宫,封八大王元俨为荆王之事也。守道晨兴鸣鼓于堂,
> 集诸生谓之曰:"此辈鼓箧游上庠,提笔场屋,稍或出落,尚腾谤
> 有司,悲哉! 吾道之衰也如是此。此物宜遽去,不尔,则鼓其姓
> 名,挞以惩其谬。"时引退者数十人。③

---

① [宋]石介:《诏下勉诸生》,[宋]石介著,陈植锷点校:《徂徕石先生文集》卷
三,第 27 页。
② [宋]田况撰,张其凡点校:《儒林公议》卷上,第 29—30 页。
③ [宋]释文莹撰,郑世刚整理:《湘山野录》卷中,大象出版社,2019 年,第
82 页。

康定当为庆历之误,石介庆历二年(1042)为国子监直讲。这则材料
一直被学者视为石介大刀阔斧反对时文、扭转浮靡文风的例证。但
也可以看出,辞赋仍是石介在国子监教学的主要内容之一。从残存
的两句已经无从知道石介痛斥之赋的全貌,但是石介的评论还是值
得细细寻绎。石介此话乃是针对人品而言,但其实也可以看出他黜
落此人的原因。石介曾在《答欧阳永叔书》中说教育生徒的原则:
"学乎尧、舜、禹、汤、文、武、周公、孔子之道","服乎三才、九畴、五常
之教","思乎忠于君、孝于亲、恭于其兄、友于其弟、信于朋友"①。他
以践行儒家之道要求学生,"此辈鼓箧游上庠,提笔场屋,稍或出落,
尚腾谤有司",其言行明显不符合儒道,所以石介有"吾道之衰"之
叹。石介视文道为一体,强调文章的功能是维持儒家纲常伦理及以
仁义道德教化万民。在他的观念中要践行儒道才可为文,且斯文即
是斯道,道之衰也是文之衰。石介对当时国子监的文风颇为不满,那
么石介推崇什么样的辞赋呢? 石介直接评价场屋辞赋的言语留存甚
少,只有只言片语。其《寄弟会等》曰:"平淑号能赋,其气典以和。"②
则是赞其弟之赋符合儒家温柔敦厚的教化精神。又如《上赵先生
书》:"曰诗赋者,曰碑颂者,曰铭赞者,或序记,或书箴,必本于教化仁
义,根于礼乐行政,而后为之辞。"③此处虽然不只是针对辞赋而言,
但是可以看出他认为赋"本于教化仁义,根于礼乐行政",也必须承载
儒家之道。此也可以看出,石介试图用儒家的文章理想改革科场
辞赋。

---

① [宋]石介:《答欧阳永叔书》,[宋]石介著,陈植锷点校:《徂徕石先生文集》
卷十五,第 177 页。
② [宋]石介:《寄弟会等》,[宋]石介著,陈植锷点校:《徂徕石先生文集》卷三,
第 32 页。
③ [宋]石介:《上赵先生书》,[宋]石介著,陈植锷点校:《徂徕石先生文集》卷
十二,第 135 页。

　　从石介在国子监时期的只言片语看,他考校学生辞赋优劣的标准仍然是"道"。石介在当时很难对辞赋的声律对偶的特征做出大幅度的变革。虽然他极力想取消进士科考试的辞赋科目,但是在他的时代,这种努力并没有成功,考校科场辞赋的严格程式并没有太多松动。力挺考辞赋者的一个主要理由即是"诗赋声病易考",宋代初期律赋用韵、字数、用事等都有严格的程式,举子程文稍稍不合程式便遭黜落。石介虽然极其不满这种声律对偶之言,对于广大准备应考的举子来说,其赋必须符合礼部的规范,就连石介在太学最为得意的门生何群,所作的赋也是"既多且工","工"自然是包括符合程式规范。石介"力振古道"的努力的确产生了一些效果,"士大夫翕然向风,先经术而后华藻",但讲求华藻的辞赋仍然是举子主要的课业。

　　石介、孙复等道学家认为"辞赋害道",经术和华藻本身是不可调和的矛盾。但是由于进士科考试制度,辞赋又几乎是每一个文人不可回避的问题,这就使得好古重道之士陷入理想与现实、谋道与荣身的冲突中。何群不满辞赋害道,大力创作古文,但也有八百篇"既多且工"的辞赋,这种尴尬境遇是当时好古之士的一个典型缩影。就在道学之士大力复兴古道、古文的同时,远在江表的李觏在屡次落第之后也产生了这样的困惑:"窃念觏家于江表,生而嗜学。诵古书,学古文,不敢稍逗挠。行年二十八,未获荐用于时,谤讟益多,穷困益甚。怳然自疑其业之非是……"①志于古而不用于今,这种矛盾在当时具有一定的普遍性。推崇古道和古文者对当时的进士科考试不满,一定程度上认为不合理的制度是矛盾的根源,因此,他们主要的改革目标就是降低律赋在科举考试中的重要性,或者彻底取消律赋。范仲淹旗下的文人集团皆力主复兴古道,在"庆历革新"中所提出的"精

---

① 〔宋〕李觏:《上李舍人书》,〔宋〕李觏撰,王国轩点校:《李觏集》卷二十七,中华书局,2011年,第289页。

贡举"主要措施就是"先策论、后诗赋"。

　　石介长期处于书院和国子监，以"师道"自居，他的同道和追随者主要都是一些科场举子。推崇经学和轻视辞章的传统，导致石介的学生大多不善科场辞赋，在进士科考试中处于弱势。石介等人以书院、国子监为基地，推崇复古思想，提倡古文写作，但是由于科举考试，使得他们面临着不得不为辞赋的尴尬遭遇。从这些角度来看，辞赋无疑成为复兴古道、古文的一大障碍。推动以辞赋取士制度改革的同时，在理论上反对辞赋也就成为一种必然的选择。以杨亿为代表的西昆派文人的四六文作为进士赋体，是当时科场辞赋的范文，自然容易成为好古之士的攻击对象。石介如此强烈地攻击杨亿，固然有性格中的偏激因素，但从另一方面看，也体现石介所代表的复古之士摆脱困境的急迫和努力。

　　石介、孙复为核心的京东文人兼具儒者与文人双重身份，但是其身份的自我认同上更倾向于儒生，从而表现出对"文辞"与文人趣味的排斥，轻视"文"，甚至认为"文辞害道"；并自发地压制以审美和抒发心灵自由为核心的文人趣味。他们的古文是典型的"儒者直言"，是表达思想的重要载体，因而思想的变化直接影响到他们的古文写作。虽然在艺术上存在各种不足，但是京东文人代表了"古文运动"中向思想深度演进的一脉。同时，作为坚守古文传统的一批文人，他们面临着科举的困境，"辞赋害道"的激进主张一方面是儒学思想演进的结果，一方面是突破现实困境的思想和策略。

第五章　京东文人与"太学体"

　　学界历来对京东文人集团的古文主张和创作评价不高,甚至认为孙复、石介等在反对时文之时矫枉过正,阻碍了古文的健康发展,将古文引入歧途。文学史研究者普遍认为在"北宋古文运动"的发展过程中曾出现一个险怪的古文流派,其轨迹是从"景祐变体"到庆历"太学新体",再到嘉祐"太学体",这股蔓延在太学里的怪异文风一直延续了二十余年,直到嘉祐二年(1057)欧阳修知贡举才得以廓清,使古文走向平易自然的正途。相关学者又进一步认为在欧阳修之前,张方平在庆历年间(1041—1048)就已经排抑"太学新体",具有首倡之功;而张方平主要斥责的石介也被追认为"太学体"的发端者,甚至认为"太学体"的产生乃是石介、孙复、张唐卿等京东文人将怪异文风带入了太学的结果①。文学史在梳理这一怪异文风的脉络时,张方平《贡院请诫励天下举人文章》就成为一条最为重要的材料,几

---

① 重要的研究成果有曾枣庄《北宋古文运动的曲折过程》(《文学评论》1982 年第 5 期)、葛晓音《欧阳修排抑"太学体"新探》(《北京大学学报(哲学社会科学版)》1983 年第 5 期)、《北宋诗文革新的曲折历程》(《中国社会科学》1989 年第 2 期)、[日]东英寿《"太学体"考——从北宋古文复兴的角度》([日]东英寿著,王振宇、李莉等译:《复古与创新——欧阳修散文与古文复兴》,第125—141 页)、祝尚书《北宋"太学体"新论》(《四川大学学报(哲学社会科学版)》1999 年第 3 期)、朱刚《"太学体"及其周边诸问题》(《文学遗产》2007 年第 5 期)、张兴武《北宋"太学体"文风新论》(《文学评论》2008 年第 6 期)等。

乎被近年所有研究"北宋古文运动"和"太学体"的论著所征引。但文学史在充分肯定张方平排抑"太学新体",扭转险怪文风之举时,对张方平其人和撰写《贡院请诫励天下举人文章》的具体历史语境缺乏细致深入的考察。张方平和他指名斥责的石介是什么关系? 在什么情况之下打击"太学新体"? 他对"太学新体"的评价是否客观? 欧阳修嘉祐二年(1057)打压"太学体"的依据是什么? 这些问题关系到对石介、孙复以及整个京东文人集团的历史评价,皆有待进一步厘清。

第一节　张方平、石介以及党争

张方平《贡院请诫励天下举人文章》一文将"太学新体"的责任直接归罪为石介和景祐元年(1034)"以变体而擢高第者",那么厘清张方平和石介的关系以及"以变体而擢高第者"的具体所指就尤为重要。

一、张方平与石介的关系

张方平《贡院请诫励天下举人文章》以否定的立场描述了从景祐元年(1034)到庆历年间(1041—1048)科场之文发展的一个过程:

> 伏以礼部条例,定自先朝,考较升黜,悉有程式。自景祐元年,有以变体而擢高第者,后进传效,因是以皆忘素习。尔来文格,日失其旧,各出新意,相胜为奇。至太学之建,直讲石介课诸生,试所业,益加崇长,因其所好尚而遂成风,以怪诞诋讪为高,以流荡猥烦为瞻,逾越规矩,或惑误后学。朝廷恶其然也,故屡下诏书,丁宁诫励。而学者乐于放逸,罕能自还。今贡院考试诸进士,太学新体,间复有之……①

---

① ［宋］张方平:《贡院请诫励天下举人文章》,［宋］张方平撰,郑涵点校:《张方平集》卷二十,第278—279页。

由"景祐变体"到"太学新体"这一看似清晰的脉络被学界普遍视为"太学体"形成发展的过程,"太学新体"也被视为"太学体"的前身;张方平对石介指名道姓的指责坐实了石介始倡"太学体"的罪责,为"太学体"之怪异文风寻找到了一个看似合理的源头。

但是学界在采用这则史料之时,很少去详细地辨析,对张方平其人其事都缺少详细考辨。近年学者开始考虑到张方平此论的时代背景和动机,认为张方平此言是对石介的肆意诋毁。朱刚教授《"太学体"及其周边诸问题》一文曰:

> 在庆历党争中,诋毁石介、苏舜钦这类个性鲜明的人,是打击范仲淹集团的重要手段,正如元祐党争中诋毁秦观是打击苏轼集团的常用手段。所以,张方平的诋毁不足为凭。[①]

朱氏之文并没有展开论述张方平与石介之间的关系,张兴武教授《北宋"太学体"文风新论》一文随即针对朱刚教授的观点提出异议:

> 而所谓张方平以敌党身份"肆意诋毁"石介的说法,就更需认真求证。张方平景祐元年六月举"茂才异等"科时即得到石介好友范讽的全力推荐,石介为作《安道登茂才异等科》一诗,真诚相贺。庆历元年五月,左正言孙沔"荐田况、欧阳修、张方平、曾公亮、蔡襄、王素可任谏官"。应该说,其所举数人在政治上必定有着相同或相近的态度。由此可见,张方平绝不可能成为石介的政敌。至于庆历六年论奏"太学新体"的文章,既是张方平出于"同知礼部贡举"的责任,更是一种真心诚意的批评,绝对不可

---

① 朱刚:《"太学体"及其周边诸问题》,《文学遗产》2007 年第 5 期。

视为敌党之间的"肆意诋毁"。①

张氏之文认为张方平曾得到石介"好友"范讽的举荐，和石介有诗歌赠答，政见也应该和欧阳修、蔡襄等的革新主张相近，对石介的批评绝对不可能是"敌党之间的'肆意诋毁'"。因此，张方平是否"诋毁"石介以及在庆历党争中的表现，无疑是了解"太学新体"的关键。

石介和张方平到底是一种什么关系？笔者认为二人在庆历年间都卷入到党争中，分别隶属新旧党，是一种政治敌对的关系。张方平参加制科考试得力于范讽的举荐，但也在此年石介曾极力请托范讽举荐自己服膺的士建中而遭到拒绝，范、石二人可能因此而交恶，此前二人似乎也并非好友关系（参见第二章第三节）。可知范讽举荐张方平参加制科考试一事与石介并无大的关联。石介确实在张方平前后两次高中制科都有诗歌表示恭贺，但是张方平亲自编订并经过苏轼删改的《乐全集》中已经找不到和石介唱和的诗篇，唯一提到石介的就是《贡院请诫励天下举人文章》。张方平两次中制科分别在景祐元年（1034）、宝元元年（1038），之后再没有二人交好的证据。反而在此后不久，石介升任国子监直讲之时，张方平对其人其事颇为不喜。苏象先《丞相魏公谭训》卷六：

> 张安道雅不喜石介，以为狂谲盗名，所以与欧、范不足，至目以奸邪。一日谒曾祖，在祖父书室中案上见介书，曰："吾弟何为与此狂游？"又问："黄叔微何在？"问："前日狂生以羔雁聘之不受，何不与吃了羊，着了绢，一任作怪。何足与之较辞受义理也？"
>
> 曾祖除御史中丞，固辞不拜。石介以书与祖父，以不拜为

① 张兴武：《北宋"太学体"文风新论》，《文学评论》2008 年第 6 期。

非。其略云:"内相为名臣,□祖父字。为贤子,天下属望,所系非轻。岂可以辞位为廉?"①

从苏象先的记录来看,张方平对石介颇为不屑,认为其为狂谲盗名之辈,此也导致张方平和欧阳修、范仲淹等人关系恶化。张方平对石介以羔雁之礼聘请世外高人黄晞之举大力抨击,此举确有"肆意诋毁"之嫌。司马光《涑水记闻》对石介在国子监时礼聘黄晞之事也有记载,曰:

> 黄晞,闽人,好读书,客游京师,数十年不归。家贫,谒索以为生,衣不蔽体,得钱辄买书,所费殆数百缗,自号聱隅子。石守道为直讲,闻其名,使诸生如古礼,执羔雁束帛,就里中聘之,以补学职,晞固辞不就。故欧阳永叔《哭徂徕先生》诗云"羔雁聘黄晞,晞惊走邻家"是也。②

司马光在叙述这件事情的时候,态度比较中立,完全不像张方平那样言辞愤激。从司马光引用欧阳修"羔雁聘黄晞,晞惊走邻家"诗句,可知欧阳修也曾记述石介礼聘黄晞一事。但此语并非出自欧阳修《哭徂徕先生》,而是出自其《读徂徕集》,其诗曰:

> 徂徕鲁东山,石子居山阿。鲁人之所瞻,子与山嵯峨。今子其死矣,东山复谁过。精魄已埋没,文章岂能磨!寿命虽不长,所得固已多。旧稿偶自录,沧溟之一蠡。其余谁付与,散失存几

---

① [宋]苏象先撰,储玲玲整理:《丞相魏公谭训》卷六,大象出版社,2019 年,第 220 页。

② [宋]司马光撰,邓广铭、张希清点校:《涑水记闻》卷十,第 183 页。

何！存之警后世，古鉴照妖魔。子生诚多难，忧患靡不罹。宦学
三十年，六经老研摩。问胡所专心？仁义丘与轲。扬雄、韩愈
氏，此外岂知他。尤勇攻佛老，奋笔如挥戈。不量敌众寡，胆大
身么麽。往年遭母丧，泣血走岷峨。垢面跣双足，锄犁事田坡。
至今乡里化，孝悌勤蚕禾。昨者来太学，青衫踏朝靴。陈诗颂圣
德，厥声续猗那。羔雁聘黄睎，睎惊走邻家。施为可怪骇，世俗
安委蛇。谤口由此起，中之若飞梭。上赖天子明，不挂网者罗。
忆在太学年，大雪如翻波。生徒日盈门，饥坐列雁鹅。弦诵聒邻
里，唐虞赓咏歌。常续最高第，骞游各名科。岂止学者师，谓宜
国之蟠。夭寿反仁鄙，谁尸此偏颇。不知敆敆者，又忍加诋诃。
圣贤要久远，毁誉暂喧哗。生为举世疾，死也鲁人嗟。作诗遗鲁
社，祠子以为歌。①

欧阳修自注此诗作于庆历六年（1046），即为石介去世之第二年。欧
诗对石介一生进行了高度评价，并为其含冤而死鸣不平，对诽谤石介
之辈表示愤慨。欧诗按照时间顺序对石介的一生进行了回顾，"陈诗
颂圣德，厥声续猗那。羔雁聘黄睎，睎惊走邻家"是石介在太学时期
两大惊人之举，同时也"谤口由此起"。"陈诗颂圣德，厥声续猗那"
当是石介在庆历三年（1043）四月所作《庆历圣德诗》。石介与欧阳
修的同年田况在《儒林公议》曾记录此事：

> 范仲淹、富弼初被进用，锐于建谋作事，不顾时之可否。时
> 山东人石介方为国子监直讲，撰《庆历圣德诗》以美得人。中有
> "惟仲淹、弼，一夔一契"之句，气类不同者，恶之若仇。未几，谤

---

① ［宋］欧阳修：《读徂徕集》，［宋］欧阳修著，李逸安点校：《欧阳修全集》卷三，
第43页。

眚群兴，范、富皆罢为郡，介诗颇为累焉。①

石介此诗一出，就引来了夏竦等人的打击报复，党议四起，直接导致庆历革新的主要人物范仲淹、富弼等人不安于朝，自请外放。"羔雁聘黄晞"和"陈诗颂圣德"一样，都被世俗视为"怪骇"之举。相对张方平的刻薄抨击，欧阳修态度温和得多，他推崇石介是"岂止学者师，谓宜国之蟠"，偶有过当之举，但也不至于离经叛道，欺世盗名，和"世俗安委蛇"相比，并无多少可非议之处。

　　张方平非议石介之言大约在庆历三年（1043）的四月到七月之间，正值庆历党争最紧张时期。苏象先的祖父为苏颂，曾祖为苏绅。苏绅（999—1046）除御史中丞固辞不拜在庆历三年②，石介与苏颂的信应该写于此年。苏绅在同年七月知扬州③，直到庆历五年十月才返回京城④。陈植锷先生《石介事迹著作编年》认为欧阳修《读徂徕

---

① ［宋］田况撰，张其凡点校：《儒林公议》卷上，第6—7页。

② 颜中其编：《苏颂年表》："（庆历三年）父五十四岁，为翰林学士，再迁尚书礼部郎中。除御史中丞，固辞不拜。"（吴洪泽、尹波主编：《宋人年谱丛刊》第4册，四川大学出版社，2003年，第2121页）

③ 《宋会要辑稿》职官六四"庆历三年七月三日，翰林学士、礼部郎中、知制诰、史馆修撰苏绅为龙图阁学士、知扬州。谏官以绅举马端台官非其才故也"（第4789—4790页）。

④ 《续资治通鉴长编》卷一百五十八记载庆历六年春正月"丙申，翰林学士、礼部郎中、知制诰、史馆修撰苏绅为吏部郎中、翰林侍读学士、集贤殿修撰，知河阳。绅锐于进取，善中伤人，衣冠惮疾之。言者斥其状，故命出守。绅自扬州复入翰林未三月也。是岁，卒于河阳"（第3818页）。《宋会要辑稿》仪制三记载："（庆历五年）十月二十五日，翰林学士孙抃、张方平言：'学士苏绅已复旧职，缘绅位本在臣等之上，望许仍旧。'从之。"（第2340页）庆历五年十月苏绅入京任职，庆历六年正月又黜外任，在京时间约三个月左右，基本符合"绅自扬州复入翰林未三月也"。因此苏绅应该是庆历五年十月由扬州任上入京城任职。

集》诗"以时间顺序胪列介之生平,故知'羔雁聘黄晞'乃在撰《庆历圣德颂》之后"①。《庆历圣德颂》作于庆历三年(1043)四月,那么"羔雁聘黄晞"一事只能发生于庆历三年四月之后。张方平在苏颂书房见到石介之信,应该离写信时间不久。因此张方平拜见苏绅应在其知扬州之前,即在庆历三年四月至七月间。此时关于石介的中伤之语已经满朝野,张方平无疑是促使石介不自安于朝的推波助澜者。在欧阳修看来,张方平此语自然可被视作如同飞梭的"口谤",张方平自然也应属于恶意"诋诃"石介的訾訾者。

在石介去世多年之后,与张方平交好的赵概举荐黄晞,仍然对石介此举颇有非议,其奏章曰:"石介在国子监时,请晞表率生徒。晞以介诈善不直,为事非是,遂拒之弗往,乃晞之先见知人、识虑高远也。"②蔡襄和黄晞同为闽人,且"与之游甚久",但对赵概等人"斥介引晞"的行为却非常不满,他认为石介并非"诈善不直":

> 介好议论当时人物,故众毁丛至。原其所以为心,欲君侧无奸邪,人人为忠孝,百姓无疾苦,教化明白。信周公孔子之言,谓太平可立致,而不度世务行之难易。此介之所以修诚立节之大略也。所抵牾者,夏竦党辈也。一旦介去朝,奸人巧伪百端,构造谤毁,必欲赤其族然后快意。③

蔡襄高度肯定了石介"修诚立节之大略",对构陷毁谤石介之辈指名痛斥,又进一步驳斥赵概之说:"晞避介聘为学正,不肯为介下耳,此

---

① 陈植锷著,周秀蓉整理:《石介事迹著作编年》,第118页。
② 赵概奏章今已不存,转引自蔡襄《答赵内翰书》(《全宋文》第47册,第33页)。
③ [宋]蔡襄:《答赵内翰书》,曾枣庄等主编:《全宋文》第47册,第33页。

特小小者,岂足为晞高识远虑哉?"①可见,蔡襄无疑将赵概等人"诈善不直"之语视为对石介的"谤毁"。张方平在庆历年间(1041—1048)深恶石介的言行,在蔡襄看来也应该类似毁谤诬陷石介的"夏竦党辈"。

　　欧阳修、蔡襄等人都是北宋名臣,对时人针对石介礼聘黄晞的非议颇为不然。石介确实有一些言论过于偏激,招来一些非议,欧阳修认为石介"自许太高,诋时太过",范仲淹也对石介有不满之处,但这些大多为善意的规劝,和张方平等人的全盘否定不可同等看待。正如后来张耒《读守道诗》曰:"作为文章不徒发,讥切时事排公卿。俗儒毁誉无所出,乃取过行为讥评。"②此论应该颇为公允。张方平此举应该可以归为对其过行的"讥评"。

　　张方平在时隔三年之后的庆历六年(1046)在奏章中斥责石介"以怪诞诋讪为高,以流荡猥烦为赡",足以证明张方平在庆历年间"雅不喜石介"。张方平和石介交恶的主要原因是二人都卷入庆历党争,属于对立的党人。庆历三年范仲淹、杜衍、富弼、韩琦等发起政治革新,但很快就遭到章得象、贾昌朝、王拱辰等人反对,即所谓的"新政之争"。台湾学者梁天赐《北宋台谏制度之转变》第二节"台谏之横与党争"认为庆历新旧党之争基本可以分为韩、范、杜、富与王、章两大阵营。韩、范、杜、富党成员有:韩琦、范仲淹、富弼、苏舜钦、石介、王益柔、尹洙、杜衍。王、章党成员有:王拱辰、宋祁、张方平、贾昌朝、章得象、钱明逸③。石介和张方平分别隶属新旧两大敌对阵营。石介是庆历革新的主要参与者和支持者,曾在新政伊始就写作《庆历

①　[宋]蔡襄:《答赵内翰书》,曾枣庄等主编:《全宋文》第47册,第34页。
②　[宋]张耒:《读守道诗》,[宋]张耒撰,李逸安等点校:《张耒集》卷十四,中华书局,1990年,第240页。
③　梁天赐:《北宋台谏制度之转变》,《能仁学报》1994年第3期。

圣德诗》摇旗呐喊，将其归为韩、范之党，应该没有争议。张方平归属为章、王之党也基本是共识，《韩魏公集》附录三《家传》记载：

> 监进奏院苏舜钦因本院赛神聚饮，预会者皆当世闻人。舜钦，宰相杜衍之婿，御史以故极论之，事下开封府劾治。上夜遣宦官散捕同饮者送狱。翌日，公对曰："夜来闻遣内臣绕京师捕馆职，甚骇物听。此事但付有司，自有行遣。陛下自即位，未尝为此等事，今日何至如此？"上悔见于色。

> 在朝奸邪者既欲因奏邸事倾正人，宰相章得象、晏殊不可否，参知政事贾昌朝阴主之，张方平、宋祁、王拱辰辈皆同力以排，至列状言王益柔作《傲歌》，罪当诛。益柔，范公所荐试馆职也。中书方进禀此事，公徐进曰："益柔狂语，何足深校？方平等皆陛下近臣，今西方用兵，大事固不少，不闻略有论列，而同状攻一王益柔，此亦其意可见也。"上意释然。①

"进奏院案"是旧党为打击新党炮制的一宗冤案，张方平在此案中推波助澜，无疑可以归属为旧党。对此学界少有怀疑，但是方健教授《范仲淹评传》认为韩琦《家传》"将张方平列入旧党之首，于史无据"，且"疑《家传》作者与张有私憾而肆意丑诋"②。

其实将张方平列入旧党，并非于史无据。张方平在世之时，蒋之奇就在弹劾另一位庆历旧党主要成员的时候指出张方平为旧党成员。蒋之奇于治平四年（1067）三月上奏弹劾钱明逸，曰：

---

① ［宋］韩琦撰，李之亮、徐正英笺注：《安阳集编年笺注》附录三"韩魏公家传"，巴蜀书社，2000 年，第 1792 页。

② 方健：《范仲淹评传》，南京大学出版社，2001 年，第 217 页。

臣累奏弹明逸奸邪，及吴申、刘庠亦尝论列，先帝属疾，未及施行。臣与明逸素无嫌隙，但以倾险憸薄，在仁宗朝附贾昌朝、夏竦、王拱辰、张方平之党，陷杜衍、范仲淹、尹洙、石介之徒，朝廷一空，天下同疾。①

蒋之奇上此奏章离庆历党争发生只有二十余年，当事人皆基本在世，其说应该是比较可靠的。钱明逸、贾昌朝、夏竦、王拱辰等人皆是当时不遗余力攻击范党之辈，对此很少有争议。张方平位列旧党，也应该是当时的公论。欧阳修与张方平交恶在当时人皆共知，前引苏象先《丞相魏公谭训》已经言及"张安道雅不喜石介，以为狂谲盗名，所以与欧、范不足，至目以奸邪"。叶梦得《避暑录话》中也有类似的记载，但认为欧、张交恶主要与庆历党争有关：

张安道与欧文忠素不相能。庆历初，杜祁公、韩、富、范四人在朝，欲有所为。文忠为谏官，协佐之，而前日吕申公所用人多不然。于是诸人皆以朋党罢去，而安道继为中丞，颇弹击以前事，二人遂交怨，盖趣操各有主也。②

欧阳修以君子和小人区分党人，曰："大凡君子与君子以同道为朋，小人与小人以同利为朋，此自然之理也。"③以君子之党自居的欧阳修显然不认为张方平是君子，《续资治通鉴长编》卷二百七记载："（英宗治平三年）上谓执政，学士独王珪能为诏，余多不称职。因

① ［宋］李焘：《续资治通鉴长编》卷二百九，第5081页。
② ［宋］叶梦得撰，徐时仪整理：《避暑录话》卷下，第71页。
③ ［宋］欧阳修：《朋党论》，［宋］欧阳修著，李逸安点校：《欧阳修全集》卷十七，第297页。

问方平文学如何？欧阳修对曰：'方平亦有文学，但挟邪不直。'"①欧阳修直斥张方平"挟邪不直"，将张方平归为"小人"的行列。庆历六年(1046)张方平《贡院请诫励天下举人文章》痛斥石介，在欧阳修等人看来，自然属于"弹击前事"。欧阳修与张方平交恶的主要原因可能正是张方平在庆历(1041—1048)时期对石介、苏舜钦等人的恶意诋毁。

方健教授认为韩琦《家传》资料不可靠，但是却对王巩《张方平行状》的说法信以为实。其《范仲淹评传》曰："张方平之所以被宋人及后人误认为奸邪的旧党，可能出自于以下原因，正如《行状》所述：'时，操时者颇立交党，更相贵宠，互为游说，奔走胥附。公正色于朝，独立不惧。众虽不悦，无如之何。范文正公每以公议持之，上亦自知之深也。'"②方氏采信王巩"公正色于朝，独立不惧"之说。方健教授引用《张方平行状》之时忽略了王巩和张方平的关系。王巩为张方平女婿，此行状实有谀美之嫌。张方平生前就有关于他为旧党的议论，且此时庆历党争早已有定论，正邪已分。王巩此语意在说明张方平不曾反对范仲淹、欧阳修等庆历新党，但此语却似不甚高明。"众虽不悦"一语颇值得推敲。"众"应当为前文所指"颇立交党，更相贵宠，互为游说，奔走胥附"者。"交党"者正是旧党对新党的攻击，而且新党也不避讳结党之说。"交党"之人应该包括欧阳修、范仲淹等庆历新党。"众所不喜"，恐怕也包括庆历新党成员不喜欢他。《张方平行状》还记载张方平曾在"张甥案"中为欧阳修辩诬，以及得到范仲淹赏识的话语，这些无疑都在澄清张方平不曾卷入党争，但这些记载皆不见其他出处。苏轼对张方平和欧阳修二人皆敬仰有加，他在撰写《张文定公墓志铭》时对《行状》中极力为张方平开脱党争的

---

① ［宋］李焘：《续资治通鉴长编》卷二百七，第 5022 页。
② 方健：《范仲淹评传》，第 221 页。

文字几乎只字未提,王巩一面之词的可信程度是要打折扣的。从另一个角度思考,张方平生前关于其党争的说法已经颇多,王巩在张方平身后极力为其开脱也在情理之中。

王巩在行状中极力为张方平开脱党争之嫌,但在《闻见近录》中记载了张方平和旧党之首章得象一同非议新政,其文曰:

> 庆历中,韩、范、富执政,日务兴作,时章郇公为相,张文定因往见之,语以近日诸公颇务兴作,如何? 郇公不答。凡数问之,曰:"得象每见小儿跳踯作戏,禁止不得,到触着墙自退耳。方其举步时,势难遏也。"未几,三公悉罢。文定尝曰:"事不可竞。古谚曰:'迟是疾,疾是迟。'斯甚有理。"①

张方平此时就"诸公颇务兴作,如何"咨询旧党之首章得象,并认为"事不可竞",无疑是认同章得象反对新政的保守立场。庆历党争后期由政见的分歧发展成病态的党派倾轧,张方平作为敌对党,在党争最激烈的时候抨击石介,确实是表现出了党派意气之争之时的"肆意诋毁"。

二、"变体擢高第者"的具体所指

张方平《贡院请诫励天下举人文章》又指出一位"自景祐元年,有以变体而擢高第者",此语也有党争诋毁之嫌。

对于这位"擢高第者",学者多有揣测。祝尚书《北宋"太学体"新论》认为"擢高第者"为景祐元年(1034)以"言切规谏、冀以感悟人主"的《积善成德论》高中状元的张唐卿。因为张唐卿不仅"文行为东州士人所称",沾染了"东州逸党"的习气,而且与石介关系密切,

---

① [宋]王巩撰,戴建国整理:《闻见近录》,大象出版社,2019年,第71页。

最为相知①。张唐卿没有作品流传,已经不得而知其具体的创作情况。但是笔者认为仅仅根据以上两点推测张唐卿"论事怪诞"是缺少根据的。张方平本人不仅早年和石介相交,而且也参与"东州逸党"的集会宴饮。在张方平看来,此当不足以成为"怪诞"的理由。张兴武先生也认为张唐卿"为人处世的态度似乎并不象范讽、石介那样怪异",从而认为张方平"指责的'变体'作手,更可能是该年登第一甲进士第的郓州怪才士建中。据石介说,士建中'能通明经术,不由注疏之说,其心与圣人之心自会,能自诚而明,不由钻学之至,其性与圣人之道自合。故能言天人之际、性命之理、阴阳之说、鬼神之情',但'凡浮碎章句,淫巧文字,利诱势逐,宁就于死,曾不肯为',对骈文写作一窍不通,故很难适应礼部科考……士建中的应试之作便极有可能是不合旧时'文格','各出新意,相胜为奇'的变体文章"②。士建中也没有作品流传,但是士建中未必就"对骈文写作一窍不通"。景祐元年(1034)三月一日诏书曰:"贡院所试进士,除诗、赋依自来格式考定外,其策、论亦仰精研考校,如词理可采,不得遗落。赋如欲不依次押官韵者听。"③虽然"策、论亦仰精研考校",但是诗赋仍然是主要的考试科目,策论还是属于次要地位。如果对骈文辞赋一窍不通,恐怕是很难高中进士一甲。"士建中不工今文",但是这未必就一定会写作怪文。

和张唐卿、士建中相比,此年登第的苏舜钦更可能是张方平所指责的以变体擢高第者。苏舜钦景祐元年(1034)中第,其《亡妻郑氏墓志铭》曰:"甲戌岁,予登第,授光禄寺主簿,知亳州蒙城。"④"甲戌

① 祝尚书:《北宋"太学体"新论》,《四川大学学报(哲学社会科学版)》1999 年第 3 期。
② 张兴武:《北宋"太学体"文风新论》,《文学评论》2008 年第 6 期。
③ 刘琳等点校:《宋会要辑稿》选举三,第 5293 页。
④ [宋]苏舜钦撰,何文焯校点:《苏舜钦集》卷十四,上海古籍出版社,2011 年,第 178 页。

岁"即为景祐元年。苏舜钦中第的等级,历来没有记载,但是从其授予的官职来看,应该是甲等。《宋会要辑稿》选举二记载:

> 景祐元年四月十八日,诏新及第进士第一人张唐卿、第二人杨察、第三人徐绶并为将作监丞、通判诸州;第四人苗振、第五人何中立并大理评事、签书诸州节度判官事;第六人已下并为秘书省校书郎、知县。第二甲为两使职官,第三甲为初等职官,第四甲为试衔、判司簿尉,第五甲为判司簿尉。九经第一人为国子监主簿、知县,第三人初等职官。余注判司簿尉。锁厅及第高赋等二十六人迁官有差。①

苏舜钦初授官明显高于第二甲进士,但是也不是第一甲的"并为秘书省校书郎、知县",而是"光禄寺主簿,知亳州蒙城"。秘书郎和光禄寺主簿在元丰改制以前同为品级较低的文官阶官,从品级上看,光禄寺主簿可能略高于校书郎②。苏舜钦为何不授予校书郎而授予光禄寺主簿,可能与其早年因门荫授予太庙斋郎有关。苏舜钦的阶官品级等同或略高于一甲所授的校书郎,职事官与一甲所授官职等同。因此,苏舜钦应该是在景祐元年(1034)进士科考中名列甲等,可以算是"擢高第者"。早在天圣年间(1023—1031)苏舜钦就追随穆修,反对时文,提倡古文创作,且颇有文名。欧阳修《苏学士文集序》曰:

---

① 刘琳等点校:《宋会要辑稿》选举二,第 5268 页。
② 宋初官制基本因袭唐朝,唐秘书省校书郎为正九品上,光禄寺主簿为从七品上。后苏舜钦由光禄寺主簿迁大理评事。大理评事在宋初也为文官阶官,唐代为从八品下。由此可见,宋初此三个文官寄禄官并非完全因袭唐代。从此年进士授官诏可以得知,大理评事应该高于秘书省校书郎。因此,光禄寺主簿品级应该等同或者略高于秘书省校书郎。

子美之齿少于予，而予学古文反在其后。天圣之间，予举进
士于有司，见时学者务以言语声偶擿裂，号为时文，以相夸尚。
而子美独与其兄才翁及穆参军伯长，作为古歌诗杂文，时人颇共
非笑之，而子美不顾也。①

其文被"时人颇共非笑之"，其科举之文很有可能不符合常规，在张方
平看来，或许也可称作"变体"。张方平斥责"有以变体而擢高第者"
离震惊朝野的"进奏院案"只有短短几个月，苏舜钦无疑是景祐元年
（1034）进士中影响力最大的一位。联系张方平在"进奏院案"中的
表现，以及他在庆历六年（1046）任御史中丞之时，颇弹击前事，"擢
高第者"很有可能就是暗指苏舜钦。假如以上的推测成立，张方平所
言的"有以变体而擢高第者"，则明显带有很强的政治偏见，并非是一
个客观公正的评价。

综上所述，隶属庆历旧党的张方平素不喜新党人物石介，他所谓
的"擢高第者"也极可能暗指新党人物苏舜钦。但基本可以确定，他
指名道姓的斥责存有党争的偏见，不能视作客观的评述。

第二节　"太学新体"与庆历贡举改革

张方平《贡院请诫励天下举人文章》主要是针对科举考试而作，
而在此前科场考试制度发生了巨大的变动，即庆历贡举新制的立与
废。对于庆历贡举改革，新旧党之间存在巨大的意见分歧，张方平作
为保守的旧党成员在庆历六年（1046）利用同知贡举的机会彻底地否
定了庆历贡举改革。此为张方平《贡院请诫励天下举人文章》的写作

---

① ［宋］欧阳修：《苏氏文集序》，［宋］欧阳修著，李逸安点校：《欧阳修全集》卷
四十三，第613页。

背景和意图。

一、庆历贡举改革中的党派分歧

庆历贡举改革表面上看是新旧党人共同协商的结果,其实新旧党人在进士科考校方式方面存在巨大的分歧。张方平在庆历六年(1046)协助孙沔知贡举,而在此年科举考试之前,朝廷的科举考试政策曾发生过剧烈的变动。庆历四年(1044)三月,经过多方协商的科举改革方案出台。《续资治通鉴长编》卷一四七记载:

> 范仲淹等意欲复古劝学,数言兴学校,本行实。诏近臣议。于是翰林学士宋祁,御史中丞王拱辰,知制诰张方平、欧阳修,殿中侍御史梅挚,天章阁侍讲曾公亮、王洙,右正言孙甫、监察御史刘湜等合奏曰:"伏奉诏书议,夫取士当求其实,用人当尽其才。今教不本于学校,士不察于乡里,则不能核名实;有司束以声病,学者专于记诵,则不足尽人材。此献议者所共以为言也。谨参考众说,择其便于今者,莫若使士皆土著而教之于学校,然后州县察其履行,则学者修饬矣。故为设立学舍,保明举送之法。夫上之所好,下之所趋也。今先策论,则文辞者留心于治乱矣;简程式,则闳博者得驰骋矣;问大义,则执经者不专于记诵矣。其诗赋之未能自肆者杂用今体,经术之未能亟通者尚如旧科,则中常之人,皆可勉及矣。此所谓尽人之材者也。故为先策论过落,简诗赋考式,问诸科大义之法,此数者其大要也。其州郡封弥誊录,进士、诸科帖经之类,皆苛细而无益,一切罢之。法行则申之以赏罚。如此,养士有本,取才不遗,为治之本也。"①

----

① [宋]李焘:《续资治通鉴长编》卷一百四十七,第3563页。

此奏章是经宋祁、王拱辰、张方平等九人合议后由欧阳修执笔的《详定贡举条状》,《续资治通鉴长编》只摘录了前面纲领的部分,省略了后面关于贡举改革细则的内容。《详定贡举条状》全文今存于《宋会要辑稿》选举三,比对《续资治通鉴长编》记载关于庆历贡举改革的庆历四年(1044)三月的"乙亥诏、令",基本是由《详定贡举条状》精简而成。贡举改革以察履行、先策论、简程式、问大义为宗旨,取消州郡发解试的誊录弥封制度,进士科考试第一场试策,第二场试论,第三场试诗赋,并逐场淘汰,诸科试经书大义,取消进士、诸科帖经。

　　和范仲淹在庆历年间施行的诸多新政不同,"精贡举"经历了长时间讨论。《详定贡举条状》是由宋祁、王拱辰、张方平、欧阳修、梅挚、曾公亮、王洙、孙甫、刘湜等人合议,"谨参考众说,择其便于今者"。其中宋祁、王拱辰、张方平明显是站在范仲淹的对立面,尤其是王拱辰、张方平更是不遗余力地打击新党成员。表面看起来科举新制是被新旧两党都认可,但其实双方一直存在分歧①。

　　诗赋取士的不合理性不断被提及。宋初科举考试沿袭隋唐制度,"凡进士,试诗、赋、论各一首,策五道,帖《论语》十帖,对《春秋》或《礼记》墨义十条"②。并采取逐场考落的方法,辞赋成为科场去留的关键。以辞赋取士的方式逐渐引起了一些有识之士的担忧,正如前引《详定贡举条状》所言:"有司束以声病,学者专于记诵,则不足尽人材。此献议者所共以为言也。"从真宗朝开始,力图提高策论在考校中地位的呼声就不断。咸平五年(1002)十一月,张知白曾上疏

---

① 关于庆历贡举改革中存在的各方意见分歧,陈植锷先生《北宋文化史述论》第一章第三节《科举改革和宋学的演进》已有论及,陈氏侧重于科举制度的演变而未提及党争因素。笔者此节重点在论述庆历贡举改革中的党派分歧,但多受陈氏之文启发,故不敢掩前人之美,特此表过。具体参见陈植锷《北宋文化史述论》,第77—120页。

② [元]脱脱等:《宋史》卷一百五十五,第3604页。

建言:"今进士之科,大为时所进用,其选也殊,其待也厚……然后先策论,后诗赋,责治道之大体,舍声病之小疵。"①张知白先试策论后试诗赋的主张并没有被采纳。祥符元年(1008)冯拯提出:"进士以诗赋进退,不考文论。且江浙举人专业词赋,以取科名。今岁望令于诗赋合格人内兼考策论。"②冯拯建议的"于诗赋合格人内兼考策论"则获得了朝廷的认可,在这之后朝廷颁布了"进士兼取策论"的诏令③。但是在具体的实行过程中情况并不理想,仁宗朝分别于天圣五年(1027)、明道二年(1033)、景祐元年(1034)、景祐五年(1038)屡下诏书要求兼考策论。

从各种迹象来看,提高策论在科举考试中的地位已经在仁宗朝成为一种共识,但是在实施的细节上,仍然存在争议。庆历三年(1043)范仲淹《答手诏条陈十事》就透露了这样的信息:

> 其取士之科,即依贾昌朝等起请,进士先策论而后诗赋;诸科墨义之外,更通经旨。使人不专辞藻,必明理道,则天下讲学必兴,浮薄知劝,最为至要。内欧阳修、蔡襄更乞逐场去留,贵文卷少而考校精。臣谓尽令逐场去留,则恐旧人扦格,不能创习策论,亦不能旋通经旨,皆忧弃遗,别无进路。臣请进士旧人三举以上者,先策论而后诗赋。许将三场文卷通考,互取其长。两

① ［宋］李焘:《续资治通鉴长编》卷五十三,第1168—1169页。
② 刘琳等点校:《宋会要辑稿》职官一三,第3378页。
③ ［宋］李焘《续资治通鉴长编》卷九十记载天禧元年(1017)九月"右正言鲁宗道言:'进士所试诗赋,不近治道。诸科对义,但以念诵为工,罔究大意。'上谓辅臣曰:'前已降诏,进士兼取策论,诸科有能明经者,别与考校。可申明之。'"(第2082页)由此可知,此前朝廷曾颁布进士科省试兼考策论的法令。

举、初举者,皆是少年,足以进学,请逐场去留。①

从范仲淹《答手诏条陈十事》来看,当时关于科举改革的意见可以分为两派:一派是以贾昌朝为代表,主张进士先策论而后诗赋;另一派以欧阳修、蔡襄为代表,主张"更乞逐场去留"。这两派都主张先策论后诗赋,但是采取"通考去留"还是"逐场去留"的考校方式双方则存在分歧。

前面提及,在真宗咸平五年(1002)张知白就提出要先策论、后诗赋。宝元中(1038—1039),仁宗问以进士试诗赋、策论先后,李淑在梳理了唐代以来进士科考试科目的发展演变之后提出先策论、后诗赋的建议:

> 今陛下欲求理道而不以雕琢为贵,得取士之实矣。然考官以所试分考,不得通加评校,而每场辄退落,士之中否,殆系于幸不幸。愿约旧制,先策,次论,次赋及诗,次帖经、墨义,而敕有司并试四场,通校工拙,毋以一场得失为去留。②

李淑认为今科举沿袭隋唐,形成"以诗赋为第一场,论第二场,策第三场,帖经第四场"的考试方式,且考官评判试卷的方式是"以所试分考,不得通加评校,而每场辄退落",此皆为取士制度之弊。从李淑的建议也可以看出,虽然此前朝廷屡次颁布诏令强调诗赋策论"通考去留",但是在实施的过程中仍然是采取逐场过落,科场去留主要决定于诗赋。李淑遂提出了"先策,次论,次赋及诗,次帖经、墨义","并

① [宋]范仲淹:《答手诏条陈十事》,[宋]范仲淹撰,李勇先等点校:《范仲淹全集》"政府奏议"卷上,第466页。
② [元]脱脱等:《宋史》卷一百五十五,第3612—3613页。

试四场,通校工拙"的改革方案。在李淑看来,要真正做到"通校去留",还必须先试策论后试诗赋。朝廷曾"诏有司议,稍施行焉",但从庆历时期各种改革贡举的提议来看,这次议论的结果没有改变诗赋、策、论的考试顺序,可能只是再一次强调了"通校去留"。从真宗时期开始,诗赋策论"通考去留"已经成为人们的基本共识,也是朝廷诏令所规定的贡举制度。贾昌朝等人的建议和李淑的意见应该是相同的,即改"先诗赋后策论、通考去留"的考校方案为"先策论、后诗赋、通考去留"。这一点在欧阳修的《论更改贡举事件札子》中也可以得到印证。

欧阳修与蔡襄除了主张"先策论而后诗赋"之外,又进一步提出"逐场去留"的建议和实施措施。欧阳修《论更改贡举事件札子》:

　　　臣窃闻近有臣寮上言,请改更贡举进士所试诗赋、策论先后,事已下两制详议。伏以贡举之法,用之已久则弊,理当变更。然臣谓必先知致弊之因,方可言变法之利。今贡举之失者,患在有司取人先诗赋而后策论,使学者不根经术,不本道理,但能诵诗赋,节抄《六帖》、《初学记》之类者,便可剽盗偶俪,以应试格。而童年、新学、全不晓事之人,往往幸而中选。此举子之弊也。今为考官者,非不欲精校能否,务得贤材,而常恨不能如意,大半容于缪滥者,患在诗赋、策论通同杂考,人数既众而文卷又多,使考者心识劳而愈昏,是非纷而益惑,故于取舍往往失之者。此有司之弊也。故臣谓先宜知此二弊之源,方可言变法之利。今之可变者,知先诗赋为举子之弊,则当重策论;知通考纷多为有司之弊,则当随场去留。而后可使学者不能滥选,考者不至疲劳。今若不改通考之法,而但更其试日之先后,则于革弊,未尽其方。凡臣所请者,若漫然泛言之,恐不能尽其利害,请借二千人为率,以明变法之便。①

在欧阳修看来,当今的科举存在两大弊端:"举子之弊"与"有司之弊"。解决的方案则分别是"知先诗赋为举子之弊,则当重策论;知通考纷多为有司之弊,则当随场去留"。欧阳修所言"近有臣寮上言,请改更贡举进士所试诗赋、策论先后",应该就是指贾昌朝等人所提出的"进士先策论而后诗赋",但此举只解决了"举子之弊"。欧阳修曾在庆历二年(1042)做过别头试考官,有过批阅试卷的经验,因此深知其中的"有司之弊":"诗赋、策论通同杂考,人数既众而文卷又多,使考者心识劳而愈昏,是非纷而益惑,故于取舍往往失之者",不利于"精校能否,务得贤材"。从而提出"随场去留",并且以两千人为例,提出具体的实施方案:

> 凡贡举旧法,若两千人就试,常额不过选五百人。是于诗赋、策论六千卷中选五百人,而日限又迫,使考试之官殆废寝食,疲心竭虑,因劳致昏,故虽有公心而所选多滥。此旧法之弊也。今臣所请者,宽其日限,而先试以策而考之。择其文辞鄙恶者,文意颠倒重杂者,不识题者,不知故实、略而不对所问者,误引事迹者,虽能成文而理识乖诞者,杂范旧格不考式者,凡此七等之人先去之,计于两千人可去五六百。以其留者,次试以论,又如前法而考之,又可去其二三百。其留而试诗赋者,不过千人矣。于千人而选五百,则少而易考,不至劳昏。考而精当,则尽善

① 〔宋〕欧阳修:《论更改贡举事件札子》,〔宋〕欧阳修著,李逸安点校:《欧阳修全集》卷一百四,第1590页。

矣……此臣所谓变法必须随场去留,然后能革旧弊者也。①

欧阳修根据以往的考试情况假设以两千人考生为例,论证了"随场去留"的优势与可行性,为科举制度改革提出了具体可行的方案。

蔡襄和欧阳修的意见基本一致,其观点主要体现在《论改科场条制疏》,现将关于贡举改革措施的主要文字摘抄如下:

> 臣伏见隋唐以来,以进士、明经二科取士,迄今以为永制。进士虽通试诗赋策论,其实去留专在诗赋。糊名誊纸,以示至公。点抹细碎,条约纤悉,所司奉之,便于考校。明经逐场对义,抄节注疏,计诵字数。至有一字旁写声形类者三两字,如有一中,亦是通义。字犹不识,经旨何从而知,取士之方,一至于此……今就其所试之业而裁之,以试策为去留进士之术,以大义为去留明经之术,庶几可行也……应举之人须经本州学听书,其日限以国子监新立条约为例。一、请试策三道为一场;考校验落外,次试论为一场;又考校验落外,次试诗赋为一场。以上三场皆善者为优,或策论诗赋互有所长,则互取之。其策仍请一道问经义异同,以观其识;一道问古今沿革,以观其学;一道问当世之务,以观其才。此其大略也。②

蔡襄认为"进士虽通试诗赋策论,其实去留专在诗赋"。虽然朝廷屡次下诏令要求"兼考",但在施行的过程中往往还是以诗赋为主导,策

---

① [宋]欧阳修:《论更改贡举事件札子》,[宋]欧阳修著,李逸安点校:《欧阳修全集》卷一百四,第1591页。
② [宋]蔡襄:《论改科场条制疏》,曾枣庄等主编:《全宋文》第46册,第393—394页。

论流于附属地位，最终策论在科场去留中起不到关键性的作用。从而他提出"以试策为去留进士之术"，并且提出了策论、诗赋逐场考校验落的方法。蔡襄的建议和欧阳修也有一点不同。欧阳修建议"其留而试诗赋者，不过千人矣。于千人而选五百"，最后一场则凭借诗赋定去留。蔡襄则主张策论逐场考落之后，第三场试诗赋，但最终不以诗赋定去留，而是"以三场皆善者为优，或策论诗赋互有所长，则互取之"。也就是前两场逐场去留，最后诗赋策论通考定去留。比较而言，欧阳修的建议中，诗赋在第三场中还具有决定作用；在蔡襄的建议中，诗赋在第三场也不具有决定性意义，而是成为最终决定进士科场去留、品第高下的参考之一，且是重要性最低的。蔡襄关于提高策论在贡举中的地位的建议无疑比欧阳修更加完善。

　　从以上的分析来看，关于贡举改革新旧两党的意见存在分歧。范仲淹从而提出一种调和的建议，"进士旧人三举以上者，先策论而后诗赋。许将三场文卷通考，互取其长。两举、初举者，皆是少年，足以进学，请逐场去留"。"先策论而后诗赋"，这是双方都认可的。三举以上者采取"通考"，"两举、初举者"逐场去留。这个折中的办法，也并非范仲淹本意，他应该也是赞成"逐场去留"。早在天圣五年（1027），范仲淹《上执政书》已经提出先策论、后诗赋，且以策论定去留的考校措施：

　　　　今春诏下礼闱，凡修词之人，许存策论，明经之士，特与旌别。天下之望，翕然称是。其间所存策论，不闻其谁，激劝未明，人将安信？傥使呈试之日，先策论以观其大要，次诗赋以观其全才。以大要定其去留，以全才升其等级。[1]

----

[1]　[宋]范仲淹：《上执政书》，[宋]范仲淹撰，李勇先等点校：《范仲淹全集》文集卷九，第187页。

范仲淹早期的主张和欧阳修类似,采取先策论、后诗赋,逐场考落,但是在第三场凭借诗赋决定取舍与等级。范仲淹在《答手诏条陈十事》中所提出的折中意见,对三举以上考生仍然采取"通考去留",应该是考虑到贾昌朝等人的意见。但是范仲淹建议的措施具有过渡性质,最终还是采用"随场去留"的考校方式。他无疑是支持蔡襄、欧阳修的意见,这也可以看作庆历新党的一种共识。范仲淹试图调和双方,希望选择一个过渡的政策,从中也可以窥见双方的分歧颇为严重。

但从庆历四年(1044)拟定的《详定贡举条状》来看,并没有采取范仲淹的过渡意见。现将《详定贡举条状》关于进士省试的具体规定胪列如下:

> 进士试三场,并依旧封弥誊录。先试策三道,一问经旨,二问时务。次论一道,次诗、赋各一道。旧试帖经墨义,今并罢。初场引试策,先次考校,内有文辞鄙恶者,对所问不备者(谓十事不对五以上),误引事迹者(谓十事误引五以上),虽能成文而理识乖缪者,杂犯不考式者,凡此五等,并更不考论。次场论内有不识题者,文辞鄙恶者,误引事者(十事误用三以上),虽成文而理识乖缪者,杂犯不考式者,凡此五事,亦更不考诗、赋。第三场诗、赋毕,将存留策、论卷子上与诗、赋通考定去留,合格荐名者出榜告示。①

不难发现,《详定贡举条状》基本是综合欧阳修、蔡襄二人的意见而成。采纳了蔡襄前两场以策论定去留,最后诗赋策论通考定去留的原则;具体考校方式,基本和欧阳修《论更改贡举事件札子》意见一致。因此,《详定贡举条状》经过了九人讨论,其中包括新旧两党的主

---

① 刘琳等点校:《宋会要辑稿》选举三,第5298—5299页。

要成员,但是在这次讨论中,新党的意见占了绝对上风。最终,朝廷根据《详定贡举条状》颁布了科举改革诏令。由欧阳修亲自拟定的《详定贡举条状》并不是获得了所有人的认可,而是一方意见压倒另一方。

蔡襄和欧阳修"逐场考落"的方法和贾昌朝等人"通考去留"的方法有着重大的区别。欧阳修和蔡襄主张先试策、次试论、再试诗赋、并"逐场过落",使得策论,尤其是策成为科场去留的关键。逐场去留,实为逐场淘汰,第一场试策不合格,后面的论的试卷将不再评判;第二场论不合格,诗赋试卷也不再评判;前两场都合格,诗赋还必须与策论通校,根据综合成绩决定去留和等级。宋初先诗赋、后策论,并逐场去留的制度导致了"以辞赋定去留"的局面,如果施行先策论、后诗赋并逐场去留的制度,势必会造成"以策论定去留"的结果。和欧阳修、蔡襄等人的改革意见相比,贾昌朝等人只是建议在旧制上进行微调。贾昌朝等主张以策、论、诗赋通考去留,三场考试完毕,最后根据举子策、论、赋的综合考校结果,决定去留和等级。先试策,再试论,再试诗赋,在某种程度上使得策论和诗赋获得同等重要甚至更为重要的地位,但是策论并不是决定科场去留的关键。只是调整科目考试的顺序,并不能彻底改变"以辞赋定去留"的弊端,正如后来司马光所言:"若是依旧不罢诗赋之时,即先试后试,事归一体,别无损益。"①总的来看,"通考去留"还是"逐场去留"成为双方分歧的焦点,而分歧的背后则是进士科考试是否"以策论定去留"。

贡举新制在一片争议中出台,而且从一开始就和党争搅和在一起。随着新党失去仁宗的支持,范仲淹、富弼等改革的主将先后离朝,反对贡举改革的声音就立刻出现,贡举新制从而遭到废止。《续

① [宋]司马光:《贡院定夺科场不用诗赋状》,[宋]司马光撰,李文泽等点校:《司马光集》卷二十八,第 700 页。

资治通鉴长编》卷一百五十五记载：

> （庆历五年三月乙卯）诏礼部贡院进士所试诗赋，诸科所对经义，并如旧制考校。先是，知制诰杨察言前所更令不便者甚众，其略以诗赋声病易考，而策论汗漫难知，故祖宗莫能改也。且异时尝得人矣，今乃释前人之利，而为此纷纷，非计之得，宜如故便。上下其议于有司，而有司请今者考校，宜且如旧制。遂降此诏。①

可以想象，除了贾昌朝、欧阳修所代表的两种意见之外，势必还存在着另一种意见：那就是赞成"如旧制考校"，不对贡举制度做任何改变。杨察就是这种意见的代表，他的奏章得以完整保存下来，曰：

> 诏科场旧条，皆先朝所定，宜一切无易。时礼部贡院言："四年，宋祁等定贡举新制，会明年诏下，且听须后举施行。今秋赋有期，缘新制，诸州军发解，但令本处官属保明行实，其弥封、誊录，一切罢之。切见外州解送举人，自未弥封、誊录以前，多采虚誉，苟试官别无请托，亦只取本州曾经荐送旧人，其新人百不取一。弥封以后，考官不见姓名，即须实考文艺，稍合至公。又，新制进士先试策三道，次试论，次试诗赋。先考策论定去留，然后与诗赋通定高下。然举人每至尚书省，不下五七千人，及临轩覆校，止及数百人。盖诗赋以声病难犯，易为去留，若专取策论，必难升黜。盖诗赋虽名小巧，且须指题命事。若记闻该富，则辞理自精。策论虽有问目，其间敷对，多挟他说。若对不及五通尽黜之，即与元定解额不敷。若精粗毕收，则滥进殊广。所以自祖宗

---

① ［宋］李焘：《续资治通鉴长编》卷一百五十五，第3761页。

以来,未能猝更其制。兼闻举人举经史疑义可以出策论题目凡数千条,谓之《经史质疑》;至于时务,亦抄撮其要,浮伪滋甚,难为考校。又旧制以词赋声病偶切之类,立为考式,今特许仿唐人赋体及赋不限联数、不限字数。且古今文章,务先体要,古未必悉是,今未必悉非。尝观唐人程试诗赋,与本朝所取名人辞艺,实亦工拙相半。俗儒是古非今,不为通论。自二年以来,国子监生,诗赋即以汗漫无体为高,策论即以激讦肆意为工,中外相传,愈远愈滥,非惟渐误后学,实恐后来省试,其合格能几何人! 伏惟祖宗以来,得人不少,考较文艺,固有规程,不须变更,以长浮薄,请并如旧制。①

《续资治通鉴长编》将此奏议系于庆历八年(1048)四月,但李焘按语云杨察初上言此当为庆历五年三月,庆历八年重申此议。杨察将贡举新制不妥之处归纳为三点:州试取消发解试的弥封誊录,势必造成请托之风,有损公平原则;"先考策论定去留,然后与诗赋通定高下"难为考校;举子辞赋仿效唐体,汗漫无体,也难以考校。《续资治通鉴长编》将这篇奏议大意总结为"其略以诗赋声病易考,而策论汗漫难知",指的正是杨察所列的第二个不妥之处,这也是贡举新制中最核心、最有争议的问题。

策论汗漫、难于考校的说法由来已久。真宗时期孙何《论诗赋取士》的观点很具有代表性:

持文衡者岂不知诗赋不如策问之近古也? 盖策问之目,不过礼乐行政,兵戎赋舆,岁时灾祥,吏治得失,可以备拟,可以曼

---

① ［宋］李焘:《续资治通鉴长编》卷一百六十四,第3945—3946页。

衍,故污漫而难校,渱涩而少工,词多陈熟,理无适莫。①

孙何盛赞诗赋的优越性,也不否认策问"近古"且可以考察举子的综合能力。策论可见才识已为通论,但是策论难于考校,这也是无法规避的问题。策论"汗漫无体",不像诗赋有"声病偶切"可以作为考校的具体标准。《续资治通鉴长编》记载天圣七年(1029)三月庚辰,"诏自今召试人,令学士、舍人院试诗赋如旧制。以近岁所试论策,其文汗漫难考也"②。由此可知,翰林院、舍人院在录试馆阁人员之时,曾经尝试过试策论,但是因为"汗漫难考",不得不作罢。考校策论缺乏具体可行的客观标准,其取舍等级往往系于主考官的一时好尚,这也是内在的隐患。宋代科举考试采取弥封、誊录等制度,其背后的精神则是公平公正,使不同社会阶层的举子获得同等的机会。而"以策论定去留"势必会造成对公平、公正精神的背离,这也正是策论作为进士考试科目存在的先天不足之处。历来反对考校策论者都是持这个理由,这也应该是贾昌朝等不赞成欧阳修等人所提议的"逐场去留",坚持主张"通考去留"的原因。如旧考校,就是恢复到先诗赋后策论、诗赋策论兼考,这和欧阳修等人意见相比,无疑更容易获得贾昌朝等人认可。在新党成员相继离朝之后,主张"如旧制考校"者和主张"通考去留"者很快达成了一致意见,彻底地废除了新制。

二、张方平对待贡举改革的态度

那么张方平对贡举改革的态度如何呢?前面笔者已经论及张方平在这场党争中是站在贾昌朝一面,反对范仲淹、欧阳修等人。张方平参与了制定《详定贡举条状》,但是并不认可这个方案。苏辙《龙

① [宋]孙何:《论诗赋取士》,曾枣庄等主编:《全宋文》第9册,第205页。
② [宋]李焘:《续资治通鉴长编》卷一百七,第2503页。

川别志》记载：

> 张公安道尝为予言："治道之要，罕有能知之者。老子曰：
> '道非明民，将以愚之。'国朝自真宗以前，朝廷尊严，天下私说不
> 行，好奇喜事之人，不敢以事摇撼朝廷。故天下之士，知为诗赋
> 以取科第，不知其它矣。谚曰：'水到鱼行。'既已官之，不患其不
> 知政也。"①

张方平认为以诗赋选官，并不危害"治道"，对"天下之士，知为诗赋
以取科第，不知其它矣"的局面颇为赞同。可见，他并不反对诗赋取
士的贡举制度，在科举制度改革的态度上甚至比贾昌朝还要保守，张
方平上奏朝廷的《贡院请诫励天下举人文章》更是验证了他这一态
度。张方平将庆历六年（1046）科场出现的问题归结为"以怪诞诋讪
为高，以流荡猥烦为瞻"；"其赋至八百字以上，而每句有十六、十八字
者。论有一千二百字以上。策有置所问而妄肆胸臆，条陈他事者"
（这些问题基本都是庆历贡举新制的遗留，后面将详论）。用他的话
来说，庆历六年进士试卷最大的问题是"言不中度"。所谓的度，即是
科场程式。从他所列的科场赋、策、论所出现的问题来看，他并没有
认可新制"简程式"的原则，而是在考校过程中严格遵循旧制，"不合
程式者，以准格考落外"，"辞理粗通"的试卷也在他黜落之列。

张方平和王安石此年因省试阅卷而产生分歧，此事也体现出张
方平对贡举改革的保守态度。《宋史·张方平传》记载：

> 王安石方用事，巍然不小屈，以是望高一时。守宋都日，富
> 弼自亳移汝，过见之曰："人固难知也。"方平曰："谓王安石乎？

---

① ［宋］苏辙撰，俞宗宪校点：《龙川别志》卷上，中华书局，1982年，第81页。

亦岂难知者！方平顷知皇祐贡举，或称其文学，辟以考校。既入院，凡院中之事，皆欲纷更。方平恶其人，檄使出，自是未尝与语也！"①

此处《宋史》所载时间有误。考张方平生平，并未在皇祐时期知贡举，其一生仅在庆历六年(1046)权同知贡举。又据《宋会要辑稿》选举一九记载：

> (庆历)六年正月十四日，以翰林学士孙抃等权知贡举，侍御史仲简、三司度支判官周陵封印卷首，王畴、葛闳、邵必、曾公定、王安石、王淑、蔡振、沈康充点检试卷官，韦尧辅、孟开、张师颜、许遵、宁轲充诸科考试官。②

因此，张方平和王安石同在贡院应为庆历六年(1046)事。《宋史》记录此事本意在抑王扬张，但也可看出张方平在这次贡举中压制"纷更"的强硬态度。王安石在神宗熙宁年间(1068—1077)对贡举制度作了彻底改革，罢诗赋，以经义策论代之。熙宁二年(1069)，王安石主张废除诗赋时说："今以少壮时，正当讲求天下正理，乃闭门学作诗赋，及其入官，世事皆所不习，此科法败坏人材，致不如古。"③他自然不会认同张方平以诗赋取士、"既已官之，不患其不知政"的观点。早在庆历四年(1044)，与王安石交好的曾巩上书蔡襄、欧阳修推荐了王安石。此年革新派正在雷厉风行地推出改革措施，欧阳修、蔡襄等极力主张的贡举制度改革出台。曾巩再三向欧、蔡等人推荐王安石，也

---

① ［元］脱脱等：《宋史》卷三百一十八，第10359—10360页。
② 刘琳等点校：《宋会要辑稿》选举一九，第5626页。
③ ［元］脱脱等：《宋史》卷一百五十五，第3617—3618页。

可以看出王安石在政治立场上向革新派靠拢,他后来推出的熙宁变法对庆历革新也多有继承。熙宁四年(1071),王安石完成了集中体现他贡举改革思想的《乞改科条制札子》,其中对《详定贡举条状》也多有借鉴,使得改革措施更具有可行性。庆历六年(1046),王安石在贡院或许已经开始酝酿他的贡举改革,我们可以设想他对张方平严格按照"程式"而无视"辞理"的取士做法定然会有异议,其"皆欲纷更"也是在情理之中。王安石在贡院试图有所"纷更"却遭到张方平的坚决抵制,"恶其人,檄使出,自是未尝与语也",由此,张方平在此次贡举中的保守态度可见一斑。

　　杨察的建议使得新制被废除,但是只是停留在政策上,张方平在这次科考中不遗余力地践行旧的科考制度,罢黜所有不按照程式应试的举子,无疑进一步消除了新制的影响。庆历六年(1046)的省试中,仍有一部分按照庆历新制要求应试的举子。可想而知,这些人可能正是凭借"新体"程文通过了州郡的发解试,贡举新制在一些地区还有支持者,并没有完全被废止。朝廷朝令夕改,庆历四年(1044)三月颁布新制,五年三月又废除新制,恢复旧制。而此时离各地的发解试只有几个月,离省试也不到一年,这对于按照新制准备已久的举子来说,要很快改变过来,写作符合旧制规定的程文,恐怕也存在一定的难度。当然也不能排除存在一些不愿意按照旧制写作程文的举子。张方平在评阅试卷之时,自然看到新制的影响犹在,庆历五年三月的诏令并没有收到预期的效果,因此,"窃虑远人未尽详之。伏乞朝廷申明前诏,更于贡院前榜示,使天下之士知循常道"①。张方平的建议被朝廷采纳,再一次重申了庆历五年的诏书。《宋会要辑稿》选举三在张方平奏章下记载:"从之。八年四月八日诏:'科场旧条皆

---

① ［宋］张方平:《贡院请诫励天下举人文章》,［宋］张方平撰,郑涵点校:《张方平集》卷二十,第279页。

先朝所定,宜一切无易。'"①张方平此举,无疑比杨察的举动更具有威慑力,他不仅在实际考校中黜落了不按照旧制标准写作程文的举子,而且又在下次科举之前,重申废除新制的诏令。

由上述可知,张方平彻底地打击和否定了庆历贡举新制,其中有对科举取士观点的分歧,也有党派之间意气之争。其《贡院请诫励天下举人文章》是站在否定立场上描述庆历贡举新制及其影响。弄清了这个问题,对张方平所说的"太学新体"的性质就很有必要进行重新考察。

第三节　"太学新体"的评价

文风怪诞是一种评价,那么张方平对"太学新体"文风的评价是否客观呢? 张兴武教授《北宋"太学体"文风新论》一文对张方平的观点进行了归纳:

> 从张方平指责"太学新体"的那段文字中不难看出,此种文风的弊端主要表现在三个方面:一是内容以"诋讪""流荡"为能事,"各出新意,相胜为奇";二是语言表达"怪诞""僻涩";三是答卷不守"规矩",字数超限,答非所问。②

张兴武教授所言的第二个方面,即对"太学新体"语言"怪诞""僻涩"的指责在张方平的奏章中体现得并不明显。张文所引用的"僻涩"一语在张方平文中并没有出现,其"怪诞"一语也是和"诋讪"连用,理解为"太学新体"的内容特征可能更为确切。当然,笔者还是认同张

---

① 刘琳等点校:《宋会要辑稿》选举三,第 5301 页。
② 张兴武:《北宋"太学体"文风新论》,《文学评论》2008 年第 6 期。

兴武教授所归结的第一点、第三点为张方平所谓的"太学新体"的弊端。其实,张方平文章中把"太学新体"的特征总结为:"以怪诞诋讪为高,以流荡猥烦为瞻。"所谓"怪诞诋讪"指的是内容无疑,"流荡猥烦"则是指文章冗长,文不体要,也即后文指的文字超限、答非所问等问题。这和张兴武教授所归纳的第一点和第三点是吻合的。本节主要围绕这两点展开讨论。

一、对"言不中度"的评价

首先看看张方平所指责的文字超限、答非所问等问题。张方平这篇奏章主要是针对此年进士省试中出现了"言不中度"的试卷,具体表现为:"其赋至八百字以上,而每句有十六、十八字者。论有一千二百字以上。策有置所问而妄肆胸臆,条陈他事者。"①赋、论篇幅超长的问题被张方平重点指认为科场程文的弊端。而朱刚教授《"太学体"及其周边诸问题》一文认为:"有趣的是,宋代对程试文章的字数,一般只规定其下限,如赋要三百六十字以上,论要五百字以上,等等,制订章程的时候并不觉得有规定上限的必要。"②从而认为张方平的指责是不足为凭的。张兴武教授并不认同朱刚教授的观点,对此有着不同的意见:

> 譬如《长编》卷一五八庆历六年二月己卯条载:"时御史王平又请赋毋得过四百字,而礼部复谓才艺所取,一字之多,遂至黜落,殆非人情。自是复以旧数为限。"同书卷四四九哲宗元祐五年十月载:"癸丑诏:近制府、监发解省试举人,经义每道不得

① [宋]张方平:《贡院请诫励天下举人文章》,[宋]张方平撰,郑涵点校:《张方平集》卷二十,第279页。
② 朱刚:《"太学体"及其周边诸问题》,《文学遗产》2007年第5期。

过五百字,策不得过七百字,如过七分,虽合格,并降一等。诸发解举人依此。"像这样明确严肃的"程式"规定,是参加发解试、省试和殿试的所有考生都必须遵守的。有学者认为宋人对程式文章的字数一般只规定下限而没有上限,因而张方平对"庆历新体"文章字数超限的指责毫无道理,应该说是一种误解。①

文中列举了两则材料证明北宋科场程文的字数上限是有明确规定的,肯定了张方平指责"太学新体"文章字数超限的合理性。关于程文字数下限的限定,《庆历贡举条状》中有详细的记载:"策每道限五百字以上,论限五百字以上,赋限三百六十字以上。"并且进一步规定"策一道内少五字""论少五十字""赋少三十字"皆为"不考式"②。可见,对程文字数不够的判罚是极其严厉的,但是并没有提及文字超限的问题。

　　庆历时期是否对程文字数上限有严格规定呢? 就笔者知见所及,并没有明确的记载,张兴武教授所引用的两则史料也不足以证明之。庆历六年(1046)作为御史中丞的张方平指责程文超长之后,其下属御史王平"又请赋毋得过四百字",王平关于设定辞赋字数上限的建议遭到礼部否决:"一字之多,遂至黜落,殆非人情。自是复以旧数为限。"③所指的旧数是上限,还是下限,我们不得而知,但是根据礼部强烈反对规定上限的意见来看,更可能是只规定下限而不规定上限。王平的建议只涉及辞赋字数,并未涉及策论,那么此时的策论是否有字数限制呢? 笔者认为应该也没有这种限制。张兴武教授引用哲宗元祐五年(1090)十月"癸丑诏"以证明程文字数有上限规定,

---

① 张兴武:《北宋"太学体"文风新论》,《文学评论》2008 年第 6 期。
② 刘琳等点校:《宋会要辑稿》选举三,第 5298 页。
③ [宋]李焘:《续资治通鉴长编》卷一百五十八,第 3822 页。

但此诏令离张方平同知贡举的庆历六年(1046)已经过了四十多年，科举制度经历熙宁(1068—1077)、元祐(1086—1094)时期的变革，已经发生了重大的变化。所谓近制，制定时间应该和朝廷颁布此诏令相隔不久。元祐初年，朝廷上下对熙宁以来的科举进行了广泛的讨论，朝廷曾颁布了一系列的科举改革条制，所言近制，应为在此时制定。此并不能说明庆历时期曾经有过关于策论字数上限的规定。另外，此制度施行之后，立刻遭到反对。《续资治通鉴长编》卷四百五十九记载哲宗元祐六年(1091)六月：

> 壬寅，给事中范祖禹言："左谏议大夫郑雍奏：'贡举条，程文经义每道不得过五百字，策不得过七百字，如过二分，虽合格并降一等。今辞理优长者往往过数，欲用旧制，自发解试至御试文，并不以过数为限，广收闳博之儒，以副设科之意，令礼部详定闻奏。'窃谓对策字数不当立限，众所共知，理无可疑，不必礼部详定，乞并用旧制。"诏今后对策过二分，更不降等，惟经义犹依前降指挥。祖禹又封还，以为不可。(此据《祖禹家传》，不从给事中朱光庭再封还，亦不从《政目》。七月四日，给事中朱光庭缴科场不限字数文字，今附此。七年四月二日，乃从臣僚不限字数。)①

郑雍言"欲用旧制，自发解试至御试文，并不以过数为限"，可知在之前并没有规定科场程文字数上限。元祐五年(1090)关于程文字数上限的规定很快就遭到众多大臣的反对，六年便废除了策文字数的限定，但仍然保留着对经义文的限制，七年则"从臣僚不限字数"。

元祐七年(1092)四月，废除科举条制关于程文字数上限的限制，

---

① [宋]李焘：《续资治通鉴长编》卷四百五十九，第10988页。

可能正是得力于姚勔的上言,而姚勔的这一奏章更加能说明庆历时期对程文字数并无上限的规定。《续资治通鉴长编》卷四百七十二记载姚勔奏疏:

> 七年四月二日敕,臣僚上言:"近睹科场限字条制不便,再具论列。乞今后赋论、策、经义并不限字数。今已得旨,策过二分,更不降等,而赋论、经义,未蒙指挥。"臣之愚虑,以谓圣朝以言取士而禁其多言,未应古义,且非朝廷取士之良法。凡举人稍以文学自负者,于广场中不自骋其才力夸示该博,使有以异于众人,则不能崭然见头角,故能文者常患乎太多,此理之常也。往时,开封举人路授倡为长赋几千言,但为浮辞,不求典要,当时能文者往往效之,得张方平摈斥而其文遂正。嘉祐初,刘几辈喜为怪僻,得欧阳修革去而其风复雅。此但系主司之风化耳。今朝廷立法,不问其文之浇淳,而校其字之多寡。责其不及,犹有劝惩;禁其多文,殊无义理。经义之初,士人各务炫其师学,故争为怪说,以鼓动人听。就使尚尔,亦在精择考官,仍参定考校法式,使之力省而易考,如泛滥不经之语,自可黜去,使学者知朝廷意在于文之邪正,而不在于字之多寡,不亦善乎!伏望朝廷更赐详酌。①

元祐六年(1091)朝廷取消了策的字数上限,群臣更是呼吁废除赋、论、经义字数限制。从而朝廷下诏:"诏赋论过二分并不降等,其经义文理优长者准此。"②"癸丑诏"是重申科场条制,只涉及策、经义两种,但之前所颁发的科场条制应该也涉及赋、论两种程文。元祐时期

---

① [宋]李焘:《续资治通鉴长编》卷四百七十二,第11260—11261页。
② [宋]李焘:《续资治通鉴长编》卷四百七十二,第11261页。

（1086—1094），进士科恢复诗赋与论，《续资治通鉴长编》卷四百七引《旧录》曰："（元祐四年四月）诏进士以经义、诗、赋、论、策通定去留，明法增《论语》、《孝经》义。将来一次科场，未习诗赋人依旧法取，应解额法不得过元额三分之一。令礼部立诗赋格式以闻。"①由于诗赋和论停考二十多年，此时重新作为进士科考试科目，朝廷"令礼部立诗赋格式以闻"。在对经义、策做出字数限制的同时，极可能对赋的字数做了新的规定。姚勔将张方平打击长赋之功和欧阳修黜斥"太学体"并论，但也曰"此但系主司之风化耳"，可见朝廷并未为此立法。姚勔虽然肯定了张方平肃正科场文风的功绩，但是他恐怕对张方平仅仅因程文字数超限就加以排斥的做法也不赞同。"责其不及，犹有劝惩；禁其多文，殊无义理"，他认为举子在科场为了崭露头角，就要"骋其才力夸示该博，使有以异于众人"，因此，才思匮乏，不能写出长文才是举子所忧虑的。正如前文所引郑雍言"今辞理优长者往往过数"，写出长文的正是那些有思想且有文采的举子。张方平所指责的科场文字超长，在当时并无制度上的凭据，更不足视为"怪文"。

　　从上引材料可以得知，张方平所打击的庆历年间有名于场屋的路授也并非太学生，而是开封路举子。"当时能文者往往效之"，写作长文的风气并非局限在太学，波及甚远，已经成为当时很大一部分举子自觉的选择。这恐怕并非一个举子，或者一个国子监主讲能在短时间做到的。举子最终的目的是考中科举，朝廷关于科场考试的制度是他们必须时刻关注的。而此时，朝廷正在酝酿着一场科举制度的改革，对考试内容和程式进行重大调整。举子写作长文，尤其是长赋，所谓"其赋至八百字以上，而每句有十六、十八字者"则正是庆历科举改革的直接产物。

---

① ［宋］李焘：《续资治通鉴长编》卷四百七，第 9900 页。

庆历四年(1044)《详定贡举条状》除了对赋的点式、抹式、不考式做了具体要求之外,另外规定:

> 赋每韵不限联数,每联不限字数。
>
> 旧制以词赋声病偶切之类立为考试式,举人程试一字偶犯,便遭降等,至使才学博识之士,临文拘忌,俯就规检,美辞善意,郁而不伸。如唐白居易《性习相近远》、独孤绶《放驯象》,皆当时南省所试,其对偶之外,自有意义可观,非如今时拘检太甚。今后进士依自来所试赋格外,特许依仿唐人赋体。①

赋不限联数,联不限字数,以及仿效唐人赋体才是出现长赋和长句的根本原因。从庆历科举新制来看,之前律赋每韵的联数、每联的字数都有具体的规定。因此,虽然未严格规定律赋字数的上限,但是由于规定联数、每联字数,自然会将律赋的字数限制在一个范围之内,举子不可能写出过长的律赋。联不限字数,出现十八字以上的长句,并没有什么特别之处。每韵不限联数,自然很容易造成每韵联数增加,从而写出长赋。对此,杨察早已言及不便之处:"又旧制以词赋声病偶切之类,立为考式,今特许仿唐人赋体及赋不限联数、不限字数。"从而造成"诗赋即以汗漫无体为高"。杨察所言"汗漫无体",虽然不排除赋写得过长的,但应该是主要针对庆历科举改革破坏了律赋便于考核的"声病偶切"(进士科考试的诗处于不重要的位置,赋才是重要的考察对象,杨察所言诗赋,重心则在律赋),这也正是庆历科举改革"简程式"的基本宗旨。简程式,也为写作长赋提供了更多的可能。

宋代律赋在唐代科场辞赋基础上发展而来,程式逐渐规范严谨。

① 刘琳等点校:《宋会要辑稿》选举三,第5298、5299页。

律赋经历了一个韵数多寡、平侧次叙逐步定型的过程,洪迈《容斋续笔》卷十三"试赋用韵"条曰:

> 唐以赋取士,而韵数多寡,平侧次叙,元无定格……自太和以后,始以八韵为常……国朝太平兴国三年九月,始诏自今广文馆及诸州府、礼部试进士律赋,并以平侧次用韵,其后又有不依次者,至今循之。①

太平兴国三年(977),宋体律赋基本定型,形成"八韵为常"、平仄依次用韵的程式,对此《四库全书总目·大全赋会提要》有着比较相近的评述:

> 宋礼部科举条例、凡赋限三百六十字以上成。其官韵八字、一平一仄相间、即依次用。若官韵八字平仄不相间、即不依次用。其违式不考之目、有诗赋重叠用事、赋四句以前不见题、赋押官韵无来处、赋得一句末与第二句末用平声不协韵、赋侧韵第三句末用平声、赋初入韵用隔句对、第二句无韵。拘忌宏多、颇为烦碎。②

宋代进士科律赋用八字官韵,并且要依次用韵,就连四库馆臣也认为"拘忌宏多、颇为烦碎"。除此之外,对每一韵的内容也有规定,李廌《师友谈记》记秦少游谈律赋写作,曰:

---

① [宋]洪迈著,孔凡礼点校:《容斋续笔》卷十三,中华书局,2005 年,第 375—376 页。

② [清]永瑢等:《四库全书总目》卷一百九十一《大全赋会五十卷》"提要",第 1736 页。

少游言：凡小赋，如人之元首，而破题二句乃其眉。惟贵气貌有以动人，故先择事之至精至当者先用之，使观之便知妙用。然后第二韵探原题意之所从来，须便用议论。第三韵方立议论，明其旨趣。第四韵结断其说以明题，意思全备。第五韵或引事，或反说。第七韵反说或要终立义。第八韵卒章，尤要好意思尔。①

此处秦少游阐述了律赋立意谋篇与韵之间复杂深奥的对应关系，足见律赋法度严谨，难度之大。宋代科场律赋程式要比唐代更为严谨，更加束缚了自由创作。要想在科场应试的短时间内写出规范的长赋，难度特别大，无疑也是很冒险的。但是唐赋相对来说，声病偶切的标准松弛，因此就为举子创作长赋提供了一种可能。"特许依仿唐人赋体"，不至于"拘检太甚"，自然会促使举子写出长赋。

欧阳修在积极倡导科举制度改革的同时，曾经按照自己的主张创作了一篇科场律赋范文。庆历二年（1042）殿试结束之后，欧阳修根据殿试赋题《应天以实不以文》，拟作了一篇科场律赋。此赋遵循"简程式"的原则，不遵从平仄依次押韵，也不按照一韵言一事的结构原则，句式散文化，其中有长达 19 字的句子，全赋多达 730 余字，基本上符合张方平所谓的"太学新体"的律赋特征。欧阳修直接倡导的形式较为自由的赋体，实则为举子提供了范文。在庆历初年，范仲淹、欧阳修等人汇集京师，就开始谋划科举改革。欧阳修关于科举改革的设想应该在庆历二年，甚至更早就开始酝酿，特别需要注意的是，欧阳修所拟作律赋还得到了皇帝的嘉奖。一系列关于科场考试的新制度呼之欲出，对于随时都关注科举改革动向的举子来说，此无疑是最为关心之事。他们为准备下一次科举考试，势必要早早研习

① ［宋］李廌撰，孔凡礼点校：《师友谈记》，第 18 页。

新体律赋。但是在庆历五年（1045），科举新制被废除，一切恢复旧制，对于一些举子来说，时间过于仓促，根本来不及研习旧体辞赋，这也是在情理之中。

论和策一直被认为"汗漫难考"，并不具有严格的体制要求，甚至有着以长为贵的倾向。进士科的策论和制科策论相似，而制科考试往往都要求一日完成三千言。更有甚者，规定要五千言以上。庆历时期，举子在准备进士科考试之时，往往也兼习制科，因此写出这样的长策论，并不足为奇。举子对策答非所问，这本身就是举子试策中经常出现的问题。策题一般会提出若干个关于经义和时务的命题，举子要根据提问一一作答。策论考察的知识范围广，如果举子知识储备不够，就难免会遇到知识盲点，但是又不能交白卷，答非所问也属正常。如宋太祖始置制科，许以"不限前资、见任职官、黄衣、草泽，悉许应诏，对策三千言，词理俱优则中选"。乾德四年（922）"有司仅举直言极谏一人，堪为师法一人，召陶谷等发策，帝亲御殿临视之，给砚席坐于殿之西隅。及对策，词理疏阔，不应所问，赐酒馔宴劳而遣之"①。策"词理疏阔，不应所问"，即为内容空洞，答非所问，与"策有置所问而妄肆胸臆，条陈他事者"的现象颇为类似。张方平之所以强调这个问题，还是在于突出策论"汗漫难考"，不适合作为进士科考试的主要衡量依据。

张方平所指责科场诸多"言不由度"的问题确实是客观存在，只是他站在反对科举新制的保守立场进行了否定陈述，意在强调科举新制的负面影响。"言不中度"基本都是不符合程文考校规范或者难以考校的范畴，现在学者将之视为怪诞文风则有把问题泛化的倾向。至此，张方平言石介在太学提倡"以怪诞诋讪为高"的文风，也应该重新认真思考。

---

① ［元］脱脱等：《宋史》卷一百五十六，第 3646 页。

二、对"以怪诞诋讪为高"的评价

张方平所言的"以怪诞诋讪为高"具体所指是什么？笔者认为主要是指太学师生"横议时事"的风气，下文将详论之。

张方平将怪诞文风兴起的时间点定位"至太学之建"，那么太学建于何时需要明确。在张方平之前，杨察也明确地指出"自二年以来，国子监生，诗赋即以汗漫无体为高，策论即以激讦肆意为工"。"诋讪"与"激讦"意思非常接近，都是指对当下的人或事进行非议，甚至是肆意诋毁攻击。和张方平不同，杨察并没有将这种风气归罪于石介，而是认为是庆历科举制度革新所导致，明确指出这种文风主要存在于策论中。二人所指的时间也略有差异，张方平曰："至太学之建，直讲石介课诸生，试所业益加崇长，以其所好尚而遂成风。"目前学界普遍认为北宋太学新建于庆历四年（1044），所依据的材料则是《续资治通鉴长编》卷一百四十八"庆历四年夏四月壬子条"①，其文曰：

> 壬子，判国子监王拱辰、田况、王洙、余靖等言："首善当自京师，汉太学二百四十房、千八百余室、生徒三万人。唐学舍亦一千二百间。今取才养士之法盛矣，而国子监才二百楹，制度狭小，不足以容学者，请以锡庆院为太学，葺讲殿，备乘舆临幸，以潞王宫为锡庆院。"从之。②

如果以此作为"太学新体"文风的起始时间，那么则比杨察所说的

---

① 相关问题参见许瑶丽《庆历"太学新体"新论——兼论欧阳修对庆历"太学新体"的促进》（《四川师范大学学报（社会科学版）》2008 年第 6 期）。

② ［宋］李焘：《续资治通鉴长编》卷一百四十八，第 3589 页。

"庆历二年"晚了两年。太学兴建于何时,现在已经找不到当时的官方文件,具体时间难以考订。庆历四年(1044)"以锡庆院为太学",这则材料只能说明此时太学迁离国子监,具有独立的场所。王拱辰等言"而国子监才二百楹,制度狭小,不足以容学者",因此要扩充校舍,容纳太学生。国子监和太学的招生标准不同,国子监只招收七品及以上品官子弟,而太学招收八品以下官员及庶人子弟。因此,"以锡庆院为太学"解决国子监"不足以容学者"的问题。合理的解释就是太学在此之前就已经建立,隶属于国子监,而且和国子监共用学舍。庆历四年,太学迁往锡庆院,但仍由国子监直讲"勾管",在管理上并未完全独立。现在已经很难确定太学具体的兴办时间,但有一点可以明确,庆历四年之前,时人也常常提及"太学",但多是指代国子监。曾巩曾明确提及自己入太学时间,其《王君俞哀辞》:"庆历元年,予入太学……"①此年,曾巩上书欧阳修,并献杂文时务策两编。欧阳修见其文而奇之,在《送曾巩秀才序》曰:"广文曾生来自南丰,入太学,与其诸生群进于有司。有司敛群材,操尺度,概以一法,考其不中者而弃之。"②其文也言及曾巩入太学事。张方平为李宥所作墓志铭中也提及太学:"(笔者按:李宥)再典太学考试,皆首送杨寘,寘竟廷试第一。"③杨寘为庆历二年(1042)榜状元。曾巩和杨寘都出身仕宦之家,按惯例皆应该入国子监,可见当时人们习惯用太学代称国子监。张方平尤其常将太学和国子监二者互称。他在景祐四年

① [宋]曾巩:《王君俞哀辞》,[宋]曾巩撰,陈杏珍等校点:《曾巩集》卷四十一,第563页。

② [宋]欧阳修:《送曾巩秀才序》,[宋]欧阳修著,李逸安点校:《欧阳修全集》卷四十四,第625页。

③ [宋]张方平:《朝请大夫守太子宾客判南京留守司御史台柱国平凉县开国伯食邑九百户赐紫金鱼袋陇西李公墓志铭(并序)》,[宋]张方平撰,郑涵点校:《张方平集》卷三十九,第686页。

（1037）第二次中制科，此前所作的"贤良进卷"——《刍荛论》中有一篇《凡资任子弟隶名国子监立格试业补用论》，文曰："臣伏请：凡今之子弟以资任入仕者，宜悉籍于太学。其在都者，令日入肄业，遵古齿序之礼。"①在这篇文章中，张方平篇名中称"国子监"，而文中称"太学"，把国子监和太学混为一谈，互相指代。因此，张方平所言的"太学之建"未必就是指的庆历四年（1044）"以锡庆院为太学"。他主要强调石介的倡导之过，而石介正是在庆历二年六月到国子监任直讲。

在石介任国子监直讲后三个月，朝廷下诏制定国子监听读条例。庆历二年（1042）闰九月，天章阁侍讲、史馆检讨王洙言：

> 庠序之设，教化所先。自顷学徒未偲师业，国子监每科场诏下，许品官子弟投保官家状，量试艺业，给牒充广文、太学、律学三馆学生，多或至千余人，即随秋试召保取解。及科场罢日，则生徒散归，讲官倚席。若此，但为游士寄应之所，殊无国子肄习之法。居常讲筵，无一二十人听读者。以圣朝经籍道崇，儒雅日盛，岂兹学校弗著彝规？必若稽于唐、汉，率之令典，则虑改作为重，尚难丕革；诚能少加程约，亦将有所招来。况之前日，渐可驯致。欲望自今应国子监每遇科场敕下，授纳取解家状日已前须实曾附本监听学满五百日者，许投状。令本授业学官取文簿勘会谙实，依例召京朝官委保，方得取应，每十人之中与解三人。其未系监生，欲求试补者，亦不限时月，每有一二十人投状，即逐旋量试艺业收补。只令在监听学，簿管姓名。仍每日讲筵，应系听读生徒，并于本监授业官前亲书到历。如遇私故出入或疾告

---

① ［宋］张方平：《凡资任子弟隶名国子监立格试业补用论》，［宋］张方平撰，郑涵点校：《张方平集》卷八，第110—111页。

归宁,并于判监官处具状乞假。候回日,于名簿开记请假日数。若满一周年已上不来参假者,除落名籍。大率数年一遇科场,若听学五百日许取文解,在其间游息之日多矣,然于学校之版、齿位之叙,必众于今日也。愿下学官参议施行。①

王洙建议国子监建立听学制度,奏疏中也将国子监和太学互相指代。他建议改变以前国子监"及科场罢日,则生徒散归,讲官倚席","但为游士寄应之所,殊无国子肄习之法。居常讲筵,无一二十人听读者"的状况,举子要在国子监获得发解资格则必须"听学满五百日者"。经过学官详议之后,朝廷随即从王洙之请下诏"国子监生自今须听读满五百日,乃得解荐"②。国子监解额多,省试高中的几率大,"听读满五百日"方才"许取文解"的硬性规定,导致国子监规模逐渐扩大,校舍不能容纳,才使得原本在内的太学不得不另选校舍。这也根本改变了国子监、太学名存实亡的情况,成为真正的教学机构,也渐渐具备了形成一种文风的客观条件。张方平主要是强调石介以个人好尚倡导文弊之过,而石介正是在朝廷颁布听读制度的当年任国子监直讲。因此,张方平所指更可能是庆历二年(1042)这个时间点。

　　从以上的分析可知,张方平、杨察所指认的这股文风兴起时间大致一致,皆为庆历二年左右,而此时范仲淹领导发起的"庆历革新"已经在酝酿。庆历三年,范仲淹就在逐步提出和实施"庆历革新",党争也逐渐趋于白热化,在这样的浪潮之下,国子监(包括太学)里也兴起一股热议时事的风气。章望之在后来回忆庆历革新时期太学生横议时事之风时曾如是说:

---

① 〔宋〕王洙:《乞国子监学生实附本监听学满五百日者方许投状奏》,曾枣庄等主编:《全宋文》第23册,第6页。

② 〔宋〕李焘:《续资治通鉴长编》卷一百三十七,第3303页。

　　及庆历癸未甲申，用事之臣改革百度，太学师生是非时政，上惩横议，学事中弛。越明年戊子，又命四方无改官学之人，欲详举送。时执事者失朝廷旨，谓将废学而迎合之，学其废矣。①

"庆历癸未甲申"，为庆历三年（1043）、四年（1044），即为范仲淹推行新政时期。在变革法度时期，时事成为焦点，激情澎湃的年轻举子议论时事、是非时政本也在情理之中。太学、国子监师生作为国家最高学府的教育者和未来的官员，表现出对国政极大的热情，这本无可厚非。是非时政，必定拥有一定的政治立场。庆历革新时期，旧党和新党之间阵营分明，大多数的太学师生必定会选择自己的政治立场。此时太学最为活跃的两位直讲孙复、石介，都是范仲淹、杜衍等新党人物举荐，在政治观点及其立场上是绝对支持新党。石介又明显是新党中思想行为都偏于激进的一员，不仅本身好议论时事，而且确实助长了太学生议论时事的风气。何群在太学的经历可以证明之，据《宋史·何群传》记载：

　　何群字通夫，果州西充人。嗜古学，喜激扬论议，虽业进士，非其好也。庆历中，石介在太学，四方诸生来学者数千人，群亦自蜀至。方讲官会诸生讲，介曰："生等知何群乎？群日思为仁义而已，不知饥寒之切己也。"众皆注仰之。介因馆群于其家，使弟子推以为学长。群愈自克厉，著书数十篇，与人言未尝下意曲从，同舍目群为"白衣御史"。
　　群尝言："今之士，语言说易，举止惰肆者，其衣冠不如古之严也。"因请复古衣冠。又上书言："三代取士，皆举于乡里而先行义。后世专以文辞就，文辞中害道者莫甚于赋，请罢去。"介赞

<hr />

① ［宋］章望之：《州学记》，曾枣庄等主编：《全宋文》第58册，第350页。

美其说。会谏官御史亦言以赋取士无益治道,下两制议,皆以为
进士科始隋历唐数百年,将相多出此,不为不得人,且祖宗行之
已久,不可废也。群闻其说不行,乃恸哭,取平生所为赋八百余
篇焚之。讲官视群赋既多且工,以为不情,绌出太学。①

何群喜欢激扬议论,是太学中是非时政的代表人物,以致有"白衣御
史"之称。石介对何群可谓青眼有加,不仅高度赞赏,而且"馆群于其
家"并推为学长。作为太学生中的领袖人物,何群对时政表现出极大
的热情。前文已经论及在庆历三年到四年(1043—1044),进士科试
诗赋、策论先后以及考校问题成为朝廷议论的焦点。"会谏官御史亦
言以赋取士无益治道",当是指时为谏官的欧阳修、蔡襄先后上奏建
议先策论后诗赋并逐场考落,试图改变沿袭隋唐以诗赋取士的制度
而代之以策论取士。何群的观点无疑更为接近欧阳修与蔡襄,他倡
议废除辞赋的改革思想甚至比欧、蔡更为激进。以此一斑窥之,在太
学里议论时事的风气颇为浓厚,在政治观点和立场上都倾向于新党。
他们的议论与行为在反对者或者保守者眼中无疑是怪诞、诋讪。

　　政治多变时期士子关心时务,这正是士风高涨的表现。感激议
论天下事,也是范仲淹、欧阳修等人极力倡导的。但是作为举子,科
举考试才是他们最为关心的事情,而此时科举制度改革的趋势无疑
又在另一方面促进了举子"横议时事"的风气。

　　赵宋建国以来士人关于科举制度改革的呼声已经此起彼伏,但
是一直是在局部微调,第一次对科举制度进行根本性的革新正是发
生在庆历时期。庆历二年(1042)是科举改革的一个关键时期,田况
《儒林公议》卷下记载:

① ［元］脱脱等:《宋史》卷四百五十七,第 13435—13436 页。

庆历三年(笔者按:三,当为"二"字之讹,庆历二年为贡举年),既放春榜,时议以为取士浮薄寖久,士行不察,学无根原,宜新制约,以救其弊。执政与言事者意颇符同,乃敕两制及御史台详定贡举条制。①

田况作为事件的亲历者在记述庆历科举改革的时候,认为时议对长久以来的"士行不察,学无根原"的取士制度颇为不满,而此年进士的答卷更是不尽人意,从而引发朝廷关于科举改革的讨论。在当年二月,春榜未放之际富弼上《论省试殿试长短奏》,曰:"国家沿隋、唐,设进士科。自咸平、景德已来,为法尤密,逾于前代,而得人之道,或有未至。夫省试有三长,殿试有三短。"其中省试与殿试之区别为:省试"引试三日,诗、赋所以见才艺,策、论所以观才识,四方之士得以尽其所蕴,二长也";而殿试"一日试诗、赋、论三篇,不能尽人之才,二短也"②。省试试策在富弼看来是比殿试能"尽人之才",是更为完善的考试制度。富弼在庆历元年(1041)所上《乞革科举之法令牧守监司举士奏》已经提出类似的主张,曰:"国朝沿隋唐之制,以进士取人,只采辞华,不求行实;虽间设制举,然大率亦以章句为务。是以择之弥谨,而失之愈疏。"③从而提出"今后科场考试,以策论为先"的解决措施。富弼两篇奏章已经论及科场"择之弥谨""为法尤密"但无益于选拔人才,因此他强调策论,尤其是策在选拔人才时的重要性。此与后来庆历科举条制所提倡的"简程式""先策论"的精神是一致的。庆历二年(1042),因富弼建议,朝廷诏罢殿试,但此诏令三天后就被

---

① [宋]田况撰,张其凡点校:《儒林公议》卷下,第81页。
② [宋]李焘:《续资治通鉴长编》卷一百三十五,第3221页。
③ [宋]富弼:《乞革科举之法令牧守监司举士奏》,曾枣庄等主编:《全宋文》第28册,第294页。

废除,略具戏剧性的政策兴废必定会引起朝野的广泛议论。此年,李淑在宝元年间关于先策论、后诗赋的奏章似乎又再次被提及①。此时对科举改革有着更多思考和提议的自然是欧阳修。欧阳修这一年在殿试结束之后,对举子辞赋程文深为不满,拟作《应实不应天赋》,应在此后不久他就完成了关于科举改革的奏章。在这一阶段蔡襄、贾昌朝、夏竦等都先后上奏论及科举制度改革。虽然各方意见不统一,但都认可辞赋无益治道,奏请提高策论在考试中的地位。最终在庆历四年(1044)出台了庆历贡举新制。从前文所引太学生何群请罢辞赋一事来看,庆历贡举新制出台以前,朝廷大臣正在热议此事之际,太学生已经在密切关注事情的动态。因此,朝野相关的议论及科举新制的出台必会引起太学生的广泛响应,而去习作策论。

重视策论促进了举子议论时事之风。策论作为进士科考试科目,长时间处于从属地位,甚至不予考校。在庆历时期,朝廷上下都在呼吁改变沿袭已久的考试方式,倡议将策论提升为最为重要的考试内容。策和论虽然属于不同的文体,但是基本都是以经史和时务为内容,其写法都是以议论为主。苏轼曾说:"知诗赋之不足以决其终身也,故试之论以观其所以是非于古之人,试之策以观其所以措置于今世。"②策和论虽然在写作内容和手法上存在差别,但是最终目标是要举子"留心于治乱",考察举子的政治理论水平和政治实践才

---

① [宋]李焘《续资治通鉴长编》卷一百三十五将李淑议策论、诗赋先后事附于庆历二年(1042)正月"丁巳,命翰林学士聂冠卿权知贡举"一条之下。李焘按曰:"此议按本志与罢殿试相联书之,不得其时,今附命官知贡举后。淑以庆历元年六月出知许州矣。"(第 3215 页)前引宋史,李淑议科举诗赋、策论事在宝元年间;罢殿试,则在庆历二年。二者"相联书之",应是李淑之议在庆历二年再次被提及。

② [宋]苏轼:《谢梅龙图书》,[宋]苏轼撰,[明]茅维编,孔凡礼点校:《苏轼文集》卷四十九,第 1424 页。

能。因此,策论不以文辞为重,而是要求"切于当今要务"。"当今要务"成为重要的考试内容必定促进举子议论时事之风。而举子将政治观点用策论表达出来之后,会和他们日常的口头议论一样,很容易被视为怪诞、诋讪。最少在张方平看来,以策论代替诗赋助长了举子"议论国事"的"傲诞"之风。

前引《龙川别志》在"国朝自真宗以前,朝廷尊严,天下私说不行,好奇喜事之人,不敢以事摇撼朝廷。故天下之士,知为诗赋以取科第,不知其它矣"之后,张方平又曰:

> 自设六科以来,士之翘俊者,皆争论国政之长短。二公既罢,则轻锐之士稍稍得进,渐为奇论,以撼朝廷,朝廷往往为之动摇。庙堂之浅深,既可得而知,而好名喜事之人盛矣。许公虽复作相,然不能守其旧格,意虽不喜,而亦从风靡矣。其始也,范讽、孔道辅、范仲淹三人,以才能为之称首。其后许公免相,晏元献为政,富郑公自西都留守入参知政事,深疾许公,乞多置谏官,以广主听。上方向之,而晏公深为之助,乃用欧阳修、余靖、蔡襄、孙沔等并为谏官。谏官之势,自此日横。郑公犹倾身下士以求誉,相帅成风。上以谦虚为贤,下以傲诞为高,于是私说遂胜,而朝廷轻矣。[①]

对于张方平这一言论就连对其尊崇备至的苏辙也不敢苟同,认为"张公之论,得其一不得其二"。张方平认为,在以诗赋取科第之时,士人"不敢以事摇撼朝廷"。士人因循守旧,只知为诗赋而不知其他。"自设六科以来"当指在天圣八年(1030)恢复制科考试。制科考试主要是以策论作为考试科目,而这些策论本质上和进士科的策论并

---

① [宋]苏辙撰,俞宗宪校点:《龙川别志》卷上,第82页。

无多大区别,只是写作难度更大。张方平却认为"自设六科以来,士之翘俊者,皆争论国政之长短",从张方平这一否定评价也可以看出,以策论为考试内容促进了士人对时务的关注。张方平甚至认为后来谏官横议之风,也与此有着密切的关系,从而导致"上以谦虚为贤,下以傲诞为高"。在这段议论中,张方平除了对新党"轻锐之士稍稍得进,渐为奇论,以撼朝廷,朝廷往往为之动摇"不满之外,更是将"争论国政之长短"的风气与考试制度相联系,指出策论是促使私说横行的一个根本原因。

其实不只是策论,科举改革者也在倡导辞赋以时务为内容。庆历二年(1042),欧阳修在《进拟御试应天以实不以文》引状中曰:

> 臣伏睹今月十三日御试《应天以实不以文》赋,题目初出,中外群臣皆欢然,以谓至明至圣,有小心翼翼事天之意。盖自四年来,天灾频见,故陛下欲修应天以实之事。时谓出题以询多士,而求其直言。外议皆称,自来科场只是考试进士文辞,但取空言,无益时事。亦有人君能上思天戒,广求规谏以为试题者。此乃自有殿试以来,数百年间最美之事,独见于陛下。然臣窃虑远方贡士乍对天威,又迫三题,不能尽其说以副陛下之意。臣忝列书林,粗知文字,学浅文陋,不自揆度,谨拟御题撰成赋一首。不敢广列前事,但直言当今要务,皆陛下所欲闻者。①

欧阳修"外议皆称,自来科场只是考试进士文辞,但取空言,无益时事"一语表达了他对历来科场取士制度弊端的不满,进一步提出要改变律赋"广列前事"的传统,而要"直言当今要务",他在赋的末尾更

---

① 〔宋〕欧阳修:《进拟御试应天以实不以文》,〔宋〕欧阳修著,李逸安点校:《欧阳修全集》卷五十九,第846—847页。

是指出"盖赋者古人规谏之文"①。欧阳修尝试着改革赋直述其事的写法,而以论事为主,将时务融入辞赋,成为"规谏之文",从而使他这篇拟殿试律赋读来也如同有韵之奏章。欧阳发《先公事迹》曰:"庆历三年(笔者按:三年当为二年),御试进士,以《应天以实不以文》为赋题。公为拟试赋一道以进,指陈当时阙失,言甚切至。"②虽然以赋体写成,但是已经无异于奏议。

"指陈当时阙失,言甚切至"经常是对奏议的高度评价,也是庆历革新者希望科场时文应当具有的标准。范仲淹曾同韩琦论及景祐元年(1034)状元张唐卿的科场之文,如是评价:

> 文正范公亦知君为深,尝与余评论人物,喟然谓余曰:"凡布衣应科举,得试殿廷下,必婉辞过谨,以求中格,人情之常也。而张某者为《积善成德论》,独言切规谏,冀以感寤人主,立朝可知矣!使今而在,必以直道为一时名臣。"③

"婉辞过谨,以求中格"是场屋难改之积习,正是范仲淹等人在庆历"精贡举"中要大力革除的,"言切规谏,冀以感寤人主"则是改革要达到的目标。因此,庆历时期,改革者不仅在朝堂写作"陈当时阙失,言甚切至"的奏议,同时也把这作为他们对科场之文的要求。但是"规谏"之文的尺度是很难把握的,作为庆历新政的重要参与者韩琦对此有着深入的思考,他作于庆历二年(1042)的《谏垣存槁序》曰:

---

① [宋]欧阳修:《进拟御试应天以实不以文》,[宋]欧阳修著,李逸安点校:《欧阳修全集》卷五十九,第848页。

② [宋]欧阳发:《先公事迹》,[宋]欧阳修著,李逸安点校:《欧阳修全集》附录卷二,第2632页。

③ [宋]韩琦:《故将作监丞通判陕府张君墓志铭(并序)》,曾枣庄等主编:《全宋文》第40册,第96—97页。

　　夫善谏者,无讽也,无显也,主于理胜而已矣。故主于讽者必优柔微婉,广引譬喻,冀吾说之可行,而不知事不明辨,则忽而不听也。主于显者,必暴扬激讦,恐以危亡,谓吾言之能动,而不知论或过当,则怒而不信也。夫欲说而必听,言而必信,苟不以理胜之为主,难矣哉……乃喟然自谓曰:上之知汝任汝之意厚矣!汝之所言,当顾体酌宜,主于理胜,而以至诚将之。兹所以报陛下而知任之之意。若知时之不可行,而徒为高论,以卖直取名,汝罪不容诛矣。①

韩琦将规谏之文分为三种:主于讽者、主于显者、主于理胜者。主于讽者,论事委婉,避重就轻,观点不明确;主于显者,则危言耸听,言论过当;主于理胜者,则是一种中间途径,也是宋人所提倡的中庸之道。性格偏于温和含蓄的韩琦主张"善谏者,无讽也,无显也,主于理胜而已矣"。

　　"主于理胜"是一种理想的奏疏文风,但是韩琦还是一定程度上肯定"主于显者"的奏议,如他对范仲淹奏议的评价,其《文正范公奏议集序》曰:

　　某尝谓自古国家之治否,生民之休戚,在人不在天。人或不然之。今于文正范公,然后知其说之胜,或者不足疑,而于教之有补也。公以王佐之才,遇不世出之主,竭忠尽瘁,知无不为。故由小官擢谏任,危言鲠论,建明规益,身虽可绌,义则难夺,天下正人之路,始公辟之。②

---

① ［宋］韩琦:《谏垣存槁序》,曾枣庄等主编:《全宋文》第 40 册,第 19 页。
② ［宋］韩琦:《文正范公奏议集序》,曾枣庄等主编:《全宋文》第 40 册,第 20 页。

韩琦评价范仲淹的奏议为"危言鲠论",应该属于他所归纳的"主于显者"。联系到范仲淹上"百官图"弹劾吕夷简,"弹补阙失,无所阿忌"的议事风格确是偏于"显"。韩琦虽然在庆历二年(1042)对此有所反思,希望提出一种更为有用的中庸之道,但是这并不是大多数庆历新党人的共同选择。苏轼后来在总结这一时期士风和文风时说:

> 宋兴七十余年,民不知兵,富而教之,至天圣、景祐极矣,而斯文终有愧于古。士亦因陋守旧,论卑气弱。自欧阳子出,天下争自濯磨,以通经学古为高,以救时行道为贤,以犯颜纳说为忠。①

此处是苏轼为推崇欧阳修而言,但是可以看作庆历前后范仲淹领导下的一群士大夫文人的共同价值取向。在他们共同的倡导之下,以刚劲的士风和文风对先前的"因陋守旧,论卑气弱"的萎靡之风产生了巨大的冲击。但是另一方面,"以通经学古为高,以救时行道为贤,以犯颜纳说为忠"的精神指引下的写作势必追求切直务实,尤其是"以犯颜纳说为忠"的奏议、策论在韩琦看来当是属于"主于显者"。

"指陈当时阙失,言甚切至"是庆历士人彰显的时代精神,同时也是策论的主要特征之一,但这样的策论在评判过程中常常会出现两种截然不同的结论。对于文的评价往往具有很强的主观性,对于科场之文的评价也是如此。被石介斥为奸邪的夏竦倒是有着一番客观的论述,其《议贡举奏》曰:

> 况主司不一,好尚差殊。学古者注意于策论,修辞者宅心于

---

① [宋]苏轼:《六一居士集序》,[宋]苏轼撰,[明]茅维编,孔凡礼点校:《苏轼文集》卷十,第 316 页。

诗赋。简略者鄙其闳衍,绮丽者轻其质直。鉴裁既纷,品题乃惑。缃素无常色,金土无定价。燕雀遇便风,则高翔千仞;蛟龙无尺水,则困于泥涂。故工拙之状,多乖外望,致躁竞之士,腾口谤议。①

虽然宋代制定糊名、誊录、锁院等制度保证考试的公平性,也一定程度上限制了主考官的权力,但是在评判等级、决定取舍之际,考官个人的好尚仍然具有一定的作用,尤其是没有"声病偶切"限制的策论,考官的个人好尚就变得更为重要。于是常常出现对一篇策论有着两种截然相反的评价,苏辙在嘉祐六年(1061)应"贤良方正能直言极谏科"所作的答策就引起了巨大的争议。《宋史·苏辙传》载之甚详:

> 苏辙字子由,年十九,与兄轼同登进士科,又同策制举。仁宗春秋高,辙虑或倦于勤,因极言得失,而于禁廷之事,尤为切至。曰:
>
> 陛下即位三十余年矣,平居静虑,亦尝有忧于此乎,无忧于此乎?臣伏读制策,陛下既有忧惧之言矣。然臣愚不敏,窃意陛下有其言耳,未有其实也。往者宝元、庆历之间,西夏作难,陛下昼不安坐,夜不安席,天下皆谓陛下忧惧小心,如周文王。然自西方解兵,陛下弃置忧惧之心,二十年矣。古之圣人,无事则深忧,有事则不惧。夫无事而深忧者,所以为有事之不惧也。今陛下无事则不忧,有事则大惧,臣以为忧乐之节易矣。臣疏远小臣,闻之道路,不知信否?
>
> 近岁以来,宫中贵姬至以千数,歌舞饮酒,优笑无度,坐朝不闻咨谟,便殿无所顾问。三代之衰,汉、唐之季,女宠之害,陛下

---

① [宋]夏竦:《议贡举奏》,曾枣庄等主编:《全宋文》第17册,第70页。

亦知之矣。久而不止，百蠹将由之而出。内则蛊惑之所污，以伤和伐性；外则私谒之所乱，以败政害事。陛下无谓好色于内，不害外事也。今海内穷困，生民怨苦，而宫中好赐不为限极，所欲则给，不问有无。司会不敢争，大臣不敢谏，执契持敕，迅若兵火。国家内有养士、养兵之费，外有契丹、西夏之奉，陛下又自为一阱以耗其遗余，臣恐陛下以此得谤，而民心不归也。

　　策入，辙自谓必见黜。考官司马光第以三等，范镇难之。蔡襄曰："吾三司使也。司会之言，吾愧之而不敢怨。"惟考官胡宿以为不逊，请黜之。仁宗曰："以直言召人，而以直言弃之，天下其谓我何？"宰相不得已，置之下等，授商州军事推官。①

司马光和胡宿的观点分别代表了对苏辙制科试策两种截然不同的评判意见：司马光认为苏辙策"辞理俱高，绝出伦辈"，要置于最高等；胡宿却认为苏辙对策"不逊"，判为不入等。这两种意见分歧的关键是此策过分"切直"，司马光认为："但见其指陈朝廷得失，无所顾虑，于四人之中，最为切直。"②苏轼和苏辙兄弟此年同应制科，比较二人的对策，苏轼虽然也称得上直言极谏，但是相对苏辙来说要委婉含蓄得多。苏辙将各种弊病直接归结于皇帝和大臣，毫无忌讳，甚至直言皇帝沉溺女色。在司马光看来，苏辙之策"所对事目虽有漏落"，但仍然建议"以其切直收之"。无疑，苏辙言事切直符合司马光的评判标准，而司马光也在有意识地倡导这种风气。但是在胡宿等看来是毁谤君上，污蔑大臣。从双方激烈的论争可以看出，切直的对策在评价的过程中很容易产生两种截然不同的意见。

---

① ［元］脱脱等：《宋史》卷三百三十九，第 10821—10822 页。
② ［宋］司马光：《论制策登第状》，［宋］司马光撰，李文泽等点校：《司马光集》卷二十，第 557—558 页。

　　过于切直的策论被视为讥讽毁谤的例子在北宋并不少见。杨时《周宪之墓志铭》记载了这样一则事例：

> （笔者案：周宪之）差殿试初考官。进士对策，间有言极切直者。有例欲指为"谤讪"取旨，公云："今盗起东南，正是国家开言路之时，岂可吾侪先加以此名。"遂改"谤讪"二字为"涉异"奏之。已而降旨，皆取于前列。①

又如王象之《舆地纪胜》卷一百五十八记载喻汝砺事："崇宁五年，廷试对策切直，有司以谤讪闻，徽宗命以学究出身……"②策论毫无规避地议论时事，表达鲜明的政治观点和立场，往往会被政见不同者视为谤讪之词，在政治斗争激烈的时期更是如此。熙宁三年（1070），关于孔文仲对策的激烈争论就和党争密不可分。《续资治通鉴长编》卷二百十五记载此事甚详：

> 是岁，举制科者五人，文仲所对策，指陈时病，语最切直。初考，宋敏求、蒲宗孟置第三等，上覆考，王珪、陈睦置第四等，详定韩维从初考。陶（笔者按：吕陶）语亦稍直，绘（笔者按：张绘）记诵该博，钱勰文稍工，皆入第四等。侯溥称灾异皆天数，又用王安石《洪范说》，云："肃时雨若非时雨顺之也，德如时雨耳。"众皆恶其阿谀而黜之。维又奏勰文平缓，亦黜之。安石见文仲策，大恶之，密启于上，御批黜文仲。知通进银台司齐恢、孙固屡封

---

①　［宋］杨时：《周宪之墓志铭》，［宋］杨时撰，林海权整理：《杨时集》卷三十六，中华书局，2018 年，第 884—885 页。

②　［宋］王象之编著，赵一生点校：《舆地纪胜》卷一百五十八，浙江古籍出版社，2013 年，第 3402 页。

还御批,维及陈荐、孙永皆求对,力言文仲不当黜,维章凡五上,略曰:"陛下无谓文仲一贱士耳黜之何伤,臣恐贤俊由此解体,忠良结舌,阿谀苟合之人将窥隙而进,为祸不细,愿改赐处分。"卒不听。①

　　熙宁三年(1070),正值王安石全面推行新法时期,也是党争最为激烈之际,孔文仲"对策九千余言,力论王安石所建理财、训兵之法为非是"②,直言变法为今时之弊。王安石大恶之,在他撺掇下神宗皇帝御批曰:"详观其条对,大抵意尚流俗而后是非,又毁薄时政,援正先王之经而辄失义理。"③这篇被宋敏求、韩维等人评为最高等的"指陈时病,语最切直"的对策在王安石看来却为诋毁之言。这其中党争和政治因素起到很大的作用,导致双方给出截然不同的评判。

　　从上面的分析可以看出,科场中"指陈当时阙失,言甚切至"的策论在评判过程中很容易被视作诋讪、激讦,而这其中牵扯到考官的政治主张、党争立场,甚至关乎考官的道德、心胸等复杂因素。庆历时期,政治变更,党争激烈,那些表达变革思想、支持庆历改革的切直策论自然在一部分人看来是妄议政事,肆意攻击。因此,张方平、杨察作为反对者,他们排抑所谓"诋讪""激讦"之文,无疑是在很大程度上抑制了"指陈当时阙失,言甚切至"的文风。

　　综上所述,范仲淹、欧阳修等人所倡导的庆历革新尤其是贡举改革是促使"太学新体"产生的主要原因,虽然庆历贡举新制并没有真正实施便遭到废除,但已经在举子和太学中产生了巨大的影响,导致了科场程文的写作规范、文风的改变。在贡举新制废除之后,这类程

---

① 〔宋〕李焘:《续资治通鉴长编》卷二百十五,第5246页。
② 〔元〕脱脱等:《宋史》卷三百四十四,第10931页。
③ 〔宋〕李焘:《续资治通鉴长编》卷二百十五,第5245页。

文并没有完全消除,于是庆历六年(1046)张方平权同知贡举时不遗余力地加以打击。张方平作为庆历旧党的主要成员,用否定的立场将这种文风命名为"太学新体",并且利用同知贡举的权力进行彻底打压。他所打压的"太学新体"包括"闳博者得驰骋""文辞者留心于治乱"之文,又将科场程文彻底回归到以前的老路。一定程度上,张方平此举抑制了文风的健康、多元发展。

"太学新体"是张方平带有偏见的评价,不可视作一种怪异的文风,且石介、孙复等人也不是主要的倡导者。因此,"太学新体"并非石介、孙复等人在反对时文之时矫枉过正,将古文引入怪异一脉。如果要全面认识和评价石介、孙复等的古文主张和创作实绩,还需要考察庆历"太学新体"与嘉祐"太学体"之间的关系。

第四节 嘉祐二年贡举与"太学体"

庆历"太学新体"是因为回溯嘉祐"太学体"的历史而被关注,因此需要把时间线延长到嘉祐二年(1057)贡举,对"太学体"的相关问题进行考察。这一年,孙复去世,石介也已经去世十一年之久,京东文人的群体活动已经沉寂。"太学新体"事件牵涉到诸多京东文人,"太学体"事件中绝少有京东文人的身影,但是"太学体"却被广泛认为是石介、孙复等京东文人的"不良遗产"。因此,厘清"太学体"的问题,对于认识和评价京东文人在文学史中的地位与影响具有重要的意义。

关于"太学体"的历史与性质,学界论述已多,本节拟另辟蹊径,从科举制度角度探讨嘉祐二年贡举的相关问题。科举是人才选拔与文风导向相表里的政治制度,"以文选士"的进士科与文学风尚的关系尤为密切。从文学维度看,欧阳修以翰林学士身份知贡举是通过行政权力左右科举以实现文学主张,而这一切又可以上溯到庆历贡举改革,隐约也与"太学新体"有着类似之处。

一、庆历到嘉祐的"古文运动"

欧阳修嘉祐二年(1057)主贡举多被描述为古文家内部两种不同古文思想的斗争,一定程度上掩盖了欧阳修通过政治权力表现出的"行动性"。"古文运动"中思想与行动并存,推动科举制度改革则是古文家将思想转化为行动的方式之一。嘉祐二年贡举是有策略的"行动"引发的一次"文学事件",思想及策略方面与庆历"精贡举"一脉相承。

欧阳修主贡举的权力主要体现在打破科场考试制度,采取"重策论轻诗赋"的考校标准。作为嘉祐二年科举考试的亲历者,苏轼指出嘉祐年间科场从重诗赋转向重策论:

> 夫科场之文,风俗所系,所收者天下莫不以为法,所弃者天下莫不以为戒。昔祖宗之朝,崇尚辞律,则诗赋之士,曲尽其巧。自嘉祐以来,以古文为贵,则策论盛行于世,而诗赋几至于熄。①

此主要针对进士科而言。苏轼将嘉祐二年贡举作为科场以"古文为贵"的节点②,进士科开始从"重诗赋轻策论"转变为"重策论轻诗赋"。前文已经论及宋初科场"以诗赋取士",庆历贡举改革未能推行便被废止,策论处于参考甚至不考的地位,但这种情况在嘉祐二年

---

① [宋]苏轼:《拟进士对御试策(并引状问)》,[宋]苏轼撰,[明]茅维编,孔凡礼点校:《苏轼文集》卷九,第301页。

② [宋]苏轼《监试呈诸试官》:"缅怀嘉祐初,文格变已甚。"([宋]苏轼著,[清]冯应榴辑注,黄任轲等校点:《苏轼诗集合注》,上海古籍出版社,2001年,第342页)嘉祐年间,嘉祐二年第一次开科,苏轼是这一年参加科考,他说的嘉祐初,当指此年。

发生了变化。苏轼的经历可以证明嘉祐二年进士科考试"重策论轻诗赋",《石林燕语》记载:

> 苏子瞻自在场屋,笔力豪骋,不能屈折于作赋。省试时,欧阳文忠公锐意欲革文弊,初未之识。梅圣俞作考官,得其《刑赏忠厚之至论》,以为似孟子。然中引皋陶曰"杀之三",尧曰"宥之三",事不见所据,亟以示文忠,大喜。往取其赋,则已为他考官所落矣,即擢第二。①

他在省试中赋"已为他考官所落",欧阳修见其论而大喜,最终利用主考官的权力根据论将苏轼超擢为第二名。这次科考中,因策论文理兼优而被拔擢高等的不止苏轼一人②。诗赋与策论虽然同为科场文体,但是在古文家观念中却有着极大的区别。西昆派文人的影响力很大程度上是通过科场发挥作用,在科场诸种文体中,诗赋受到西昆体影响最大,杨亿的四六有"进士赋体"之称。在古文家看来科场诗赋是阻碍古文发展的主要障碍,欧阳修之说有一定的代表性:"是时天下学者杨、刘之作,号为时文,能者取科第,擅名声,以夸荣当世,未尝有道韩文者。"③他所言的"时文"主要指诗赋。"策论近古"是时人普遍的观念,古文家一般将"随言短长"的策论视为古文,如前引苏轼所言"以古文为贵,则策论盛行于世"。学界也普遍认为欧阳修

---

① ［宋］叶梦得撰,［宋］宇文绍奕考异,侯忠义点校:《石林燕语》卷八,第115页。

② ［宋］欧阳修《与吕正献公》十一:"王纮者,去年南省所得进士,履行纯固,为乡里所称。初见其答策,语辞有深识,遂置之上等。"(［日］东英寿:《新见九十六篇欧阳修散佚书简辑存稿》,《中华文史论丛》2012年第1期)。

③ ［宋］欧阳修:《记旧本韩文后》,［宋］欧阳修著,李逸安点校:《欧阳修全集》卷七十三,第1056页。

所打压的"太学体"是古文发展中的不良倾向,"太学体"的弊病主要体现在科场策论中,这也正说明欧阳修在考校中"重策论轻诗赋"。策论替代诗赋成为选士的主要科目,"太学体"的弊病才会引起重视,否则很难解释欧阳修之前的主考官会完全忽视这个问题。

欧阳修谋划以古文选士的制度改革可以上溯到庆历时期,庆历"精贡举"是一次没有成功的"古文运动"。如前文所述,提高策论地位是庆历"精贡举"的核心内容,欧阳修是这次改革的主要推动者。庆历年间,"衍(笔者按:杜衍)时与仲淹(笔者按:范仲淹)、富弼在政府,多引用一时闻人,欲更张庶事"①。随着"庆历新政"的酝酿与开展,在汴京形成了一个以范仲淹为核心的文官集团,其中有欧阳修、石介、孙复、苏舜钦等古文家,有利于更深入开展"古文运动"。"精贡举"是新政的重要组成部分,改变了进士科考试科目的先后及评判的重点,不仅影响到人才选拔,也影响到文学与学术。科举制度的变更迅速引起了士人的反应,"诏既下,人争务学,风俗一变"②。但随着范仲淹集团的失势离京,科举新政在庆历五年(1045)便被废除。虽然庆历贡举新政并没有真正施行,但也势必释放出科场改革的信号,让坚守古文传统的士人看到了希望。

欧阳修认为文学风尚与科举制度密切关联,提升策论地位是开展"古文运动"的有效策略。景祐四年(1037),他在一封书信中提到:"天圣中,天子下诏书,敕学者去浮华,其后风俗大变。"③此后欧阳修又在皇祐三年(1051)表达了类似的看法:"天圣之间,予举进士于有司,见时学者务以言语声偶摘裂,号为时文,以相夸尚……其后

① [元]脱脱等:《宋史》卷四百四十二,第13079页。
② [宋]田况撰,张其凡点校:《儒林公议》卷下,第82页。
③ [宋]欧阳修:《与荆南乐秀才书》,[宋]欧阳修著,李逸安点校:《欧阳修全集》卷四十七,第661页。

天子患时文之弊,下诏书讽勉学者以近古,由是其风渐息,而学者稍趋于古焉。"①也是将天圣年间(1023—1031)视为文风丕变的时间节点。上文已经提到欧阳修所言的"时文"主要指"诗赋",在他看来朝廷贬斥科场"诗赋"促进了文风变革,有学者据此判断欧阳修将天圣年间视为古文复兴的重要时间节点②。天圣七年(1029),朝廷针对科场颁发诏书,斥责科场文风"多涉浮华"③。两年前朝廷已经不满于科场诗赋的浮华不实,天圣五年春正月"诏礼部贡院比进士以诗赋定去留,学者或病声律而不得骋其才,其以策论兼考之"④。可能此诏没有被贯彻落实,天圣七年再下诏重申。进士科考试关乎人才选拔与文学风尚,天圣年间朝廷出于选拔人才的目的将策论从"不考"提升到"兼考"的地位,影响到文坛风气。欧阳修在天圣元年乡试中因赋落韵被黜,五年又省试落榜,八年方进士及第。三次参加科考都在天圣年间,欧阳修亲历了朝廷科举制度的变化,当也是制度改革的受益者。他深切了解和感受到兼考策论对文风丕变的重要性,逐步认识到"重策论轻诗赋"是革新文体的有效策略。科举制度的改革需要获得政治权力与契机,庆历年间欧阳修才有机会推行他的"古文运动"的策略。

从庆历"精贡举"到嘉祐贡举,实为欧阳修领导的"古文运动"中的连续"事件"。就科举的文学维度看,庆历贡举改革是一次没有成功发起的"古文运动"。假设庆历贡举改革成功,一定是"古文运动"

---

① ［宋］欧阳修:《苏氏文集序》,［宋］欧阳修著,李逸安点校:《欧阳修全集》卷四十三,第614页。

② 参见冯志弘《北宋古文运动的形成》(上海古籍出版社,2009年,第148—149页)、鄢嫣《疏离于古文运动之外——论王安石与欧阳修、曾巩的文学交游》(《北京社会科学》2021年第2期)。

③ 刘琳等点校:《宋会要辑稿》选举三,第5293页。

④ ［宋］李焘:《续资治通鉴长编》卷一百五,第2435页。

的重要转机,那么欧阳修嘉祐主贡举时面对的科场程文会有很大不同。庆历五年(1045)后欧阳修被贬南下,政坛失势并没有影响到文坛地位的提高,"围绕欧阳修,江西淮南文人频繁的文学活动构成了仁宗朝后期文坛的重要景观"①。渐具文宗气象的欧阳修更有力度地推动文学复古思潮发展,但文学活动与洛阳时期没有大的区别,并没有制造具有"文学运动"意义的"事件"。至和元年(1054)欧阳修方得回京并任翰林学士,三年后以翰林学士身份知贡举,便雷厉风行地执行"重策论轻诗赋"的科考方式,欧阳修领导的"古文运动"也因他离京、回京而跨时十余年。

二、反对者的视角

前文已经论及,策论相对诗赋,是一种更为自由的表达方式,但缺乏客观的考校标准,取舍往往系于主考官的一时好尚。宋代科举考试采取弥封、誊录等技术手段,限制了考官的权限,努力保证不同社会阶层的举子可以获得同等的机会,体现了制度的公平公正精神。而"以策论定去留"势必会造成对公平公正精神的背离,这也正是策论作为科举考试科目存在的先天不足之处。历来反对考校策论者多是质疑策论考校标准的客观公平性,这也应该是贾昌朝等不赞成"逐场去留"的重要原因。欧阳修主导设计的庆历"精贡举"具有一定理想化的色彩,将举子从严苛的程式中解放出来的构想与逐步标准化、规范化的科举制度建设存在一定的矛盾。欧阳修以翰林学士身份主贡举,利用政治权力施行"重策论轻诗赋",出现了大量的反对者。

嘉祐二年(1057)贡举的反对者比庆历"精贡举"的反对者更为激烈,攻击的矛头直接指向欧阳修。《续资治通鉴长编》卷一百八十五记载:

---

① 程杰:《北宋诗文革新研究》,内蒙古教育出版社,2000年,第265页。

　　春正月癸未,翰林学士欧阳修权知贡举。先是,进士益相习为奇僻,钩章棘句,寖失浑淳,修深疾之,遂痛加裁抑,仍严禁挟书者。及试榜出,时所推誉,皆不在选。嚣薄之士,候修晨朝,群聚诟斥之,至街司逻吏不能止;或为《祭欧阳修文》投其家,卒不能求其主名置于法。然文体自是亦少变。①

此事在欧阳修的行状、墓志铭及《神宗实录》与《宋史》本传等中都有记载,文字最早蓝本当为欧阳发所撰《先公事迹》。在历史叙述中,排抑"险怪"的"太学体"被确定为欧阳修古文事业中的重大业绩,而考生攻击欧阳修的言行被贬斥为无理取闹。"为《祭欧阳修文》投其家"之举确实过分,但也反映了考生情绪激愤。行为过激的考生并非完全没有正当理由,叶梦得《石林诗话》云:

　　至和、嘉祐间,场屋举子为文尚奇涩,读或不能成句。欧阳文忠公力欲革其弊,既知贡举,凡文涉雕刻者,皆黜之。时范景仁、王禹玉、梅公仪等同事,而梅圣俞为参详官,未引试前,唱酬诗极多。文忠"无哗战士衔枚勇,下笔春蚕食叶声",最为警策。圣俞有"万蚁战时春昼永,五星明处夜堂深",亦为诸公所称。及放榜,平时有声,如刘辉辈,皆不预选,士论颇汹汹。未几,诗传,遂哄哄然,以为主司耽于唱酬,不暇详考校。且言以五星自比,而待吾曹为蚕蚁,因造为丑语。②

嘉祐二年主考官锁院时期的诗文唱和是文学史中一段佳话,考生据

---

① ［宋］李焘:《续资治通鉴长编》卷一百八十五,第4467页。
② ［宋］叶梦得撰,逯铭昕校注:《石林诗话校注》卷下,人民文学出版社,2011年,第156页。

此质疑主考官沉迷酬唱,未能认真履行本职工作。锁院前后五十余日,六人唱和一百七十三篇,当这些诗歌流传之后,考生借此发难。考生的关注点并非在诗歌,试卷的考校才是考生的关注焦点,所谓"不暇详考校",当是指责欧阳修考校时出现了错判、误判、标准不清等问题。

考生对考校结果的质疑并非完全出于猜测,他们应当有更为直接的证据。沈括比较详细地记录欧阳修评阅试卷的信息:

> 嘉祐中士人刘几累为国学第一人,骤为怪险之语,学者翕然效之,遂成风俗。欧阳公深恶之,会公主文,决意痛惩,凡为新文者,一切弃黜,时体为之一变,欧阳之功也。有一举人论曰:"天地轧,万物茁,圣人发。"公曰:"此必刘几也。"戏续之曰:"秀才剌,试官刷。"乃以大朱笔横抹之,自首至尾,谓之"红勒帛",判大纰缪字榜之。既而果几也。①

这则材料被广泛引用,但都忽视了"榜之"一词,其意思应为刘几的这份试卷被欧阳修张榜公示,一同被广而告之的还有欧阳修写在卷子上的评阅意见和"红勒帛"。欧阳修略带调侃的评语及从头至尾"红勒帛"般的涂抹,想必对刘几造成极大的伤害,也不能认同欧阳修的考校意见②。此事发生在国学第一人刘几身上,势必引起科场震动。"纰缪"即为"文理纰缪",是文辞与内容皆粗鄙浅陋,难以成文,属于"不考式"。欧阳修此举意在惩戒,但未必可以服众。夏竦曾经对公

---

① [宋]沈括撰,金良年点校:《梦溪笔谈》卷九,中华书局,2015年,第88页。
② [宋]陈振孙撰,徐小蛮等点校:《直斋书录解题》卷十七:"世传煇既黜于欧阳公,怨愤造谤,为猥亵之词。"(上海古籍出版社,2015年,下册第500页)刘几后改名刘煇,详见后文。

布考生试卷提过具体的意见："奏名之日,则榜列程试。合格者自省门而右,丹笔题注,明下臧否。标其警策之辞,识其疵赘之语。凡于卷末,统论得失。合送合落,各令知悉。如有不当,并听言上。"①和夏竦提出的细致的评判方式相比,欧阳修的评判意见实在过于简略,未细致说明刘几程文的得失优劣之处,难以让被黜落的考生信服,他们也更有理由怀疑考官"不暇详考校"。

考生的不满应当包括欧阳修对苏轼程文的"考校"。苏轼在给欧阳修的谢启中曰:

> 轼也远方之鄙人,家居碌碌,无所称道,及来京师,久不知名,将治行西归,不意执事擢在第二。惟其素所蓄积,无以慰士大夫之心,是以群嘲而聚骂者,动满千百。②

苏轼是嘉祐二年(1057)贡举最大的受益者,他和欧阳修一样受到了激烈的攻击,嘲骂者多达千百。考生对苏轼的敌视与辱骂应当不只是地域歧视。苏轼的《刑赏忠厚之至论》让欧阳修感到惊喜,但作为科场程文却也有瑕疵。陆游《老学庵笔记》卷八记载:

> 东坡先生省试《刑赏忠厚之至论》,有云:"皋陶为士,将杀人。皋陶曰杀之三,尧曰宥之三。"梅圣俞为小试官,得之以示欧阳公。公曰:"此出何书?"圣俞曰:"何须出处!"公以为皆偶忘之,然亦大称叹。初欲以为魁,终以此不果。及揭榜见东坡姓名,始谓圣俞曰:"此郎必有所据,更恨吾辈不能记耳。"及谒谢,

---

① [宋]夏竦:《议贡举奏》,曾枣庄等主编:《全宋文》第17册,第71页。
② [宋]苏轼:《谢欧阳内翰书》,[宋]苏轼撰,[明]茅维编,孔凡礼点校:《苏轼文集》卷四十九,第1424页。

首问之。东坡亦对曰:"何须出处。"乃与圣俞语合。公赏其豪迈,太息不已。①

此事流传甚广,各家记载文字略有出入。苏轼《刑赏忠厚之至论》打破科场程式束缚对历史典故进行创造性发挥,确实令人耳目一新,属于科场难得的佳作。作为科场程文,"皋陶杀人"属于"误用事",不符程式,是有瑕疵的文章。欧阳修从"以为皆偶忘之"到最后"太息不已",实则是认识到自己对苏轼论卷有误判,不断追问此典出处也表现出对评判结果的焦虑。苏轼省试律赋今已不存,但"已为他考官所落",想必是存在严重逾越程式的问题。从相关的记载来看,欧阳修仅凭第二场的"论"就将苏轼拔擢为省试第二名,少有先例,且在程序及规范方面都有可议之处,招来质疑也属自然之事。

之所以引起众多考生的质疑和不满,是因为欧阳修主贡举改变了以往科场重程式的衡文标准。从现存的资料看,黜落刘几和超擢苏轼的主要依据都是"论"。欧阳修在考校过程中,利用程式黜落刘几,而又不受程式限制将苏轼超擢为高等,可见程式并不是他主要的标准,甚至成为实现目的的手段。韩琦将欧阳修取舍评定的标准总结为"时举者务为险怪之语,号'太学体',公一切黜去,取其平澹造理者即预奏名"②。"险怪"与"平澹造理"都很难对应具体的程文条式,而是对文章总体的感受,即为文风。欧阳修是否以文风评判呢?"险怪"之文被他判定为"文理纰缪",在众多的"不考式"中,"文理纰缪"涉及文章的内容与文辞,可以视为文风的一种表现。他对苏轼的论又是一种什么意见呢? 苏轼在给梅尧臣的信中提到:"今年春,天

---

① 陆游撰,李昌宪整理:《老学庵笔记》卷八,大象出版社,2019 年,第 204 页。
② 韩琦:《故观文殿学士太子少师致仕赠太子太师欧阳公墓志铭》,曾枣庄等主编:《全宋文》第 40 册,第 120 页。

下之士群至于礼部,执事与欧阳公实亲试之。诚不自意,获在第二。既而闻之人,执事爱其文,以为有孟轲之风。而欧阳公亦以其能不为世俗之文也而取焉。"①梅尧臣作为"小试官",在众多的试卷中发现了苏轼试论,按照苏轼自述是自己文风似孟子让梅尧臣感到惊喜,并且梅尧臣的评价得到了欧阳修的认同,从而才有欧阳修"放他出一头地",超越常规地将苏轼拔擢为第二名。学界多将欧阳修主贡举与庆历六年(1046)张方平权同知贡举相联系,但是在考校方式上是有本质区别的。张方平痛斥怪异文风,"不合程式者,已准格考落外","程式"是考校的关键。嘉祐二年(1057)贡举"重策论轻诗赋",弱化了诗赋声病偶切等客观程式标准,客观性程式较少的策论可以让考官获得较大权力空间。突破苛刻的程式束缚,文风才能成为衡文的主要依据。文风的判断具有较大的主观自由,欧阳修方能依据自己的理念有效地打压"太学体"文章并顺利让苏轼通过科举考试。同时,文风标准的模糊性,恐怕不能让被黜落的考生信服,他们未必觉得自己文风"险怪"。反对者对欧阳修主贡举的不满,与欧阳修重文风轻程式的考校方式直接相关。

嘉祐二年(1057)贡举在文学史中被高度认可,但是在当时诸多亲历者看来未必是一次公正公平的考试。欧阳修主贡举在考试科目方面变"以诗赋定去留"为"以策论定去留",在考校标准方面变"重程式"为"重文风"。对考试科目及程文条式的变革并未获得合法的制度依据,整个过程中充分彰显了欧阳修的权力意志和个人风尚。

三、"太学体"评判的个人色彩

嘉祐二年贡举并没有彻底阻止举子继续写作"太学体"文章,两

---

① ［宋］苏轼:《上梅直讲书》,［宋］苏轼撰,［明］茅维编,孔凡礼点校:《苏轼文集》卷四十八,第1386页。

年后任殿试详定官的欧阳修不得不继续排抑"太学体"。前引《梦溪笔谈》文后还有一段：

> 复数年，公为御试考官，而几在庭，公曰："除恶务力，今必痛斥轻薄子，以除文章之害。"有一士人论曰："主上收精藏明于晃旒之下。"公曰："吾已得刘几矣。"既黜，乃吴人萧稷也。是时试《尧舜性仁赋》，有曰："故得静而延年，独高五帝之寿；动而有勇，形为四罪之诛。"公大称赏，擢为第一人，及唱名乃刘煇，人有识之者曰："此刘几也，易名矣。"公愕然久之。①

嘉祐四年（1059）殿试欧阳修因论黜落了萧稷，和嘉祐二年主贡举时做法如出一辙。苏轼曾说："至嘉祐中，始尽赐出身，然犹不取杂犯。"②嘉祐二年定下"殿试不黜落"的制度，所谓杂犯指出现帝王讳名、落韵、文理纰缪等。萧稷因文风被欧阳修误作刘几，可以想知，萧稷之论应也被判为"文理纰缪"。这一年殿试黜落的举子远远不止萧稷一人，多达三十七人，其中被判为"文理纰缪"者当不在少数。嘉祐年间开科四次，二年殿试未黜落一人，六年与八年一共也只黜落十三人③，远远小于四年黜落人数。嘉祐四年远非正常的数值充分说明欧阳修"除恶务力"的态度。欧阳修此举似乎也在表达他的不满，萧稷等"文理纰缪"的举子顺利通过省试应是他不愿意看到的结果。和欧阳修同为殿试详定官的江休复记录了略有戏剧性的事件：

---

① ［宋］沈括撰，金良年点校：《梦溪笔谈》卷九，第 88 页。
② ［宋］苏轼：《放榜后论贡举合行事件》，［宋］苏轼撰，［明］茅维编，孔凡礼点校：《苏轼文集》卷二十八，第 814 页。
③ 参见龚延明、何平曼《宋代"殿试不黜落"考》（《西北师大学报（社会科学版）》2005 年第 1 期）。

江邻几《杂志》云:"欧阳永叔知贡举,太学生刘几试卷凿
纰,俄有间岁诏,几惧,改名辉。既试,永叔在详定所升作状元。
刘原父曰:'永叔有甚凭据。'"①

改名刘辉的刘几顺利通过省试,又在殿试中高中状元,刘敞因此公开
质疑欧阳修的评判标准"有甚凭据"。此年胡宿权知贡举,吕溱、刘敞
权同知贡举,三人中只有刘敞以古文著称,但他表示不能理解欧阳修
的考校标准。刘敞的质疑表明,嘉祐四年(1059)省试中并没有出现
打压"太学体"的迹象。

排抑"太学体"事件始终只有欧阳修独自一人主导,嘉祐四年
(1059)后欧阳修再未任考官,科场打压"太学体"的事件也未曾再发
生。欧阳修的支持者将之解释为打压"太学体"取得了胜利,欧阳发
将这个过程描述为:

嘉祐二年,先公知贡举,时学者为文以新奇相尚,文体大坏。
(僻涩如"狼子豹孙,林林逐逐"之语;怪诞如"周公伻图,禹操畚
锸,傅说负版筑,来筑太平之基"之说。)公深革其弊,一时以怪僻
知名在高等者,黜落几尽。二苏出于西川,人无知者,一旦拔在
高等,榜出,士人纷然,惊怒怨谤。其后,稍稍信服。而五六年
间,文格遂变而复古,公之力也。②

一破一立是嘉祐二年(1057)贡举事件的叙事方式,欧阳修"文格复

① [金]王若虚撰,马振军点校:《王若虚集》卷三十三"谬误杂辨"引江休复《杂
志》,中华书局,1984年,第398页。
② [宋]欧阳发:《先公事迹》,[宋]欧阳修著,李逸安点校:《欧阳修全集》"附
录"卷二,第2636—2637页。

古"的功绩中包括黜落刘几等与选擢苏轼、苏辙两个方面,从而实现了排抑险怪的"太学体"与倡导"平澹造理"文风的文学革新。欧阳修在嘉祐二年、四年连续用霹雳手段打压"太学体",一定会对举子产生震慑,但是很难想象此后举子的文章都变得"平澹造理"。也很难想象之后的考官认可欧阳修的"平澹造理"标准,并且有欧阳修的魄力采用重文风轻程式的考校方式。就单从打压"太学体"的角度难以实现"五六年间,文格遂变而复古";如果将二苏的崛起考虑进去,才更有说服力。嘉祐六年(1061),苏轼、苏辙二人在制科考试中大放异彩,苏轼入第三等上,苏辙入第四等,可谓"苏氏文章遂擅天下"。"五六年间",二苏超凡不俗的表现足以证明欧阳修主贡举的远见卓识。和二苏比起来,打压"太学体"的牺牲者就显得微不足道了。二苏的存在,强化了欧阳修打击"太学体"的历史意义。不妨设想,如果没有后来的二苏,嘉祐二年贡举欧阳修打压"太学体"的文学史意义难以如此凸显,反对者的声音甚至会改变这段历史的叙述和评价。

指认和评判"太学体"的主导者都是欧阳修。欧阳修排抑"太学体"是北宋"古文运动"中的标志性事件,但学术界却有两种略显矛盾的结论。一种观点认为欧阳修以一己之力革除了声势浩大的"太学体"文弊,在古文发展的过程中居功至伟,完成了"古文运动"的胜利。另外一种观点则认为"险怪"的文风有着欧阳修不能理解的合理内容,甚至是对他的超越,欧阳修坚守"平澹造理"的理念存在自身局限性,打压"太学体"不利于古文的多元化发展。双方分歧的原因主要是对"险怪"的不同理解和侧重,但都将钩索面貌不清的"太学体"文章及人物作为研究的基础。然而文献记载中能确定的"太学体"代表人物只有刘几、萧稷,二人生平事迹都不显,被定性为"太学体"的文章也只留存只言片语。八十年代以来,学界不断寻找"太学体"的渊源、思想学术、文章风格,甚至文人的性格行为都被纳入"险怪"的范畴,越来越多的人物被置于"险怪"的谱系中,逐步坐实了石介、孙复等京东文人的倡导之责,但是在这些应当为"太学体"负责的文人名下却找不到一篇"合格"的"太学体"文章。此让"太学体"的研究具有了更大的开放性空间,但是也造成难以揭开"太学体"文章真面目的局面。如果在寻找不到"太学体"文章的情况下,在表达和内容上不够"平澹造理"的文章很容易都被研究者指认为"太学体",此一定程度上也表明"太学体"的指认和评判都具有个人化的特征。欧阳修利用主贡举的权力践行他庆历贡举改革的思想主张,在没有充分的制度依据的情况下,其个人的学术、思想、趣味成为了重要的试卷评判标准。

　　欧阳修能够在嘉祐二年(1057)充分实现文学主张,是以科举制度的破与立为基础的,在考试科目方面变"以诗赋定去留"为"以策论定去留",在考校标准方面变"重程式"为"重文风"。从庆历时期的"精贡举"到嘉祐二年的实践,都伴随着强烈的反对声音,打破程式束缚的"文体革新"与规范标准的科举制度建设存在矛盾,欧阳修设计的理想化的制度一定程度上偏离了宋代科举制度中的公平公正精神。嘉祐二年贡举对考试科目及程文条式的变革并未获得合法的制度依据,一旦欧阳修不具有直接作用于科场的权力就难以延续,通过科举考试打压"太学体"只能是一个短暂的事件。欧阳修的权力与影响力在拔擢、奖掖二苏、曾巩等文章彦才方面得到了延续,"欧阳公于是时,实持其权以开引天下豪杰,而世之号能文章者,其出欧阳之门者居十九焉"[1]。嘉祐二年(1057)座主门生为基础形成的欧门文人集团以及构建的欧、苏相继的文统逐步确立了"平澹造理"文风的主流地位,此使得欧阳修打压"太学体"的意义被放大。

　　"太学新体"与"太学体"名称的出现都与庆历贡举改革密切相

---

① [宋]张耒:《上曾子固龙图书》,[宋]张耒撰,李逸安等点校:《张耒集》卷五十六,第845页。

关,不同的是,"太学新体"是反对者为了消除庆历贡举改革的影响而提出,而"太学体"是欧阳修延续庆历贡举改革而提出,我们很难想象二者所指称的是同一种"文弊"。"太学新体"是带有政治偏见的命名,张方平等人所斥责的各种"文弊"包含了古文演进的合理内容,阻碍了欧阳修、范仲淹等人改变科场文风的努力,与嘉祐"太学体"之间难以形成必然的联系。对"太学体"的指认和斥责带有欧阳修个人化的色彩,超擢苏轼反映了欧阳修的远见卓识,但是打压"太学体"未必完全合理。因此,"太学体"自然不应当算作石介、孙复等人的"不良遗产",京东文人集团的文学史地位和贡献也应当重新审视。

结　语

　　京东文人集团的出现是历史发展的结果，又推动了历史发展的进程。仁宗天圣（1023—1031）至庆历（1041—1048）年间是集团形成和活动的时间段，而这一阶段也是北宋政治、经济、文化发展的关键期。经历太祖、太宗、真宗三朝近七十年的积淀，天圣一朝已经从晚唐五代的阴霾中逐渐走出，政治、文化、经济得到了长足发展，"右文抑武"的"祖宗家法"使得士大夫文人成为国家权力结构的主体。以范仲淹为代表的一批新型士人登上历史舞台，开始了"人间新秩序"的构想和建设。新秩序的建设则需要革除"积弊"，"变革"成为这一时期的关键词。"庆历革新"便是变革思潮孕育的结果，同时也是北宋社会变革的第一次高峰。旨在革除弊政的"庆历革新"发生的同时，思想界也在发生着巨大变革。学者开始对传统的权威经学发起挑战，不再固守先儒旧说，疑经惑传，用义理之学超越汉唐注疏之学。中唐之后沉寂已久的"古文运动"再一次焕发生机，士人开始崇尚"韩、柳"，古文逐渐获得和"声律对偶"之言分庭抗礼的地位。政治、学术、文学变革最有力的推动者在身份上重合，主要是范仲淹旗下的士大夫文人集团。虽然这个集团成员复杂，但"尊道复古"是他们共同的价值追求。"尊道复古"并非简单的复兴儒学，所谓的道为孔子的"大中之道"，要以此构建理想的新政治体系和文化体系。各个领域的革新均以"尊道复古"为核心精神和理论支撑。京东文人集团正是在这样的大背景下形成，而且直接参与到这一变革实践过程，并成为其中的核心力量。

京东文人集团是以复兴儒道为宗旨的自觉结盟。范仲淹领导的新士人集团中两个相对独立也最为活跃的文人团体，分别为京东文人集团和洛阳文人集团。二者相比，京东文人集团表现出更为强烈自觉的结盟意识。洛阳文人集团是天圣（1023—1031）、明道（1032—1033）年间欧阳修、梅尧臣、尹洙、谢绛等人同时在洛阳任职自然形成的群体，群体活动主要是宴饮聚会、切磋诗文，组合具有一定的随意性。京东文人集团则是为了壮大复兴儒道力量而自觉结盟，通过一系列的策划手段将孙复推为"宗主"，从而形成了一个以宗主为核心，以复兴儒道为宗旨的文人组织。

但京东文人集团也并非严格意义上的文人社团，内部结构复杂而松散。宋初以来，京东士人不仅活跃在高层的政治舞台中，也热衷于民间的讲学游从活动，仁宗朝天圣以后京东路士人成为帝国政坛、文坛的重要力量。就京东文人集团内部而言，大致可以分为"泰山学派"文人群体和"东州逸党"文人群体。相对于"泰山学派"的自发结盟，"东州逸党"则是因朋饮、游从形成的文人团体。然而"东州逸党"的命名却夹杂着复杂的政治、文化因素，此是时人对范讽、石延年为核心的文人群体的否定性称谓，表明士大夫阶层因政治立场、儒学主张、文学观念的分歧而发生分野。颜太初作《东州逸党诗》讥斥"逸党"得到了台谏势力的支持和响应，以孔道辅为首的台谏与范讽在"废后之争"中产生严重的分歧，引发了台谏打压范讽的集体行动，最终朝廷贬黜了以范讽为首的"东州党"。所谓的"逸风"从本质上说是魏晋以来的"文人习性"，以"名教党"自居的颜太初、石介、姜潜等儒生形成了反对"东州逸党"的联盟。在复兴儒学的背景下，儒生排斥文人化书写和"文人习性"，加剧了文人与儒生之间的分野。儒生与文人的分野不只是表现在政治立场、思想观念层面，也影响到日常生活领域。石介作为京东儒生的代表，他在"废后之争"的语境下与范讽、孔道辅的关系发生了微妙的变化，与范讽的决裂和与孔道辅的结盟使得抽象的思想观念表现为具体可观的行为。

京东文人的核心宗旨是复兴孔子的"大中之道"，确立圣人之道在国家意识形态和伦理道德中的权威地位，并以此指导政治和文学。他们的复兴儒道思想从"尊韩"开始，继承了韩愈排斥异端的思想，并扩大了异端的范畴，将时文视作和佛老等同的异端加以排抑。猛烈排斥异端的言行极具战斗性，但和宋人趋于内敛中庸的文化性格产生了背离，以致排斥异端以兴儒道的思想和实践即使在同盟内部也得不到认同，进而导致石介和欧阳修展开了数年的论辩，将儒学复兴推进到新的历史阶段。在破异端的同时，京东文人也致力于"尊经明道"以立其本。他们认为孔子的"大中之道"皆存于圣人经典之中，而汉唐注疏之学离散圣人之道，不得经旨，从而导致儒道衰落，因此他们不固守先儒旧说，主张回归经典，体悟圣人本心。以石介、孙复为首的"泰山学派"致力于传播新经学思想，是宋初最早尝试将活跃在山林之中的新经学转化为官学的学者，也是第一批以新经学获得官方学术权威身份的儒生。他们复兴儒道的思想上承韩愈，下启程朱，具有鲜明的过渡色彩，是汉学向宋学演进过程中的重要环节。

京东文人集团本质上是一个文化群体，主要从事文化活动，具体表现在经学和文学两个领域。古文是他们用来表达思想的重要形式，内容和形式皆受到经学的影响，具体表现为为文宗经、以"五经"为文的范式；用古文阐释经学思想、解经的论说文留存经注的痕迹；在经学怀疑思潮影响下创作翻案文。石介、孙复的存世之文基本为"根柢经术"的儒者之言。"文道为一"的观念促使为文重内容，轻视艺术性，甚至将艺术性视为道的对立面，文风多质朴峻严。京东文人标举"时文害道"的主张和他们的处境有密切关系。集团的核心成员是一群尊道复古的师生，时文和他们的价值观相背离，不愿为或不擅长时文使得诸多成员陷入科举考试的困境。宣扬"时文害道"也是在理论上谋求科举制度的改革,符合群体的整体利益。

　　在"古文运动"研究史中,石介、孙复、士建中等人被卷入到一场聚讼不休的公案:是否在反对西昆体时文时矫枉过正,将古文引入歧途,在太学里形成怪异的"太学体"。张方平《贡院请诫励天下举人文章》所言的"太学新体"主要指向不守程式、内容"切直"的科场程文,是"庆历革新"尤其是庆历贡举改革的直接产物。张方平直斥石介并利用同知贡举的权力打压"太学新体"是出于党争的目的,一方面弹压对立党人,一方面是对庆历新政残留的肃清。因此,张方平此举并不利于文风的健康发展,所谓的"太学新体"并不能作为石介、孙复等人为文怪异的佐证。从欧阳修嘉祐二年(1057)打压"太学体"的动机和结果来看,实则是践行庆历贡举改革思想,本质上与张方平打压"太学新体"的意图相反。厘清相关问题,方能正确认识京东文人集团在"古文运动"中的作用与地位。

　　京东文人集团活跃于历史的变革期,他们的思想、学术也成为历史变革的一部分。他们高调的结盟活动、特异的学术思想与峭洁的文风在当时略显标新立异,在士林中引发了不小的震荡。也因此,京东文人集团的面貌格外清晰。但随着时间的流逝,原本鲜活生动的历史情境已经消失,只剩下抽象的思想观念与无声晦涩的文献,他们略显偏激的思想与言行往往也难以得到充分的同情与理解。虽然无法复原历史现场,但尽可能将京东文人的思想、行为与作品放置在历史语境中,以"历史化"的研究视角对京东文人集团进行全面的审视,方可穿越历史的迷雾,揭示京东文人集团的"真面目"。

附　录

石介《与长官执事札》辨伪

石介《与长官执事札》又名《内谒帖》(见下图)，著名书画鉴赏家徐邦达先生《古书画过眼要录》有著录："《内谒帖》纸本，纵三一厘米，横三五．二厘米。"①此手札传为石介手迹存世孤品，近年屡次出现在拍卖市场，2005 年拍卖价格高达五百五十万元。石介（1005—1045），字守道，一字公操，是宋代复兴儒学的干将和理学的先驱，与胡瑗、孙复并称为"宋初三先生"；又同范仲淹、富弼、欧阳修等人关系密切，是庆历革新的重要参与者。虽然石介不以书法名于世，但是作为北宋的一位文化名人，手札的文物价值和学术价值都很高，堪称国宝。笔者在研究石介的过程中发现，石介手札乃后人篡改宋人王令《上县令书》而成，且文字错讹，文意不通，实为伪品。

一、手札内容实为王令《上县令书》

《与长官执事札》不见于现存石介《徂徕石先生文集》，收罗比较完备的《全宋文》亦未收录此文。兹录手札全文：

> 徂徕石介谨内谒，以书自道于长官执事：介多见今之士人，

---

① 徐邦达：《古书画过眼要录·晋、隋、唐、五代、宋书法》，湖南美术出版社，1987 年，第 134 页。

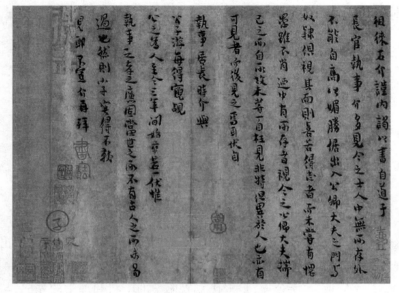

内谒帖

（摘自刘鸿伏等编著《中国古代书画赏玩·2005（春）拍卖总汇》，
湖南美术出版社，2006年，第51页）

中无所存，外不能自高，以媚胜倨，出入公卿大夫之门，与奴隶
俱。视其面则喜若得志者，而未尝有愧。愚虽不肖，乃中有所存
者。视今之公卿大夫，揣己之所自所，故未尝一自枉见。非特但
异于人也，亦有可见者而后见之焉耳。伏自执事居丧时，介与公
子游，每得窥觇公之为人，至今三年间，始卒若一。伏惟执事之
孝之廉，固当世之所不有，古人之所未易过也。然则小子安得不
就见耶？不宣。介再拜。

笔者发现，北宋王令《广陵先生文集》收录了一篇与石介手札文
字几乎雷同的《上县令书》，兹录全文如下：

　　　　元城王令谨内谒,以书自道于长官执事:令多见今之士人,
中无所存,外不能自高,以媚胜倨,出入公卿大夫之门,与奴隶
俱。视其面则喜若得志者,而未尝有愧。令虽不肖,乃中有所存
者,视今之公卿大夫,揣己之所自存,故未尝一自枉见。非特但
异于人也,亦有可见者而后见之焉耳。伏自执事居丧时,令与公
子游,每得窥觊公之为人,至今二三年间,始卒若一。伏惟执事
之孝之廉,固当世之所不有,古人之所未易过也。然则小子安得
不就见耶? 不宣。令再拜。①

　　比对石介手札和王令《上县令书》,前者自称为"徂徕石介""介"
"愚",后者自称"元城王令""令";前者作"揣己之所自所",后者作
"揣己之所自存";前者作"至今三年间"处,后者作"至今二三年间"
(笔者按:二文不同之处已用着重号标示)。二文如此相似,不可能是
纯粹巧合。笔者认为石介手札是后人篡改王令书信而成的伪品。

　　若石介手札为真品,就存在三种可能:一、王令剽窃了石介的手
札;二、后人误将石介手札辑录到王令的集子中;三、石介抄袭王令
《上县令书》。笔者认为这三种可能性都不存在。王令(1032—
1059),初字锺美,后改字逢原,祖籍魏郡元城,性格孤傲,少负才名,
以能文称名当时,有《广陵先生文集》传世。王安石最为器重王令,
曰:"始予爱其文章,而得其所以言;中予爱其节行,而得其所以行;卒
予得其所以言,浩浩乎其将沿而不穷也,得其所以行,超超乎将追而
不至也。"②这样的一位能文之士不至于抄袭别人书札。另外,此信
是写给某位县令的(笔者按:信中"长官"一词,宋代一般用于县令尊

---

① ［宋］王令:《广陵先生文集》卷十七,明抄本,国家图书馆"玉海楼"藏本胶片。
② 王安石:《王逢原墓志铭》,［宋］王安石撰,刘成国点校:《王安石文集》卷九十
　　七,第1669页。

称），且提及了具体的事情，曰："伏自执事居丧时，令与公子游，每得窥觇公之为人，至今二三年间，始卒若一。"时间、地点、人物、事件如此巧合，可能性是微乎其微的。二人生活年代又相近，石介仅比王令早逝 14 年。石介是当时颇受争议的人，身前既已名闻天下，诗文流传很广，剽窃他的书信用于干谒无疑是很冒险的。古人化用他人诗句的现象比较常见，但如此明目张胆地剽窃别人书信却实属罕见。这封书信只是普通的干谒书信，也完全没有抄袭的必要和价值。因此，王令剽窃石介手札的可能性可以排除。

后人误将石介手札收入王令别集的可能性也是很小的。王令的文集是由其外孙吴说编订的。《通志·艺文略》著录《王逢原》十卷，《东都事略》卷一百一十五《王令传》记载有《广陵集》十卷行世，陈振孙《直斋书录解题》卷十七著录《广陵集》二十卷。今存明、清抄本颇多，要之有二十卷本、三十卷本、四十二卷本（亦作四十三卷本），清人陆心源在比对多个版本后认为："诗、文无所增益，盖经后人分析卷数。此则犹宋人原本也。"①王令的集子可能最迟在陈振孙之前就由十卷本析为二十卷本，清代又被析为三十卷本和四十二卷本，除附录中有所增益之外，其余诗文皆同②。今存最古为明抄本二十卷，最为接近宋本，《上县令书》收在明抄本卷十七。因此，《上县令书》应该在吴说编订《广陵集》时就收录。"介"虽与"令"字形相近，但是石介手札清晰地写着"徂徕石介"，误收的可能性几乎为零。

石介是否抄袭王令的书信呢？石介卒于 1045 年，王令生于 1032 年，石介去世时王令仅 14 岁，石介抄袭王令的可能性极小。从书信

---

① ［清］陆心源著，冯惠民整理：《仪顾堂书目题跋汇编·仪顾堂题跋》卷十一，中华书局，2009 年，第 163 页。
② 关于《广陵先生文集》的版本情况参看祝尚书《宋人别集叙录》卷八（中华书局，1999 年，第 376—379 页）。

内容来看,此应是作者青年时期向县令干谒的书信。石介在景祐元年(1034)担任应天府留守推官(笔者按:正八品),官阶略高或等同于县令(笔者按:县令一般为正八品或从八品),之后书信中不可能再称县令为"长官执事"。那么此手札如是石介所作,只能写于1034年之前,而这一年王令只有3岁。因此,石介更不可能抄袭王令的书信。

从以上分析来看,石介手札为真品的假设不成立,其内容实为王令《上县令书》,手札实为篡改王令《上县令书》而成的伪品。

二、手札文字错讹以至文意不通

手札作伪水平并不高超,抄录篡改王令《上县令书》时出现讹误,以至于手札文意不通。

前文提到徐邦达先生《古书画过眼要录》曾著录石介手札。徐先生是书画鉴定的权威,他的这一著录也成为后世认定此手札为真品的主要依据之一。笔者发现徐先生著录手札不够严谨,抄录多有讹误。《古书画过眼要录》所著录全文如下:

> 徂徕石介谨内谒。以书自道于长官执事。介多见今之士人中。无所存外。又(笔者按:又,手札作"不")能自高。以媚胜倨。出入公卿大夫之门。与奴隶俱。视其面。则喜若得志者。而未尝有愧。愚虽不肖。乃中有所存者。视今之公卿大夫。揣己之所自所。(笔者按:故字缺)未尝一日(笔者按:日,手札作"自")枉见。非特但异于人也。亦有可见者而后见之焉耳。伏自执事居丧时。介与公子游。每得窥觇公之为人。至今三年间。始卒若一。伏惟执事之孝之廉。固当世之所不有。古人之所未易过也。然则小子。(笔者按:安字缺)得不就见耶。不宣。介再拜。(笔者按:《古书画过眼要录》只用句号断开,笔者按照

原文格式录入，录入文字与手札文字异同已随文标注）①

徐先生所著录文字有四处讹误，如"介多见今之士人中。无所存外。又能自高。以媚胜倨。出入公卿大夫之门。与奴隶俱"一语，不仅文字讹误，且断句也有问题，以至文意不通，如"无所存外"就颇为费解。此句正确著录和断句应是："介多见今之士人，中无所存，外不能自高，以媚胜倨，出入公卿大夫之门，与奴隶俱。"其余文字讹误已在引文中标出，断句错误可以比对笔者所录手札文，此不一一列举。徐先生鉴定石介手札，但没有细致考究手札的文字内容，可谓是百密一疏。

笔者想重点探讨的是手札中"视今之公卿大夫，揣己之所自所，故未尝一自枉见"一语中的第二个"所"字。虽然手札中此字有些难以辨认，但是"所"字在手札中出现了六次，就字形分析，是"所"字无疑。此字徐先生也著录为"所"。但是"揣己之所自所"，文意不通，不知所谓。曹宝麟先生《宋五帖考》其二专门考论石介《内谒帖》为传世真品。虽然此文并没有列出充分的证据证明此手札为真品，但是曹先生似乎已经意识到手札此句文意不通②。曹先生也著录了《内谒帖》全文，兹录如下：

> 徂徕石介，谨内谒以书自道于长官执事。介多见今之士人，中无所存，外不能自高，以媚胜倨，出入公卿大夫之门，与奴隶俱。视其面则喜若得志者，而未尝有愧，愚虽不肖，乃中有所存者。视今之公卿大夫，揣己之所自所□，未尝一自枉见。非特，

---

① 徐邦达：《古书画过眼要录·晋、隋、唐、五代、宋书法》，第 134 页。
② 曹宝麟先生此文只是简单著录，并未考证，详细内容参看曹宝麟《宋五帖考》（《报翁集》，北京文物出版社，2006 年，第 500—502 页）。

但异于人也。亦有可见者,而后见之焉耳。伏自执事居丧时,介
与公子游,每得窥觇公之为人,至今三年间,始卒若一。伏惟执
事之孝之廉,固当世之所不有,古人之所未易过也。然则小子实
(笔者按:实,手札作"安")得不就见耶? 不宣。介再拜。①

曹宝麟先生所著录"揣己之所自所□,未尝一自枉见"一语,"所"下
缺一字。比对手札,缺字当为"故"。手札中"故"字清晰可辨,曹宝
麟先生如此著录,应该已经意识到手札中此句文意不通。曹先生将
"故"字接着"所",可能又发现"揣己之所自所故"仍然文意不通,就
姑且以字迹模糊、无法辨认对待。由此可见,徐邦达和曹宝麟二位书
画鉴定专家都忽视了此手札文字内容存在的问题。

　　手札中有两处提到"所存":"中无所存","乃中有所存者"。如
果将"揣己之所自所"改作"揣己之所自存",就文通字顺了。王令
《上县令书》正是作"揣己之所自存"。此应是伪造者没有细究文意,
在作伪时出现笔误,将"存"字误写成了"所"字。另外手札中"至今
三年间"一语也颇不符合语言习惯,王令《上县令书》作"至今二三年
间",更为通顺流畅和符合语法规范。这也应该是作伪者在抄录过程
中漏写了"二"字。手札乃为干谒之用,不应如此草率,最合理的解释
就是后人伪造。这种篡改书信作伪的现象在收藏界并不少见,朱琪
先生《北京师范大学图书馆藏丁敬信札辨伪》一文就指出北京师范大
学图书馆所收藏的清人丁敬信札一通就是伪作,乃是篡改晚清吴大
澄的一封书信而成②。

---

① 曹宝麟:《报翁集》,第 502 页。
② 详细内容参看朱琪《北京师范大学图书馆藏丁敬信札辨伪》(《收藏家》2010
　年第 5 期)。

三、伪造石介手迹实有先例

明代人就曾怀疑有人伪造石介手迹。张萱《疑耀》卷七"石介真迹"条记载：

>　　偶友人持宋人真迹相过赏鉴者，中有石介行书二十余字，其遒劲不减苏、黄、米、蔡诸公。余嗟赏久之，苏、黄、米、蔡真迹，在世不乏，石公此迹，真凤毛麟角矣。偶阅《徂徕集》，欧阳永叔尝以书与介，言："介字怪而且异，古今皆无，天下非之。"介复永叔书，言："自幼学书，至于壮，积二十年，讫无所成，且不能自写一刺，必倩能者，或时急要文字必奔走邻里，祈请于人。"则介不工书明甚。又云："屑屑致意于数寸枯竹，半握秃毫，将以取高于人，特六艺之一耳。善如锺、王，妙如虞、柳，不过在君人左右，供事图写，近乎执伎以事上者。"此皆强辨以解说其无能者也。前友人所藏为伪迹，益明矣。①

张萱（1555—1641），字孟奇，号九岳，广东博罗（今广东惠州）人，是明代一位知识渊博的学者，著述颇丰。其"石公此迹，真凤毛麟角矣"一语足见在当时石介的真迹已经难得一见，颇具价值。张萱判定此为"伪迹"，是根据石介自述与欧阳修的评价。张萱《疑耀》提到的欧阳修与石介论书法的书信今存于世，分别为欧阳修《与石推官第一书》《与石推官第二书》和石介《答欧阳永叔书》。欧阳修《与石推官第一书》曰："君贶家有足下手作书一通，及有二像记石本。始见之，骇然不可识；徐而视定，辨其点画，乃可渐通。吁，何

---

① ［明］张萱：《疑耀》卷七，《岭南遗书》本。

怪之甚也！"①《与石推官第二书》曰："今足下以其直者为斜，以其方者为圆……"②对于欧阳修的指责，石介在《答欧阳永叔书》中以不能书辩解：

> 自幼学书，迫于弱冠，至于壮，积二十年矣。岁月非不久也，功非不专也，心非不勤且至也，独于书讫无所成，此亦不能强其能也。岂非身有所不具乎？仆常深病之，实为无可奈。少时乡里应举，礼须见在仕者，未尝能自写一刺，必倩能者。及为吏，岁时当以书记通问大官，亦皆倩于人。有无人可倩时，则废其礼，或时急要文字，必奔走乡里，祈请于人。此为之不能也，今永叔责我诚是。③

本著在第二章曾论及欧阳修与石介之间的论辩，欧阳修本意是借书法怪异含蓄地批判石介"自许太高，诋时太过"，不认同石介攻击佛老、时文的言行。但就书法而言，石介此语也有强辩之嫌。宋人朱弁《曲洧旧闻》卷九"欧阳文忠公与石公操书"条也论及二人关于这次书法的辩论，曰："守道字画世不复见，既尝被之金石，必非率尔而为者。即其答书之词观之，其强项不服义，设为高论以文过，拒人之态犹可想见。"④此言颇为公允。欧阳修所言"君贶家有足下手

---

① ［宋］欧阳修：《与石推官第一书》，［宋］欧阳修著，李逸安点校：《欧阳修全集》卷六十八，第 991 页。

② ［宋］欧阳修：《与石推官第二书》，［宋］欧阳修著，李逸安点校：《欧阳修全集》卷六十八，第 993 页。

③ ［宋］石介：《答欧阳永叔书》，［宋］石介著，陈植锷点校：《徂徕石先生文集》卷十五，第 175 页。

④ ［宋］朱弁撰，孔凡礼点校：《曲洧旧闻》卷九，中华书局，2002 年，第 218 页。

作书一通，及有二像记石本"，当是石介所作《与君贶学士书》和《去二画本记》，皆见于《石徂徕先生文集》。石介将《去二画本记》拓本附在信中一同寄于王拱辰，欧阳修因此得见。石介致欧阳修、王拱辰的书信都是亲自书写，且把手迹刻石，将拓本寄于友人欣赏，想必不是如他自己所说的"为之不能也"。石介凡书必"祈请于人"之说确有诡辩之嫌。因此，张萱仅仅根据二人的这次论争就断定石介"不工书"，且以此作为鉴定石介手迹真伪的依据，也有失之偏颇之嫌。但是石介与欧阳修的书法论争，无疑在宋代就引起关注，后人也一直对其书法充满好奇心。

　　虽然不能判断张萱所见石介手迹的真伪，但是早在宋代就有关于伪造石介手迹的说法。庆历三年（1043），宋仁宗任用范仲淹、富弼、韩琦，罢黜夏竦、吕夷简，庆历革新拉开序幕。身为国子监直讲的石介认为此为"旷绝盛事"，乃作《庆历盛德颂（并序）》，以"一夔一契"赞誉范仲淹、富弼，并以"大奸之去，如距斯脱"直斥夏竦①。夏竦怀恨在心，伺机报复，指使人伪造石介手迹陷害石介等人。《续资治通鉴长编》卷一百五十记载："先是，石介奏记于弼，责以行伊、周之事，夏竦怨介斥己，又欲因是倾弼等，乃使女奴阴习介书，久之习成，遂改伊、周曰伊、霍，而伪作介为弼撰废立诏草，飞语上闻。帝虽不信，而仲淹、弼始恐惧，不敢自安于朝……"②此事也证明了石介写与上级官员的书信是亲自为之。石介的手迹直接和庆历革新的成败以及众多历史名人的命运相关，影响甚远。据笔者不完全统计，宋到清代有 35 种书籍转抄此事，其中宋代 10 种，元代 2 种，明代 13 种，清

---

① ［宋］石介：《庆历盛德颂（并序）》，［宋］石介著，陈植锷点校：《徂徕石先生文集》卷一，第 7—10 页。

② ［宋］李焘：《续资治通鉴长编》卷一百五十，第 3637 页。

代 10 种①,虽然夏竦使人伪造石介手迹是出于政治斗争的目的,但这无疑扩大了石介书法的知名度。

石介作为历史文化名人,书法被欧阳修称之为怪体,手迹又和重大历史事件有关,且手迹鲜有传世,都为伪造石介手札创造了很大的空间和市场。

结　语

石介《与长官执事札》伪造于何时,现在已经很难得知。手札上有两枚陈崇本收藏印鉴:"崇本审定""商丘陈崇本考藏印"。陈崇本,字伯恭,河南商丘人。乾隆四十年(1775)进士,官宗人府府丞。陈崇本是一位著名的画家,也是一位收藏家。从收藏印鉴上来看,陈崇本是可考的最早收藏者。如果陈崇本收藏印鉴为真,那么石介手札应该是伪造于清代中期或之前。清中期以前,王令的集子还没有刻本,流传范围小,这也为伪造者提供了可趁之机。近年此手札在拍卖市场极其活跃,《中国青年报》刊登的《五件宋代书札拍卖之谜》指出:"在今年(指 2005 年——记者注)6 月 19 日结束的北京翰海 2005 春季拍卖会上,有五件北宋名人书札以 2227.5 万元人民币的高价成

---

① 宋 10 种:徐自明《宋宰辅编年录》、陈均《宋九朝编年备要》、李焘《续资治通鉴长编》、林駉《源流至论》、楼钥《范文正公年谱》、王称《东都事略》、杨仲良《宋通鉴长编纪事本末》、吕中《大事记讲义》、彭百川《太平治迹统类》、朱熹《三朝名臣言行录》;元 2 种:陈栎《历代通略》、佚名《宋史全文》;明 13 种:陈绎《金罍子》、冯琦《经济类编》、陈邦瞻《宋史纪事本末》、郭良翰《问奇类林》、李贽《藏书》、陆应阳《广舆记》、张岱《夜航船》、袁子让《五先堂文市榷酤》、周念祖《万历辛亥京察记事始末》、商辂《通鉴纲目续编》、沈长卿《沈氏弋说》、王宗沐《宋元资治通鉴》、佚名《宋史笔断》;清 10 种:梁维枢《玉剑尊闻》、徐乾学《资治通鉴后编》、叶澐《纲鉴会编》、张贵胜《遣愁集》、毕沅《续资治通鉴》、傅恒《通鉴辑览》、贺长龄《清经世文编》、黄宗羲《宋元学案》、魏禧《兵迹》、张英《渊鉴类函》。

交。这五件北宋名人墨宝分别是富弼的《儿子帖》（成交价462万）；吕嘉问的《与元翰札》（成交价346.5万元）；左肤（又作'左膚'——记者注）的《与通判承议札》（成交价484万元）；何栗的《屏居帖》（成交价385万元）和石介的《与长官执事札》（成交价550万元）……这五通书札原为著名书画鉴定家张珩藏品，后……漂流海外。1996年国内藏家在美国纽约佳士得拍卖行以50万美元购回，使墨宝荣归故里。1997年，这五件北宋名人墨宝出现在北京翰海1997春季拍卖会上，以总价682万人民币拍卖成交，得主为北京故宫博物院。"①石介《与长官执事札》与另外四通宋人手札频现各种媒体，曾一度成为各界关注热点，但是并不曾有人质疑真伪。

　　石介《与长官执事札》不但在文物收藏界引人关注，而且也被书法界当作宋代书法传世真迹，成为书法史经常引用的文献②，同时也关系到石介和王令两位宋代著名文人的著作权问题。因此，辨伪存真是很有必要的，且以此求教于方家。

---

① 王梦婕等：《五件宋代书札拍卖之谜》，《中国青年报》2011年8月5日。
② 笔者所见以下两种书法史著作皆有引用：王朝闻编《中国美术史·宋代卷》上册（齐鲁书社，2000年，第317页）、曹宝麟《中国书法史·宋辽金卷》（江苏教育出版社，1999年，第46—50页）。

京东文人及其他北宋作家诗文辑考

一、《全宋诗》辑考

《全宋诗》编撰以来,学者作了大量的补遗工作,但仍有不少宋人诗歌散落在浩如烟海的古籍中。笔者近年从方志、类书等古籍中拾得北宋孙复、祖无择、何群、石延年、李迪、范讽、刘概、种放、真宗、仁宗等宋代 24 位作者 36 首佚诗和 5 则佚句。这些诗歌不见于其他辑补《全宋诗》的文章中,因此对于补《全宋诗》之阙具有一定的意义。同时,笔者对《全宋诗》误收张方平的两首诗进行了考辨。

1. 孙复　诗 1 首　句 1 则

（1）剑池

宝剑埋丰城,弃捐灭年禩。初如双龙蛰,默默重渊底。
春雷忽以惊,骈首思奋起。光气干斗牛,终夜颜色紫。
奇哉张茂先,访诸雷焕氏。下取古狱中,湛湛凝秋水。
精芒射人目,利可断犀兕。我闻剑为用,非惟玩好尔。
仗以去奸邪,提以振网纪。是时晋室中,奸邪若排指。
荀勖及冯统,巧舌相表里。荀颛亦其人,聚首为封豕。
同附贾公闾,盛指南风美。遂使五不可,忽焉如西子。
晋室遽以危,其亡可立俟。因思荀勖徒,未与犀兕比。
尽可血雄芒,尸之向朝市。剑兮既不用,华也竟何以。

　　　　宜乎不自免,委身于蝼蚁。是为神物差,飘然失所指。

按:此诗见于康熙《丰城县志》卷七"艺文志"。清人陆心源编《宋诗纪事补遗》卷八收录孙复诗歌《论学》《剑池》二首①。《孙明复小集》和《全宋诗》皆失收《剑池》。诗曰:"宝剑埋丰城。"当是咏江西丰城县剑池。孙复曾贬监虔州商税,虔州与丰城距离较近,孙复极有可能曾到此地。孙复《上郑宣抚书》曰:"刮垢磨光,硎发丰城之剑。"②可见他对"丰城剑池"颇为熟悉。观"仗以去奸邪,提以振网纪"语,颇符合孙复道学家的语气。此应是孙复之作。

　　　　(2)句
　　　　攘臂欲操刀仗戈,力与熙道攻浮伪。

按:石介《上孙先生书》曰:"先生座前:王十二来,辱惠长歌,褒借过实,岂所克当,读之郝然汗下。且曰:'攘臂欲操刀仗戈,力与熙道攻浮伪。'此得介之心,诚不敢让。"③石介《上孙先生书》是写给孙复的一封书信。石介言孙复曾"辱惠长歌",其所引两句应是摘自孙复所赠石介的"长歌",原诗已佚,此两句《孙明复小集》和《全宋诗》皆失收。
　　2.石延年　诗3首　句3则

　　　　(1)雕
　　　　腾凌千里见纤毫,劲翮梢梢度海涛。
　　　　霜草兽惊斜电落,水天雁尽片云高。

――――――――――

① [清]陆心源编撰,徐旭、李建国点校:《宋诗纪事补遗》第1册,山西古籍出版社,1997年,第170—171页。
② [宋]孙复《上郑宣抚书》,曾枣庄等主编:《全宋文》第19册,第295页。
③ [宋]石介《上孙先生书》,[宋]石介著,陈植锷点校:《徂徕石先生文集》卷十五,第182页。

闲声带晚飞无敌,锐气横秋转不毛。

得奉长杨帝王事,愿将余力逞平皋。

按:见于宋谢维新《事类备要》别集卷六十五"飞禽门·雕";又见于明彭大翼《山堂肆考》卷二十二"羽虫";又见于清吴宝芝《花木鸟兽集类》卷中;又见于清张英《渊鉴类函》卷四百四十二"鸟部·五"。《全宋诗》失收。

(2)梁王台

梁王力战辅炎刘,百二山河一旦收。

千古高台遗旧恨,功名何不效留侯。

按:见于顺治《定陶县志》卷八"艺文志";又见于嘉靖《山东通志》卷二十二"古迹·梁王台"。《全宋诗》失收。

(3)三戾亭

义旗旆旆向三戾,北怨南征西怨东。

自是凶残深剪后,商家四海皆春风。

按:见于顺治《定陶县志》卷八"艺文志"。《全宋诗》失收。

(4)句

卧龙有病君医取,心为生灵不为身。

按:宋黄彻《䂮溪诗话》卷八:"石曼卿赠针师云:'卧龙有病君医取,心为生灵不为身。'王逢原云:'丈夫出处诚何较,知痛苍生为泪垂。'贤者设心,不期而合如此,皆末行其志,惜哉!"①此句《全宋诗》失收。

---

① ［宋］黄彻:《䂮溪诗话》,丁福保辑:《历代诗话续编》卷八,中华书局,2006年,第387页。

（5）句

村里黄翻绰，家中白侍郎。

按：黄庭坚《醉落魄·陶陶兀兀》："家里乐天，村里谢安石。"句后自注曰："石曼卿自嘲云：'村里黄翻绰，家中白侍郎。'"①《全宋诗》失收。

（6）过雨诗

淡烟归鸟缓，残照断虹疏。

按：见宋佚名《锦绣万花谷别集》别集卷一"虹类"，《全宋诗》失收。

　3.何群　诗1首

（1）肖岩

危峰入清兴，迂路访僧来。
暑雨兼风霁，松轩对月开。

按：宋王象之《舆地纪胜》卷一百五十六"顺庆府·景物上"记载："肖岩，在西充县小陵镇东。百福院后，有一石岩，高十余丈，岩窦空阔，流水清洁，乡人名为肖岩。何群留题云：'危峰入清兴，迂路访僧来。暑雨兼风霁，松轩对月开。'"②《舆地纪胜》同卷"人物"条下记载："何群，字通夫，西充人。范蜀公志其墓曰：'世人于事多能言，而不能行。公尝言取士不以行义而以文辞为非。不报，遂不举进

---

① ［宋］黄庭坚著，马兴荣、祝振玉校注：《山谷词校注》，上海古籍出版社，2011年，第104页。
② ［宋］王象之编著，赵一生点校：《舆地纪胜》卷一百五十六，第3345页。

士,可谓行其言矣。赐号安逸居士。'"①何群,庆历年间曾在太学师
从石介,石介推为学长,《宋史》卷四百五十七有传。《全宋诗》未录
何群诗。

4. 刘概

（1）哭守道先生诗
路出莱芜欲有题,感君追古思犹□。
生前谤议风雷击,死后文章天地齐。
万种梦魂随我作,百般禽鸟为君啼。
孤坟一掩徂山下,汶水年年哭向西。

按:今泰安市档案馆存有此诗碑,题名"青州推官刘概作"。庆历五年
（1045）,石介去世,刘概《哭守道先生诗》当作于此时或稍后。景祐
元年（1034）春,石介郓州任满,调任南京留守推官兼提举应天府书
院,结识刘概。天圣四年（1026）青州解试,知青州腾涉首荐刘概,因
遭谤。石介曾作《辨谤》一文专为明之,褒奖腾涉知人之明及刘概
《韩吏部传论》明韩愈之功。石介《辨谤》曰:"天圣四年秋,诏郡国举
进士,时故谏议大夫腾公涉守青州,谓概能明吏部之道,特为首送。
概少则为古文,专意圣人之道,性僻野,以介特自守。常居深山中,或
逾年一下山,未尝一造权豪门。先两为青州举送,以是名字不得高。
至是首送,青人皆大怒腾之所为,以腾不知人。或谓概有化丹砂为黄
金术,腾意得之,特为首送。或以为概恃当涂力,故得首送。腾于是
被此谤八九年矣。介昨日架上整乱书,得概《韩吏部传论》。读之,知
吏部之大道,知概之名不虚得,知腾之被谤。噫! 吏部之道二三百年
得刘概伸之,刘概之名,二三十年得腾公发之;腾公之谤,八九年得石

① ［宋］王象之编著,赵一生点校:《舆地纪胜》卷一百五十六,第3355页。

介明之。"①天圣四年过八九年当为景祐元年前后。《渑水燕谈录》卷四载刘概事，曰："刘孟节先生概，青州寿光人，少师种放，笃古好学，酷嗜山水，而天姿绝俗，与世相龃龉，故久不仕。晚得一名，亦不去为吏。庆历中，朝廷以海上岠嵎山地震逾年不止，遣使访遗逸。安抚使以先生名闻，诏命之官，先生亦不受就。青之南有冶原，昔欧冶子铸剑之地，山奇水清，旁无人烟，丛筱古木，气象幽绝。富韩公之镇青也，知先生久欲居其间，为筑室泉上，为诗并序以饯之曰：'先生已归隐，山东人物空。'且言先生有志于名，不幸无位，不克施于时，著书以见志，谓先生虽隐，其道与日月雷霆相震耀。其后，范文正公、文潞公皆优礼之，欲荐之朝廷，先生恳祈，亦不敢强，以成其高。先生少时，多寓居龙兴僧舍之西轩，往往凭栏静立，怀想世事，吁唏独语，或以手拍栏干，尝有诗曰：'读书误我四十年，几回醉把栏干拍。'司马温公《诗话》所载者是也。"②石介曾经拜访过一位字孟节的隐士，当为刘概。石介《访竹溪呈孟节兼有怀熙道》诗曰："到头泉石是吾家，坐石听泉日已斜。一片青衫非富贵，千竿绿竹好生涯。君曾览照头皆雪，我试看书眼亦花。便好结为山伴侣，教他夔益佐勋华。"③熙道，为士建中表字。从兼怀士建中可知，石、士二人不在一地。景祐元年（1034）春，士建中赴京科考，中甲科，释褐大名府魏县知县。此年春，石介郓州任满改任南京。因此，石介此诗当作于景祐元年春或稍后。此年石介当在郓州任满候缺之时往青州临朐县探望在此地任县令的父亲，而得以拜见青州隐士刘概。刘概隐居于临朐县境内。嘉靖《山

① ［宋］石介：《辨谤》，［宋］石介著，陈植锷点校：《徂徕石先生文集》卷八，第90—91页。

② ［宋］王辟之撰，吕友仁点校：《渑水燕谈录》卷四，第50—51页。

③ ［宋］石介《访竹溪呈孟节兼有怀熙道》，［宋］石介著，陈植锷点校：《徂徕石先生文集》卷四，第50页。

东通志》卷六曰："熏冶泉在临朐县西南孝慈乡,即古欧冶子铸剑之所……宋刘概尝隐于此。"①刘概极力推崇韩愈,作有《韩吏部传论》以明韩愈之道。石介可能受刘概影响,开始研读韩愈之文,其《读韩文》《读原道》《尊韩》应都作于这一时期。

5. 陈尧佐　诗 1 首

(1)登寺楼

晓日都门路,春风古寺楼。

归心与吟意,自爱且迟留。

按:此诗见于嘉庆《长垣县志》卷十四"艺文下·诗",《全宋诗》失收。

6. 李迪　诗 1 首

(1)留题妇姑庙

寂寞寒云蔽古祠,妇姑遗迹动追思。

一般英烈贤名异,千载芳声孝行奇。

静想全身轻懋女,却应洒泪笑虞姬。

至今犹赖敦风教,销得清词为作碑。

按:此诗见于嘉庆《长垣县志》卷十四"艺文下·诗",《全宋诗》失收。

7. 范讽　诗 1 首

(1)登经阁

一雨初晴万象新,绿芜红树静无尘。

楼高地迥出天半,剩见河阳十里春。

_____

① ［明］陆钺等纂修:《(嘉靖)山东通志》卷六,明嘉靖十二年刻本。

按：此诗见于嘉庆《长垣县志》卷十四"艺文下·诗"，《全宋诗》失收。以上陈尧佐、李迪、范讽三人诗又见于正德《长垣县志》卷九"文章·诗"，但《留题妇姑庙》署名为范讽，《登经阁》（正德本无诗题，其余皆同）署名为李迪。此当是正德《长垣县志》误录，《留题妇姑庙》作者当为李迪，《登经阁》作者当为范讽。嘉庆《长垣县志》卷十五"金石录"载有《妇姑祠诗刻》，并著录全部碑文，内容包括上述三首宋人诗歌，《留题妇姑庙》署名为李迪（"迪"后有"述"字，当为衍），《登经阁》署名为范讽。碑文另有宋至和元年（1054）十月知开封府长垣县钱方所撰序和明正德丁丑年（1517）长垣县知县张治道所撰跋。钱方序曰："圣宋相国李公布衣时尝游是邑题妇姑庙，太尉陈公洎待制范公登寺楼皆留雅什。此三公之诗者，可谓美教化、明风俗。题于粉壁，久历岁华，笔字寝灭，因政之暇，命工勒于翠岷，用记盛事，不废粹美。自凝嘉绩，俾令嗣者以享字号而不泯矣。时至和元年十月五日赞善大夫知开封府长垣县钱方序并立石。"①张治道跋曰："妇姑不知为谁，亦不知何时人。旧有妇姑城，城废亦从而毁，民间只传其名。正德乙亥余承乏来适，得此石于司家坡之南，见上有题妇姑诗，乃知妇姑者为节孝妇人也。仍复欲为祠，城南有僧尼院，宫宇阔佁，是为祠所，乃遂□其佛，设象于内而祠之，即今祠也。后有慕而继之者，当附诸左右，以厉风教云。正德丁丑赐进士第文林郎知长垣县事关中张治道题。"②由二人序跋可知，此碑本为宋长垣县知县钱方所立，将李迪、陈尧佐、范讽三人题壁诗刻石并为之序，后妇姑庙残破，明知县张治道于正德年间得碑于司家坡之南，重新立之并附跋语于碑末。明长垣县人崔尚义《妇姑祠记》也记述了陪同知县张治道发现此宋碑

---

① ［清］李于垣修，［清］杨元锡纂：《（嘉庆）长垣县志》卷十五，清同治十二年刻本。

② ［清］李于垣修，［清］杨元锡纂：《（嘉庆）长垣县志》卷十五。

的过程,曰:"先是正德乙亥二月上戊,邑大夫南山张子携予过城南八里庄,祭蘧伯玉墓,既毕,因感物候,游览盛概,过司家坡佛寺之西,风景殊绝,大可人意。傍有高阜地一区,基址半在,瓦石参差,皆古朴不类今。张子乃属其耆老问之,曰:'前为妇姑祠,乃春秋时妇姑双节,今失其姓氏。'因出宋名贤李迪、陈尧佐洎范讽诸公题咏数首刻之卧石者,曾于地下得之,少载显迹。"①从前引钱方序可知,李迪诗歌为《留题妇姑庙》、范讽诗歌为《登经阁》无疑,因此嘉庆《长垣县志》所录为是。

　　8. 祖无择　诗4首

　　(1)南楼观风

　　　习远浮华气俗醇,农勤稼穑戴星耘。

　　　一方安堵山无盗,千里鸣弦士有文。

　　　入酌励甘灵井水,庆丰多赖仰山云。

　　　冯唐已老惭归晚,犹策疲驽欲报君。

按:见于正德《袁州府志》卷十二"艺文三"。诗中所言"仰山",据正德《袁州府志》卷一"山川",仰山,在府城南八十里。祖无择皇祐五年(1053)十一月撰《唐韩文公庙记》,文曰:"元和十五年,昌黎韩文公尝为袁州刺史,后二百三十四年,无择实莅此州,筑宫而祠之。"②可知,皇祐五年祖无择知袁州。此诗当作于知袁州任上,《全宋诗》失收。

　　(2)次元居中中秋前夕江桥对月

　　　此日③吴松江上亭,江波寒映月波清。

_____

① 〔清〕李于垣修,〔清〕杨元锡纂:《(嘉庆)长垣县志》卷十三。

② 祖无择《唐韩文公庙记》,曾枣庄等主编:《全宋文》第43册,第325页。

③ "日",同治《苏州府志》作"夕"。

风含万籁秋声老,云散千山野色并。

笠泽苍葭和露重,洞庭丹橘带霜明。

追陪后乘通宵赏,惆怅无因记姓名。

按:见于清徐崧《百城烟水》卷四"吴江·垂虹亭";又见于同治《苏州府志》卷三十五。祖行《龙学始末》曰:"(治平)二年,纠察在京刑狱,迁左谏议大夫,加龙图阁直学士,权知开封府。七月,进龙图阁学士,知开封府,其后出知郑、杭二州。"①祖无择知杭州时与元居中、张先时常结伴出游并唱和。《两浙金石志》卷六"宋祖无择等定山慈严院题名":"祖无择、沈振、元居中、张先熙宁己酉孟秋晦日偕游。"《百城烟水》祖无择诗下录有张先同题之作,见后文。

(3)九日登城上亭偶书四十字呈通判殿丞签判水部

何处称登临,高城接远岑。

酒杯深映玉,菊叶细浮金。

美景年年定,衰容日日侵。

感时无限思,偏动洛生吟。

(4)自和

佳辰良宴会,诗友得高岑。

览景穷千里,论赀抵万金。

菊容秋色减,桂魄夜光侵。

莫下牛山泪,且为梁父吟。

按:以上二首见于乾隆《郑州志》卷十二"艺文志";又见于民国《郑县

---

① [宋]祖行:《龙学始末》,曾枣庄等主编:《全宋文》第 274 册,第 435 页。

志》卷十八,不署名;前者又见于雍正《河南通志》卷七十四"艺文三"。祖无择诗之后附乔孝本、杨公袞、李评、任迥、崔彦升和韵十首。味其诗意,当是祖无择知郑州时与众僚友重阳登高唱和之作。《全宋诗》皆失收。

9. 乔孝本　诗 2 首

（1）和前韵

九日登高处,秋郊列翠岑。

爱山频寓目,醑盏屡垂金。

且尽良辰醉,宁思晚景侵。

荷公容落帽,仍赐郢中吟。

（2）再叠前韵

元侯宴佳节,城上望烟岑。

饮尽千钟酒,哦成百炼金。

菊兰方并赏,霜月莫相侵。

每继升高赋,常惭骩骳吟。

按:以上二首为和祖无择《九日登城上亭偶书四十字呈通判殿丞签判水部》之作,见于乾隆《郑州志》卷十二"艺文志",署名"乔孝本　殿中丞";又见于民国《郑县志》卷十八,不署名。乔孝本,生平不详,据淳熙《三山志》卷七,仁宗嘉祐间为福州签判。《全宋诗》未收其诗。

10. 杨公袞　诗 2 首

（1）和前韵

泛菊陈芳谦,开轩对碧岑。

烟光凝霁霭，节物应秋金。

皓齿歌频啭，朱颜酒易侵。

城头留晚景，尽好副清吟。

（2）再和前韵

楼高临古堞，天外见遥岑。

红叶翻晴锦，黄花乱碎金。

宾筵忻共乐，尘事不相侵。

对景摘华藻，篇篇尽雅吟。

按：以上二首为和祖无择《九日登城上亭偶书四十字呈通判殿丞签判水部》之作，见于乾隆《郑州志》卷十二"艺文志"，署名"杨公衮　水部员外郎"；前者又见于雍正《河南通志》卷七十四"艺文三"；后者又见于民国《郑县志》卷十八，不署名。杨公衮，生平不详。《全宋诗》未收其作品。

　11. 李评　诗2首

（1）和前韵

燕席图黄菊，秋山显秀岑。

天光晴近酒，霜气肃乘金。

妓放歌争丽，宾欢谑互侵。

独怜牛马走，归颂使君吟。

（2）和前韵

黄浪开晴野，青螺出晓岑。

酒行漂楚菊，诗就掩南金。

落日从鸦乱，平云看雁侵。

登高为公赋,洋溢大夫吟。

按:以上二首为和祖无择《九日登城上亭偶书四十字呈通判殿丞签判水部》之作,见于乾隆《郑州志》卷十二"艺文志",署名"李评　文思使";又见于民国《郑县志》卷十八,不署名。强至有《依韵和李评文思》诗,"文思"当为"文思使"简称。强至诗曰:"爱君挺拔生贵家,不学庸儿醉朱碧。两提试笔赋翰林,落落金声天上掷。改丞殿省头不回,直把群经重研撼。"①此与李评字持正者事迹相吻合。李评,字持正,万寿公主孙。《宋史·李评传》曰:"评少涉书传,尝以公主遗奏召试学士院,改殿中丞,意不满,辞之。后二年再召试,复止迁一官,愈不悦,至上书辨论。及卒。人无怜者。"②《全宋诗》未收其诗。

　12. 任迥　诗 2 首

　　(1)和前韵
　　菊会飞三雅,霜轩缭万岑。
　　麈谈陪手玉,印贵奉腰金。
　　高惜良辰到,斜愁晚气侵。
　　桓生思有助,寿笛写龙吟。

　　(2)又和前韵
　　高酒乐朋临,颓山共醉岑。
　　浮椒斗萸火,折菊乱橙金。
　　霜径禽时下,风栏叶快侵。
　　主公传藻句,捧玩得长吟。

---

① 北京大学古文献研究所:《全宋诗》第 10 册,第 6918 页。
② [元]脱脱等:《宋史》卷四百六十四,第 13572 页。

按:以上二首为和祖无择《九日登城上亭偶书四十字呈通判殿丞签判水部》之作,见于乾隆《郑州志》卷十二"艺文志",署名"任迥　职方员外";又见于民国《郑县志》卷十八,不署名。任迥,生平事迹不详,《全宋诗》未收其诗。

13. 崔彦升　诗2首

（1）和前韵

盛会当重九,高轩面崔岑。

杯行疑傅翼,诗就比铿金。

气肃惊晚秋,欢浓畏夜侵。

杜门疏懒客,攀和不成吟。

（2）又和前韵

玳筵开晓日,时菊艳秋岑。

麈论轻挥玉,钗行密耀金。

云地看雁度,地迥绝尘侵。

共仰文章伯,欢余不废吟。

按:以上二首为和祖无择《九日登城上亭偶书四十字呈通判殿丞签判水部》之作,见于乾隆《郑州志》卷十二"艺文志";前者又见于雍正《河南通志》卷七十四"艺文三";后者又见于民国《郑县志》卷十八,不署名。据嘉靖《惠安县志》卷十一"秩官",崔彦升于嘉祐二年(1057)任惠安知县。《全宋诗》未收其诗。

14. 张先　诗1首

（1）次元居中中秋前夕江桥对月

来夜中秋今夜月,临江诗思有同清。

与谁醉后又分散，顾我事牵难合并。

相望已如千里隔，静看应似故乡明。

昔年曾作东亭主，为拂前轩石上名。

按：此诗《全宋诗》失收。见于徐崧《百城烟水》卷四"吴江·垂虹亭"；又见于同治《苏州府志》卷三十五。参看祖无择《次元居中中秋前夕江桥对月》按语。

15. 元居中　句 1 则

（1）斗野亭

星分牛斗光芒直，地控荆吴境域宽。

按：见宋王象之《舆地纪胜》卷三十七"总扬州诗下"，又见同卷"四六"。嘉靖《惟扬志》卷七"公署志"："斗野亭，在邵伯镇梵行院之侧，熙宁二年建。按《舆地志》，扬州于天文属斗分野，发运司元居中名。"① 此句《全宋诗》失收。

16. 种放　诗 1 首

（1）柳

白云溪畔种还生，风摆长条拂水轻。

应为繁华压金谷，依依终日是亡情。

按：见于宋陈景沂《全芳备祖》后集卷十四"木部·杨柳"；又见于清汪灏《广群芳谱》卷七十七"木部·柳"。此诗《全宋诗》失收。

---

① ［明］朱怀干修，［明］盛仪纂：《嘉靖惟扬志》卷七，明嘉靖二十一年刻本。

17. 宋真宗　诗 1 首

（1）驻跸郑州诗大中祥符四年

款谒已伸祈福意，巡方因慰徯来①心。

都畿仰望和銮至，关辅欢迎驻跸临。

地志周爰风俗美，郡民徧洽渥恩深。

国侨遗爱常如在，百姓宜思继德音。

政在养民，子产能之，咨尔多士，无望仰止。

按：见于乾隆《郑州志》卷十"艺文志"；又见于嘉靖《郑州志》卷六"杂志"。宋真宗大中祥符四年（1011）西祀汾阴，三月回驾路过郑州，王应麟《玉海》卷三十曰："庚子，上作驻跸郑州七言诗，从臣毕和。"②此诗《全宋诗》失收。

18. 宋仁宗　诗 1 首

（1）赐端明殿学士曾公亮赴郑州并序至和元年

华光辍侍，爰解于禁严。东里俨藩，式资于慈惠。载怀茂德，宜有宠行。

儒术明师法，才能举德辖。

词林成惜别，郡绂是勤求。

罢直鳌番夜，前驱隼建秋。

国门三舍近，无阙贡嘉猷。

按：见于乾隆《郑州志》卷十"艺文志"。《宋史》卷三百一十二《曾公

──────────

① "来"，嘉靖《郑州志》作"徕"。

② ［宋］王应麟：《玉海》卷三十，《文渊阁四库全书》本。

亮传》曰:"以端明殿学士知郑州,为政有能声。"①此诗当是仁宗为此
而作,《全宋诗》失收。

19. 范雍　诗 1 首

(1)浮波亭

亭飞彩翼千波绕,桥引晴霓一道端。

武帐公余弄澄澈,城头斜日两三竿。

按:嘉靖《郑州志》卷六录有陈尧佐、王随、范雍《浮波亭》各一首,《全
宋诗》据《宋诗纪事补遗》辑得陈、王二人诗,而范雍诗则失收。

20. 孔文仲　诗 2 首

(1)题家宝堂　二首

其　一

曾闻教子薄金籯,又得传家构宝亭。

四座巾箱森武库,一门冠盖聚文星。

春余草树连吴暗,天阔峰峦入赣清。

梦寐昔游今十载,南飞何日学鸿冥。

其　二

二十年前忆共登,时光过隙只堪惊。

图书谁似君家富,山水从来故国清。

坐接远峰烦暑尽,闲吟残月小窗明。

和公不替青毡旧,桂籍堂中有姓名。

---

① ［元］脱脱等,《宋史》卷三百一十二,第 10232 页。

按：见于同治《清江县志》卷九"艺文志"。《全宋诗》失收。

　21. 李师中　诗2首

　　（1）太平寺
　　古寺连城邑，盘基戴巨鳌。
　　地应迎晓日，天不隐秋毫。

按：见于《舆地纪胜》卷四十六"淮南西路"。《全宋诗》失收。

　　（2）相公泉
　　海畔忠魂不伏招，周公辛苦赋鸱鸮。
　　此泉不竭名长在，千载君臣鉴本朝。

按：见于《舆地纪胜》卷一百一十八"广南西路"。《全宋诗》失收。

　22. 孔宗翰　诗1首

　　（1）
　　桥互晴虹压碧湍，高亭突兀耸桥端。
　　江长始觉尘埃绝，目尽方知天地宽。
　　水鸟翩翩来别浦，渔舟历历满澄澜。
　　嗟余久有沧浪兴，看到黄昏尚倚阑。

按：见同治《苏州府志》卷三十五"古迹·垂虹亭"，无诗题，《全宋诗》
失收。

　23. 刘跂　诗1首

　　（1）请观永叔五代史
　　结绳去淳古，文章被事业。
　　缤纷南山竹，笺赋困简牒。

　　　大贤乃独乐,逸轨谁复蹑。

　　　烂然霆雷光,四海俱晔晔。

按:见宋祝穆《事文类聚》新集卷二十四"诸院部",又见谢维新《事类备要》后集卷四十三"史馆门"。《全宋诗》失收。

　　24. 赵抃　诗1首

　　（1）诗送张安道侨朝散赴阙

　　　君数过予瀛水边,从容不觉岁华迁。

　　　同年契有二千石,厘务官成三百篇。

　　　两县子庭俱戏彩,一州僚馆竞铺筵。

　　　到应禁闼新秋近,喜对威颜咫尺天。

按:见于宋孙应时《重修琴川志》卷十五"拾遗",又见于康熙《常熟县志》卷二十四。《全宋诗》失收。

附:《全宋诗》误辑张方平诗考辨二则

其　一

　　张方平（1007—1091）,字安道,号乐全居士,应天宋城（今河南商丘）人,谥文定。《全宋诗》卷三百七有张方平诗一联:"谨言浑不畏,忍事又何妨。"[1]据编者注,此据元代吴亮《忍经》辑得。《忍经》曰:"张文定公曰:谨言浑不畏,忍事又何妨。"[2]此联与《全宋诗》卷四百七张齐贤《自谨诗》首联只有一字之差（谨,张齐贤诗作"慎"）。其余皆同,张齐贤诗为:"慎言浑不畏,忍事又何妨。国法须遵守,人非莫

---

① 北京大学古文献研究所:《全宋诗》第6册,第3889页。

② ［元］吴亮编集,金少华点校:《忍经》,浙江古籍出版社,2019年,第32页。

举扬。无私仍克己，直道更和光。此个如端的，天应降吉祥。"①张齐
贤此诗乃据北宋吴处厚《青箱杂记》辑录，《青箱杂记》卷二曰："张文
定公齐贤，洛阳人……齐贤常作诗自警，兼遗子孙，虽词语质朴，而事
理切当，足为规戒。其曰：'慎言浑不畏，忍事又何妨。国法须遵守，
人非莫举扬。无私仍克己，直道更和光。此个如端的，天应降吉
祥。'"②此诗又见于江少虞《新雕皇朝类苑》卷三十八、吕祖谦《宋文
鉴》卷二十二、曾慥《类说》卷四，皆题名张齐贤。张齐贤（943—
1014），字师亮，曹州冤句（今山东曹县西北）人，太平兴国二年（977）
进士，曾任左谏议大夫、给事中、知代州、以枢密副使参知政事、拜吏
部侍郎、同中书门下平章事，死后谥文定。因此，《忍经》所言"张文
定公"当为张齐贤，《全宋诗》将此联归为张方平名下实为误辑。

其　二

　　《全宋诗》卷三百七据宋阮阅《诗话总龟》前集卷十三辑得张方
平句："红尘三尺险，中有是非波。"③张如安《〈全宋诗〉订补稿》已经
指出："宋叶廷珪《海录碎事》卷一五作潘阆诗。"④但张先生并未细究
此联的归属权，笔者就此补充一点。《海录碎事》卷十五只录了此一
联，署名潘阆。此联与潘阆《阙下留别孙丁二学士归旧山》颔联只有
一字之差，其诗为："名利路万辙，我来意如何。红尘三尺深，中有是
非波。波翻几潜没，来者犹更过。归去感知泪，永洒青松柯。"⑤险，
潘诗作"深"，其余皆同。《诗话总龟》前集卷十三曰："晏元献称国初
待诏云：'醉轻浮世事，老重故乡人。'张安道亦称：'红尘三尺险，中

---

① 北京大学古文献研究所：《全宋诗》第 1 册，第 503 页。
② ［宋］吴处厚撰，夏广兴整理：《青箱杂记》卷二，大象出版社，2019 年，第
　　40 页。
③ 北京大学古文献研究所：《全宋诗》第 6 册，第 3889 页。
④ 张如安《〈全宋诗〉订补稿》，群言出版社，2005 年，第 253—254 页。
⑤ 北京大学古文献研究所：《全宋诗》第 1 册，第 619 页。

有是非波。'"①"醉轻浮世事,老重故乡人"乃宋初李度诗,文莹《玉壶清话》卷七记载:"李度显德中举进士,工诗,有'醉轻浮世事,老重故乡人'之句,人多诵之。"②宋赵令畤《侯鲭录》卷四也曰:"晏公称国初李度诗云:'醉轻浮世事,老重故乡人。'"③由此可知,晏殊和张方平皆称道前人诗作,此联作者当不是张方平,而是潘阆。《全宋诗》据《诗话总龟》将"红尘三尺险,中有是非波"一联归属在张方平名下,当是错误。

二、《全宋文》补遗

拾得《全宋文》未收佚文 3 篇,作者分别为孙复、张方平、王益柔,略作考辨,胪列如下:

1. 孙复　始建文庙记

我孔子之道被乎万世,非假腐笔懦辞称述之然后为大也,志者直以庙之兴废畴④之岁月尔。按图经,旧有孔子庙,在县西南,切近于紫极宫。大中祥符三年,诏广紫极为大中祥符宫,因徙孔子之像而取其地焉。时令非其人,不能别相爽垲以肯构之,其庙遂废。每岁春秋,既无释奠之所,乃留其牲币⑤,戊日合祭于社稷坛。其非理也,甚矣!迨兹四十年未有议其⑥修复者,祭器残缺,委于县门之上,胥吏辈往往取其俎以为坐,莫有禁止。

---

① [宋]阮阅编,周本淳点校:《诗话总龟》前集卷十三,人民文学出版社,1987年,第 150 页。

② [宋]文莹撰,郑世刚、杨立扬点校:《玉壶清话》卷七,第 66 页。

③ [宋]赵令畤撰,孔凡礼点校:《侯鲭录》卷四,中华书局,2002 年,第 107 页。

④ "畴",《江西通志》作"系"。

⑤ "币",《江西通志》作"牢"。

⑥ "其",《江西通志》缺。

吁！可怪也！故赣人目不识孔子之像，惟淫祠是奉者，罪在令不在民，民从上化者也①。大理寺丞王君希致②官访之，病其然也，且曰："旧制，孔子庙天下郡县通祀之，而赣独不祀，此岂朝廷尊儒重道意耶？"乃于旧址东南数百步，度地胥宇以营之。又惧其扰于民也，撤浮屠之无名者，取其材。赣人闻之惕然，皆曰："今吾令至止，首作孔子庙以布朝廷尊儒重道意，是将驱吾远人，纳之于善也。彼浮屠老屋庑③且朽矣，乌胜其用。"乃相与愿以良木坚甓易之。王君因民之乐而多亲视役，故材甚壮，工竞劝，庙不再季而成。凡厥器用亦一新之，仍于两庑为舍十数楹以处学者④。于是春秋释奠有所，赣人知其所向，孔子之祀绝而续焉。噫！昔颜渊死，门人欲厚葬之，子曰："不可。"门人厚葬之。子曰："回也，视予犹父也。予不得视犹子也。非我也，夫二三子也。"则知学者之于孔子皆犹父也。赣令不祀孔子者四十年，是子不祀父也，子不祀父其罪如何哉！繇此而言之⑤，王君是举也，可书也已。故笔之于石以示来者，嗣而葺之，则无负于孔子之门矣。⑥

按：嘉靖《赣州府志》卷十一录孙复《始建文庙记》一篇，此文不见于《孙明复小集》，《全宋文》也失收。《全宋文》卷四百一收录孙复《兖州邹县建孟子庙记》，编者注释曰："《孙明复小集》卷二。又见《圣宋文选》卷九，《古文集成》卷一一，嘉靖《赣州志》卷一一，康熙《邹县

---

① "故赣人……民从上化者也"句，《江西通志》缺。
② "致"，《江西通志》作"到"。
③ "庑"，原作"瘰"，据《江西通志》改。
④ "者"，据《江西通志》补。
⑤ "噫！……繇此而言之"句，《江西通志》缺。
⑥ "矣"，《江西通志》缺。

志》卷一下,雍正《山东通志》卷一一之七,雍正《江西通志》卷一二三,乾隆《兖州府志》卷二七,乾隆《曲阜县志》卷六,同治《赣州府志》卷二四,同治《赣县志》卷四九之四。"①笔者翻检嘉靖《赣州志》、同治《赣州府志》、同治《赣县志》、雍正《江西通志》,所收录皆为《始建文庙记》(《江西通志》作《赣县重建文庙记》,文字稍有出入),而不见《兖州邹县建孟子庙记》。此应是《全宋文》编者将二文混淆,而遗漏了《始建文庙记》一文。

《始建文庙记》记述赣县县令王希修建孔庙一事。文曰:"大中祥符三年,诏广紫极为大中祥符宫,因徙孔子之像而取其地焉……迨兹四十年未有议其修复者。"大中祥符三年(1010)之后四十年,当为皇祐二年(1050)前后,此时孙复被贬赣州。欧阳修《孙明复先生墓志铭》:"(庆历)七年,徐州人孔直温以狂谋捕治,索其家得诗,有先生姓名,坐贬监虔州商税,徙泗州,又徙知河南府长水县,签署应天府判官公事,通判陵州。"②赣县属虔州,皇祐二年前后孙复应正被贬于此地,监虔州商税。南宋周必大《赣州赣县重修学记》:"昔在皇祐,贤令大理寺丞王希肇正庙学,泰山孙复碑记其实,谓夫子道被万世,非假称述。"③可见此文为孙复所作无疑。

此文各版本文字稍有出入,嘉靖《赣州志》、同治《赣州府志》、同治《赣县志》文字基本相同,嘉靖《赣州府志》成书最早,同治《赣州府志》、同治《赣县志》应是抄录嘉靖《赣州府志》。雍正《江西通志》所录之文不仅题目作《赣县重建文庙记》,文字也多缺漏和不同之处。著录时以嘉靖《赣州府志》为底本,并参雍正《江西通志》进行校订。

---

① 曾枣庄等主编:《全宋文》第19册,第270页。

② [宋]欧阳修:《孙明复先生墓志铭》,[宋]欧阳修著,李逸安点校:《欧阳修全集》卷三十,第457页。

③ [宋]周必大《赣州赣县重修学记》,《全宋文》第231册,第240页。

2. 张方平　赠金紫光禄大夫太师中书令兼尚书令楚国公神道碑铭

赠金紫光禄大夫太师中书令兼尚书令楚国公神道碑铭

观文殿学士、朝请大夫守户部尚书、知陈州军事兼管内劝农使、上柱国清河郡开国公、食邑三千八百户实封六百户、赐紫金鱼袋张方平撰

龙图阁直学士、朝散大夫、右谏议大夫充真定路马步军都总管兼安检监牧使、知盛德军府事及管内劝农使、上骑都尉寿安县开国子、食邑六百户、赐紫金鱼袋孙固书

朝奉郎、尚书司封员外郎、充集贤殿校理同判登文检院、上骑都尉官王汾篆额

公讳会，字宗元。其先夏少康，封少子于鄫，春秋时而国亡，鄫世子巫奔于鲁，去邑为曾。巫孙皙，皙子参，并为孔门弟子。唐广明中，七代祖避寇乱，自光州之固始举挈族徙闽，因家泉州，占籍晋江。时天下分裂，由是三世悉仕闽越。故泉州录事参军讳瓒，曾王父也。司农少卿、泉州节度使掌书记讳峤，夫人萧氏，王父母也。泉州德化令，归期以殿中丞致仕，讳穆，夫人二辛氏，考妣也。有宋受命，太祖既擒诸僭伪，始大一统。太宗以文治，集四方贡士，亲御便殿阅其辞艺，以采擢其英髦而官宠之。端拱二年，公由乡举首先至礼部，以所著文百轴献于主司，声动场屋。及廷试三题，就座挥毫，文不加点，日未昃上奏御，帝异之。时蜀人陈尧叟亦有俊誉。是日，上览二士相埒，敏亦如之，莫适高下，故释褐并授光禄寺丞直史馆。公一命知宣州，赐五品服，自有科第起家之荣未之有，后亦无复继之者。天下耸观，缙绅士流莫不相望其风采。前此科第，第一人独得优除，第二、三人同下一等。及是，陈公虽居第一，而公实与等夷，徒以甲乙为名次耳。寻谒

告省亲，召见问以时务，面授密旨，因令采访福建路未便事，还阙条二十方，阴被其德，时罕知者。且以亲老愿补外，特命典州。初请建州，宰相言京官不可领节镇，上为择江南使，郡得宣州。宰相言为前，特迁殿中丞以行。公自远方以才名遇英主，赏拔笼绝前后，众谓不日而至卿相，且自许亦厚，故不复以攀援进取为意。天姿夷旷，直率无缘饰，专以诚长者处官，不能希合从事，由是与付龃龉，更以下迁，仕宦因以淹踬。历真宗、仁宗二世，出入四十五年，止于刑部郎中、集贤殿修撰知明州，官不过五品，用不出一郡，抑命矣！夫后公二十年，其子公亮，参知政事迁枢密使、中书门下平事，遂相二朝，登元宰，极公师之位，兼以河阳三城节度使守太傅兼侍中、鲁国公致仕。源深流光，推恩三代，故司农、德化令及公，并赠太师尚书令，追封许、陈、楚国三公，太夫人赠许、陈、越国。古之所谓有盛德者不在其身而必在其子孙者，岂虚言也哉。晚年乐池州九华之胜，筑室山下，遂请致仕焉。以明道二年七月考终于山居，享年八十二。遗命还葬晋江，十二月就窀穸钦风里之原，祔高祖之兆。公历官自光禄丞累至尚书诸郎中，职任判吏部南曹，再领三司判官，出为两浙节度使，典宣、处、台、建、颖、池、明七州，散官朝奉大夫，功勋柱国。因赴四明，入辞对，赐服章三品。其在台州，以外艰去官，服除还朝，永熙已厌代，章圣践祚。公既少交党，又尝以父议证，贵近大臣左右莫为容，故上不及知先帝奖遇之意，益以疏远。公亦自固所志，进不干举，退不诡俗，直己而行，终不易其守。在浙，宰相有善公者，寄声谓曰：“闻按部未尝罚一吏，可谓恕矣，如法令何？”公谢之曰：“州县至诸监临之官各司其局，未尝不正以法，以谓官循理，则吏知畏，何容逞威于榰楚也。”卒不为变。过衢录系囚，有民家女佣作满主勒不遣，逸去与役者为夫妇。公问法吏当何坐，吏对当徒，公曰：“是佣应得自便，但贫贱不能具媒聘耳。”命结正释之，凡听讼皆类此。祥符末，执政丁谓建钱塘捍江之役，以发运使领其事，要铚洳之，发卒万余，斩木伐石倾山谷。是岁旱，且役工徒多病死，中外惮其威福，无敢言者。公已解漕职，奏列其状。真宗主上善其言，有旨中罢，军民如被佑而旧防亦自固。公以之处事，不惮以身犯有势者之怒，必致其不忍之心而已。素探内典，得方广净行之旨，深明祖道，圆入寂观。与故翰林杨大年、雪窦僧重显为方外之友，游清净觉地，证第一义心，晚更熟，并忘得丧，安时而处顺，喜惧哀乐无自入。故康宁寿考，视听不耗，及其易箦，犹履脱然。平生所为文章历官杂著二十卷。景德中观时政得失，著议论十卷上献，名《景德新编》，盖公之诸余土苴尔。前配夏国太夫人吴氏，继室以黄氏，公时封江夏郡君，妇德顺而正，母道慈以严，后公十五年殁，追封楚国太夫人。子六人，公度，濠州锺离县主簿；公立，供备库副使；公奭，都官员外郎；公望，虞部郎中；公定，秘书丞、集贤殿校理。皆早逝，惟次子鲁公崇高光大，独寿而炽。四女，适进士杨克昌赞、善大夫王从益侍、御史王平，次未嫁而夭。孙孝章、孝宗、孝宽、孝绰、孝雍、孝廉、孝述、孝蕴、孝序、孝广、孝纯、孝扬，皆京朝官。宽以起居舍人、龙图阁待制枢密都承旨，鲁公子也。曾孙二十四人，已官者九人。长稚一志，率由仪训宦学自立，遂为世家。公久秉国钧，靡遑私虑，表刻未列，怀不自安。此得谢詹言，故里路隔重险，地无美石，乃遣其子遵于吴越中，载以巨舰，沧海而南，且以是意来告，曰："与我游者，子为旧，先公素概盍序而铭之。"铭曰：

> 鄮出姒氏，曾为鲁人。唐季乱离，南徙于闽。楚越之区，专土六姓。士处于时，窘于牢莽。嗟我三世，隐于附庸。利宾上国，有来自公。思文太皇，擢公郡俊。平地青云，金声玉振。天下耸观，士林为荣。势且旦暮，而至公卿。亦既莅官，唯诚与恕。不务世求，乃与时忤。往蹇来连，多踬少

迁。郎潜一郡,四十五年。外虽不偶,中全所守。富贵在
天,将复谁咎。晚游方外,安常委和。惟命之明,愿不为多。
福嗇于躬,必启其后。鲁公是膺,位隆朝首。典型在国,功
利在民。孝孰为大,积善重仁。勒铭丰碑,晋江旧里。德何
如其,清源之水。

时于熙宁八年四月十六日　　福建温陵刘务实镌字

按:此文不见于《乐全集》。该神道碑碑主为曾会,碑现存于泉州官桥
镇成竹村曾氏宗祠内。吕荣哲、潘英南编《南安碑刻》(作家出版社,
2003 年)、《泉州文史》第六、七辑(《泉州文史》编辑委员会,1980 年
自印本)对此文有著录。但是未能引起学界关注,《张方平集》(中州
古籍出版社,2000 年)及《全宋文》皆未收录。

3.王益柔　潞州长子县慈林山法兴寺新修佛殿记

　　潞郡上与天党,号天下之脊,而慈林挟右壶口,踞太行之肩,
陟其峻绝,莽苍杳蔼之间,可以南望三川,北顾汾、浍。其崇山峻
岭,穷谷大畎,草木茂密,云霞万状,轩豁窈窕,气象熊熊,乃一山
之秘奥,而天下之形胜也。佛寺经始于后魏之神鼎,易新于唐之
咸亨。厥后或兴或废或葺,浸以颓阤。逮皇朝建隆之初,有僧曰
凝海,缔构复完。余大门家太师令君尝为之碑铭。天圣中,释法
信与麻衣从深又辟其基,敞三门于其前。给事中孙公冲刻其辞
于石。今继主其事者曰绍荣,以佛殿始作于晋开运二年,距今一
百三十余载,垣穿城夷,榱桷倾圮,且不足以侔崇闳之宏显,称四
注之周浃。于是募檀施,鸠力役,发于诚心,来身信向。崇坛广
宇,撤旧谋新,经之营之,成于不日。其为殿三楹,周以廊腰,砻
珉以为柱,伐石以为扉,高广壮丽,可以为佗屋冠。然后备像设
之庄严,穷绘境之精妙,率其徒朝夕焚香曛呗,发其书而诵习之,

使来者闻声而悟,睹相而信。革斗怒鄙悖之心,而向于和顺;消欺诞险害之虑,而趋于夷易。外则渐靡于上之仁义教化,而恐畏于礼法刑典,俾之暗然日迁善远罪,盖有以厚元元之性,辅晏晏之化。繇是而言,则兴废系乎其时,而得失存乎其人矣。荣师生而朴愿,幼袭佛服,其见闻熏修,未始不仿依于其教,游泳于其业。顾世俗贪冒没溺者,宜不一动其心。且其诚悫得乡间歆慕,以能就其所愿,则其精进智识,可以副予向所陈,为不疑矣。殿既成,使以书来请记,予以大父尝所游息,先子诞育之地也,阅其书,不知涕泗之横集,自托不腐,实素愿焉。故为之记。元丰四年正月五日。

龙图阁直学士、太中大夫、权判尚书吏部兼判昭文馆、太原郡侯王益柔记。

按:王益柔以能文著称于时,但今无文集存世,《全宋文》未收其文。《法兴寺新修佛殿记》为北宋王益柔元丰四年(1081)撰,现存长子县法兴寺碑廊内。碑高 2.47 米,宽 0.96 米,厚 0.2 米。额题为"法兴寺新修佛殿记龙图阁直学士太原郡侯王益柔记,岚州团练推官毕仲荀书并撰额,王令图立石"。此记见载于《山右石刻丛编》卷十四(清光绪二十七年刻本)。

主要参考文献

古代典籍

1. ［汉］班固撰，［唐］颜师古注，中华书局编辑部点校：《汉书》，中华书局，1962 年。

2. ［南朝宋］范晔撰，［唐］李贤等注，中华书局编辑部点校：《后汉书》，中华书局，1965 年。

3. ［南朝梁］刘勰著，黄叔琳注，李详补注，杨明照校注拾遗：《增订文心雕龙校注》，中华书局，2012 年。

4. ［隋］王通著，张沛校注：《中说校注》，中华书局，2013 年。

5. ［唐］韩愈著，马其昶校注，马茂元整理：《韩昌黎文集校注》，上海古籍出版社，1986 年。

6. ［唐］刘知几撰，［清］浦起龙释：《史通通释》，上海古籍出版社，1978 年。

7. ［唐］柳宗元：《柳宗元集》，中华书局，1979 年。

8. ［唐］姚思廉撰，中华书局编辑部点校：《梁书》，中华书局，1973 年。

9. ［宋］曾巩撰，陈杏珍等点校：《曾巩集》，中华书局，1984 年。

10. ［宋］陈善撰，查清华整理：《扪虱诗话》，大象出版社，2019 年。

11. ［宋］陈振孙撰，徐小蛮等点校：《直斋书录解题》，上海古籍出版社，2015 年。

12. [宋]程颐、程颢著,王孝鱼点校:《二程集》,中华书局,2004 年。

13. [宋]范仲淹撰,李勇先等点校:《范仲淹全集》,中华书局,2020 年。

14. [宋]龚鼎臣撰,黄宝华整理:《东原录》,大象出版社,2019 年。

15. [宋]韩琦撰,李之亮、徐正英笺注:《安阳集编年笺注》,巴蜀书社,2000 年。

16. [宋]洪迈著,孔凡礼点校:《容斋随笔》,中华书局,2005 年。

17. [宋]洪迈撰,何卓点校:《夷坚志》,中华书局,1981 年。

18. [宋]黄庭坚著,马兴荣、祝振玉校注:《山谷词校注》,上海古籍出版社,2011 年。

19. [宋]黄震撰,王廷洽等整理:《黄氏日抄》,大象出版社,2019 年。

20. [宋]黎靖德编,王星贤点校:《朱子语类》,中华书局,1986 年。

21. [宋]李觏撰,王国轩点校:《李觏集》,中华书局,2011 年。

22. [宋]李焘撰,上海师范大学古籍整理研究所、华东师范大学古籍整理研究所点校:《续资治通鉴长编》,中华书局,2004 年。

23. [宋]李廌撰,孔凡礼点校:《师友谈记》,中华书局,2002 年。

24. [宋]刘敞:《公是集》,商务印书馆,1935 年。

25. [宋]刘斧撰,李国强整理:《青琐高议》,大象出版社,2019 年。

26. [宋]柳开撰,李可风点校:《柳开集》,中华书局,2015 年。

27. [宋]陆游撰,李昌宪整理:《老学庵笔记》,大象出版社,2019 年。

28. [宋]罗大经撰,王瑞来点校:《鹤林玉露》,中华书局,1983 年。

29. [宋]吕本中撰,韩西山辑校:《童蒙训》,中华书局,2019 年。

30. [宋]吕祖谦编,齐治平点校:《宋文鉴》,中华书局,1992 年。

31. [宋]梅尧臣著,朱东润编年校注:《梅尧臣集编年校注》,上海古籍出版社,2006 年。

32. [宋]欧阳修、宋祁撰,中华书局编辑部点校:《新唐书》,中华书局,1975 年。

33. [宋]欧阳修撰,李逸安点校:《欧阳修全集》,中华书局,2001 年。

34. ［宋］阮阅编，周本淳点校：《诗话总龟》，人民文学出版社，1987 年。

35. ［宋］邵伯温撰，李剑雄等点校：《邵氏闻见录》，中华书局，1983 年。

36. ［宋］邵博撰，李剑雄等点校：《邵氏闻见后录》，中华书局，1983 年。

37. ［宋］沈括撰，金良年点校：《梦溪笔谈》，中华书局，2015 年。

38. ［宋］石介著，陈植锷点校：《徂徕石先生文集》，中华书局，1984 年。

39. ［宋］释文莹撰，郑世刚整理：《湘山野录》，大象出版社，2019 年。

40. ［宋］司马光撰，邓广铭、张希清点校：《涑水记闻》，中华书局，1989 年。

41. ［宋］司马光撰，李文泽等点校：《司马光集》，四川大学出版社，2010 年。

42. ［宋］苏轼著，［清］冯应榴辑注，黄任轲等校点：《苏轼诗集合注》，上海古籍出版社，2001 年。

43. ［宋］苏轼撰，［明］茅维编，孔凡礼校点：《苏轼文集》，中华书局，1986 年。

44. ［宋］苏舜钦撰，何文倬校点：《苏舜钦集》，上海古籍出版社，2011 年。

45. ［宋］苏象先撰，储玲玲整理：《丞相魏公谭训》，大象出版社，2019 年。

46. ［宋］苏洵撰，曾枣庄等笺注：《嘉祐集笺注》，上海古籍出版社，1993 年。

47. ［宋］苏辙著，曾枣庄等校点：《栾城集》，上海古籍出版社，2009 年。

48. ［宋］苏辙撰，俞宗宪校点：《龙川别志》，中华书局，1982 年。

49. ［宋］孙复：《春秋尊王发微》，［清］纳兰性德辑：《通志堂经解》第 8 册，江苏广陵古籍刻印社，1996 年。

50. ［宋］田况著，张其凡点校：《儒林公议》，中华书局，2017 年。

51. ［宋］王安石撰，刘成国点校：《王安石文集》，中华书局，2021 年。

52. ［宋］王称撰，孙言诚、崔国光点校：《东都事略》，齐鲁书社，2000 年。

53. ［宋］王得臣撰,黄纯艳整理:《麈史》,大象出版社,2019 年。

54. ［宋］王巩撰,戴建国整理:《闻见近录》,大象出版社,2019 年。

55. ［宋］王令:《广陵先生文集》,明抄本,国家图书馆"玉海楼"藏本 胶片。

56. ［宋］王辟之撰,吕友仁点校:《渑水燕谈录》,中华书局,1981 年。

57. ［宋］王象之编著,赵一生点校:《舆地纪胜》,浙江古籍出版社, 2013 年。

58. ［宋］王应麟:《玉海》,《文渊阁四库全书》本。

59. ［宋］王应麟撰,［清］翁元圻注,孙通海点校:《困学纪闻注》,中华 书局,2016 年。

60. ［宋］王铚撰,朱杰人点校:《默记》,中华书局,1981 年。

61. ［宋］委心子撰,金心点校:《新编分门古今类事》,中华书局, 1987 年。

62. ［宋］魏泰撰,李裕民点校:《东轩笔录》,中华书局,1983 年。

63. ［宋］文莹撰,郑世刚、杨立扬点校:《玉壶清话》,中华书局, 1984 年。

64. ［宋］吴处厚撰,夏广兴整理:《青箱杂记》,大象出版社,2019 年。

65. ［宋］杨时撰,林海权整理:《杨时集》,中华书局,2018 年。

66. ［宋］杨仲良撰,李之亮点校:《皇宋通鉴长编纪事本末》,黑龙江 人民出版社,2006 年。

67. ［宋］叶梦得撰,［宋］宇文绍奕考异,侯忠义点校:《石林燕语》,中 华书局,1984 年。

68. ［宋］叶梦得撰,逯铭昕校注:《石林诗话校注》,人民文学出版社, 2011 年。

69. ［宋］叶梦得撰,徐时仪整理:《避暑录话》,大象出版社,2019 年。

70. ［宋］叶适:《习学记言序目》,中华书局,1977 年。

71. ［宋］佚名撰,黄宝华整理:《言行拾遗事录》,大象出版社,2019 年。

72.［宋］张方平撰,郑函点校:《张方平集》,中州古籍出版社,2000 年。

73.［宋］张师正撰,李裕民整理:《倦游杂录》,大象出版社,2019 年。

74.［宋］赵令畤撰,孔凡礼点校:《侯鲭录》,中华书局,2002 年。

75.［宋］朱弁撰,孔凡礼点校:《曲洧旧闻》,中华书局,2002 年。

76.［宋］朱熹:《五朝名臣言行录》,《四库丛刊》本。

77.［宋］朱熹撰,刘杰人等编:《朱子全书》,上海古籍出版社、安徽教育出版社,2002 年。

78.［金］王若虚撰,马振军点校:《王若虚集》,中华书局,1984 年。

79.［元］马端临撰,上海师范大学古籍研究所、华东师范大学古籍研究所点校:《文献通考》,中华书局,2011 年。

80.［元］脱脱等:《宋史》,中华书局,1985 年。

81.［元］吴亮编集,金少华点校:《忍经》,浙江古籍出版社,2019 年。

82.［明］陆釴等纂修:《(嘉靖)山东通志》,明嘉靖十二年刻本。

83.［明］邵经邦:《弘简录》,清康熙二十七年邵远平刻本。

84.［明］张萱:《疑耀》,《岭南遗书》本。

85.［明］朱怀干修,［明］盛仪纂:《嘉靖惟扬志》,明嘉靖二十一年刻本。

86.［清］何文焕辑:《历代诗话》,中华书局,1981 年。

87.［清］李于垣修,［清］杨元锡纂:《(嘉庆)长垣县志》,清同治十二年刻本。

88.［清］廖平撰,郜积意点校:《穀梁古义疏》,中华书局,2012 年。

89.［清］陆心源编,徐旭、李建国点校:《宋诗纪事补遗》,山西古籍出版社,1997 年。

90.［清］陆心源著,冯惠民整理:《仪顾堂书目题跋汇编·仪顾堂题跋》,中华书局,2009 年。

91.［清］黄宗羲原撰,［清］全祖望补修,陈金生等点校:《宋元学案》,中华书局,1986 年。

92. ［清］皮锡瑞撰，吴仰湘编：《经学历史》，中华书局，2015 年。

93. ［清］孙希旦撰，沈啸寰、王星贤点校：《礼记集解》，中华书局，1989 年。

94. ［清］王士祯撰，靳斯仁点校：《池北偶谈》，中华书局，1982 年。

95. ［清］王梓材、冯云濠编撰，沈芝盈、梁运华点校：《宋元学案补遗》，中华书局，2002 年。

96. ［清］永瑢等：《四库全书总目》，中华书局，1965 年。

97. ［清］张耒撰，李逸安等点校：《张耒集》，中华书局，1990 年。

98. ［清］赵翼著，霍松林等校点：《瓯北诗话》，人民文学出版社，1963 年。

99. 北京大学古典文献研究所编：《全宋诗》，北京大学出版社，1991—1998 年。

100. 程树德撰，程俊英等点校：《论语集释》，中华书局，1990 年。

101. 丁福保辑：《历代诗话续编》，中华书局，2006 年。

102. 刘琳等点校：《宋会要辑稿》，上海古籍出版社，2014 年。

103. 司义祖整理：《宋大诏令集》，中华书局，1962 年。

104. 杨伯峻译注：《孟子译注》，中华书局，2008 年。

105. 曾枣庄等主编：《全宋文》，上海辞书出版社、安徽教育出版社，2006 年。

今人研究

1. 曹宝麟：《报翁集》，北京文物出版社，2006 年。

2. 曹宝麟：《中国书法史·宋辽金卷》，江苏教育出版社，1999 年。

3. 陈应鸾：《杜默生卒年考及其诗之辑佚》，《文学遗产》2002 年第 5 期。

4. 陈植锷：《北宋文化史论》，中国社会科学出版社，1992 年。

5. 陈植锷:《〈石曼卿诗集序〉的作者问题》,《文史》第27辑,1986年。
6. 陈植锷著,周秀蓉整理:《石介事迹著作编年》,中华书局,2003年。
7. 程杰:《北宋京东文人群体及其诗文革新实践》,《文学遗产》1996年第3期。
8. 程杰:《北宋诗文革新研究》,内蒙古教育出版社,2000年。
9. 程杰:《宋代杜默生卒、籍贯考及其作品辑佚》,《文学遗产》2012年第4期。
10. 程民生:《宋代地域文化》,河南大学出版社,1997年。
11. 程千帆、吴新雷:《两宋文学史》,河北教育出版社,2000年。
12. 崔海正:《北宋"东州逸党"考论》,《武汉大学学报(人文科学版)》2003年第4期。
13. 方健:《范仲淹评传》,南京大学出版社,2001年。
14. 冯志弘:《北宋古文运动的形成》,上海古籍出版社,2009年。
15. 葛焕礼:《士建中生平及思想考述》,《孔子研究》2003年第2期。
16. 葛晓音:《北宋诗文革新的曲折历程》,《中国社会科学》1989年第2期。
17. 葛晓音:《欧阳修排抑"太学体"新探》,《北京大学学报(哲学社会科学版)》1983年第5期。
18. 龚延明、何平曼:《宋代"殿试不黜落"考》,《西北师大学报(社会科学版)》2005年第1期。
19. 龚延明:《宋史职官志补正》,中华书局,2009年。
20. 顾永新:《北宋鄙薄传注、疑古惑经学术思潮的形成和演变》,《北京大学古文献研究所集刊》第1辑,北京燕山出版社,1999年。
21. 顾永新:《北宋国子监校定群经考》,《宋代文化研究》第15辑,2008年。
22. 郭绍虞:《中国文学批评史》,上海古籍出版社,1979年。
23. 郭英德:《中国文人集团与文学风貌》,北京师范大学出版社,

1998 年。

24. 郭彧:《北宋两刘牧再考》,《周易研究》2006 年第 1 期。

25. 何寄澎:《北宋的古文运动》,上海古籍出版社,2011 年。

26. 何兆武:《宋代理学和宋初三先生》,《史学集刊》1989 年第 3 期。

27. 洪本健编:《欧阳修资料汇编》,中华书局,1995 年。

28. 侯步云:《宋初"三先生"之孙复学术思想考论》,《四川师范大学学报(社会科学版)》2009 年第 3 期。

29. 扈晓霞、郑卫、赵振华:《北宋官员文士祖无择生平仕履疏证(上)——以〈祖无择墓志〉和妻〈黄氏墓志〉为中心》,《洛阳考古》2016 年第 4 期。

30. 扈晓霞、郑卫、赵振华:《北宋官员文士祖无择生平仕履疏证(下)——以〈祖无择墓志〉和妻〈黄氏墓志〉为中心》,《洛阳考古》2017 年第 1 期。

31. 黄富荣:《孙复生平探索》,《香港大学中文系集刊》1994 年第 3 卷。

32. 黄觉弘:《孙复〈春秋总论〉佚文及其他》,《山西师大学报(社会科学版)》2009 年第 2 期。

33. 金中枢:《宋代学术思想研究》,台湾幼狮文化事业公司,1989 年。

34. 李春青:《趣味的历史》,生活·读书·新知三联书店,2014 年。

35. 李科:《北宋二刘牧生平补考及其诗文归属考辨》,《新国学》2014 年第 1 期。

36. 梁天赐:《北宋台谏制度之转变》,《能仁学报》第 3 期,1994 年。

37. 刘鸿伏等编著:《中国古代书画赏玩·2005(春)拍卖总汇》,湖南美术出版社,2006 年。

38. 刘越峰:《孙复〈春秋〉学思想探源》,《南京师大学报(社会科学版)》2008 年第 6 期。

39. 陆俊青:《北宋祖无择事迹考述(一)》,《上海师范大学学报(哲学社会科学版)》1987 年第 3 期。

40. 潘富恩、徐余庆:《论石介》,《山东师大学报(社会科学版)》1987
年第 4 期。

41. 钱建壮:《宋诗人刘潜卒年考》,《江海学刊》2012 年第 6 期。

42. 钱锺书:《谈艺录》,生活·读书·新知三联书店,2001 年。

43. 秦寰明:《试论北宋仁宗朝前期的士风与诗风》,《求索》1992 年第
3 期。

44. 施仲贞:《〈论语〉中"异端"研究史考辨》,《人文杂志》2009 年第
3 期。

45. 仝晰纲:《泰山学派的缔结及其时代精神》,《山东师范大学学报
(人文社会科学版)》2002 年第 6 期。

46. 仝相卿:《北宋孔道辅研究三题》,《华中国学》2014 年第 1 期。

47. 王朝闻编:《中国美术史·宋代卷》,齐鲁书社,2000 年。

48. 王德毅:《吕夷简与范仲淹》,《宋史研究论集》第 2 辑,新文丰出
版公司,1972 年。

49. 王梦婕等:《五件宋代书札拍卖之谜》,《中国青年报》2011 年 8 月
5 日。

50. 王瑞来:《吕范解仇公案再探讨》,《历史研究》2013 年第 1 期。

51. 王水照:《北宋三大文人集团》,上海古籍出版社,2021 年。

52. 王水照:《王水照自选集》,上海教育出版社,2000 年。

53. 王心竹:《孙复〈春秋尊王发微〉中的尊王之论》,《史学月刊》2012
年第 9 期。

54. 魏伯河:《北宋名士姜潜生平考略》,《泰山学院学报》2016 年第
4 期。

55. 吴洪泽、尹波主编:《宋人年谱丛刊》,四川大学出版社,2003 年。

56. 徐邦达:《古书画过眼要录·晋、隋、唐、五代、宋书法》,湖南美术
出版社,1987 年。

57. 徐洪兴:《石介论》,《中国哲学史》1993 年第 1 期。

58. 徐洪兴:《思想的转型:理学发生过程研究》,上海人民出版社,1996 年。

59. 徐洪兴:《孙复论》,《孔子研究》1990 年第 3 期。

60. 许瑶丽:《庆历"太学新体"新论——兼论欧阳修对庆历"太学新体"的促进》,《四川师范大学学报(社会科学版)》2008 年第 6 期。

61. 鄢嫣:《疏离于古文运动之外——论王安石与欧阳修、曾巩的文学交游》,《北京社会科学》2021 年第 2 期。

62. 杨果、刘广丰:《宋仁宗郭皇后被废案探议》,《史学集刊》2008 年第 1 期。

63. 杨曾文:《宋初儒者孙复、石介的排佛论》,《世界宗教研究》2016 年第 2 期。

64. 余蔚:《北宋京东社会的危机》,《面向新世纪的中国历史地理学——2000 年国际中国历史地理学术讨论会论文集》,齐鲁书社,2001 年。

65. 曾枣庄:《北宋古文运动的曲折过程》,《文学评论》1982 年第 5 期。

66. 曾枣庄:《论西昆体》,丽文文化公司,1993 年。

67. 翟新礼:《李迪及北宋濮州李氏家族研究》,河南大学硕士学位论文,2007 年。

68. 张富祥:《宋初"东州逸党"与齐鲁文化遗风》,《山东师大学报(社会科学版)》1991 年第 1 期。

69. 张劲锋:《周公史述与传说研究》,陕西师范大学博士学位论文,2019 年。

70. 张如安:《〈全宋诗〉订补稿》,群言出版社,2005 年。

71. 张兴武:《北宋"太学体"文风新论》,《文学评论》2008 年第 6 期。

72. 周绍华:《〈石介事迹著作编年〉辨误三则》,《齐鲁学刊》2014 年第 2 期。

73. 朱刚:《"太学体"及其周边诸问题》,《文学遗产》2007 年第 5 期。

74. 朱刚:《唐宋"古文运动"与士大夫文学》,复旦大学出版社, 2013 年。

75. 朱琪:《北京师范大学图书馆藏丁敬信札辨伪》,《收藏家》2010 年 第 5 期。

76. 祝尚书:《北宋古文运动发展史》,北京大学出版社,2012 年。

77. 祝尚书:《宋代科举与文学考论》,大象出版社,2006 年。

78. 祝尚书:《宋人别集叙录》,中华书局,1999 年。

79. [日]东英寿:《新见九十六篇欧阳修散佚书简辑存稿》,《中华文 史论丛》2012 年第 1 期。

80. [日]东英寿著,王振宇、李莉等译:《复古与创新——欧阳修散文 与古文复兴》,上海古籍出版社,2005 年。

后　记

从开始思考这个课题，到拙稿付梓，前后历经十余年。

2011年9月，负笈北上，在导师康震先生的指导下，研读宋代文学。其时，石介以其特立独行的言行引起了我的极大兴趣。深入阅读后，我发现关于石介的研究尚有拓展空间，于是尝试写了几篇小文章，并最终确定将"北宋泰山文人群体"作为博士论文选题。经过三年的学习与研究，完成了20余万字的博士论文。

2014年9月，我入职九江学院，仍持续关注宋代文学。此时研究的领域延伸至仁宗朝的文学与文化，我将之称为"欧阳修周边问题研究"，陆续撰写了几篇学术论文。2017年暑假，我开始着手修订博士论文，发现其中存在一些问题：对"太学新体"的探讨不够深入和充分；"东州逸党"问题没有展开；经学与文学的讨论很粗浅；等等。如果要达到自己满意的程度，大刀阔斧的修改是免不了的。

2019年9月，我以"北宋京东文人集团研究"为题，申请到教育部人文社科青年基金，全面开启了本课题的研究。课题以仁宗朝的京东路文人为研究对象，拟定了"文人群体的结盟""'东州逸党'的产生""儒学复兴的思想与策略""古文观念与创作""'太学体'的实质"五个议题，每个议题下又拟定了若干小议题，力图做到"小题大做"与"旧题新做"。然而在实际的研究过程中，对研究计划和研究内容进行了不断的调整；也曾因为一些原因，研究工作一度搁置。直到2022年底，才基本完成了相关的研究内容，汇集成书，完成课题结项。

　　拙著是我十余年学习与研究的一个小结，其中存在诸多不足之处，但也难舍敝帚自珍之意。俗语云笨鸟先飞，我自叹资质不及中人，闻道又晚于同侪，实为笨鸟后飞。后飞的笨鸟，不能一日千里，更不敢奢望如大鹏展翅云霄，但持之以恒，积少成多，或也有翱翔蓬蒿之间的乐趣。我尝试在学术界"腾跃"，自计其高度不足数仞，本书只是一次用时颇多的"腾跃"。现怀着惶恐不安的心情将之呈现在方家面前，如同斥鷃语于鲲鹏。

　　感谢业师康震先生，先生一直以来对我关爱有加，指导本书的写作并作序。感谢中华书局罗华彤主任，罗主任审阅书稿并提供了宝贵的建议。感谢本书责编吴爱兰老师，吴老师不辞辛劳地为本书进行编辑、校对和润色。感谢九江学院文学院的领导，将本书纳入"濂溪文库"，并提供资助。感谢一直无私关爱我的家人和默默支持我的师友。

徐　波

2023 年 2 月 19 日作于九江